미국인은
배우지 않는
불편한 미국사

LIES MY TEACHER TOLD ME: A GRAPHIC ADAPTATION

Copyright © 2024 by James W. Loewen and Nate Powell
All rights reserved

Korean translation copyright © 2025 by CUM LIBRO
Korean translation rights arranged with The New Press, New York
through EYA Co.,Ltd

이 책의 한국어판 저작권은 EYA Co.,Ltd를 통해 The New Press, New York과
독점계약한 도서출판 책과함께에 있습니다.
저작권법으로 보호를 받는 저작물이므로 무단전재 및 무단복제를 금합니다.

미국인은 배우지 않는 불편한 미국사

제임스 W. 로웬 지음 | 네이트 파월 각색·그림 | 김미선 옮김

책과함께

차례

들어가며 | 무언가 단단히 잘못되었다   7

1장 | 역사로 빚어진 장애   12
     영웅 만들기의 과정

2장 | 1493년   23
     크리스토퍼 콜럼버스의 진정한 의미

3장 | 최초의 추수감사절   49

4장 | 붉은 눈   63

5장 | 바람과 함께 사라지다   91
     미국 역사 교과서에서 사라진 인종주의

6장 | 존 브라운과 에이브러햄 링컨   125
     미국 역사 교과서에서 사라진 반인종주의

7장 | 기회의 땅   155

| 8장 | 빅 브라더를 보다 | 171 |
교과서에서는 연방정부를 어떻게 가르치는가

| 9장 | 나쁜 것은 보지 말 것 | 197 |
베트남 전쟁 외면하기

| 10장 | 기억의 구멍 속으로 | 213 |
사라진 최신 현대사

| 11장 | 역사와 미래 | 231 |

| 12장 | 이렇게 역사를 가르쳐도 괜찮을까? | 247 |

| 나오며 | 미래가 기다리고 있다 | 259 |
그리고 미래에 대비해 무엇을 해야 하는가

| 삽화가의 말 | 269 |

일러두기

- 이 책은 James W. Loewen과 Nate Powell의 LIES MY TEACHER TOLD ME: A GRAPHIC ADAPTATION (The New Press, 2024)을 우리말로 옮긴 것이다.
- 옮긴이가 덧붙인 해설 중 짧은 것은 ( ), 긴 것은 각주로 표시했다.

들어가며

무언가 단단히 잘못되었다

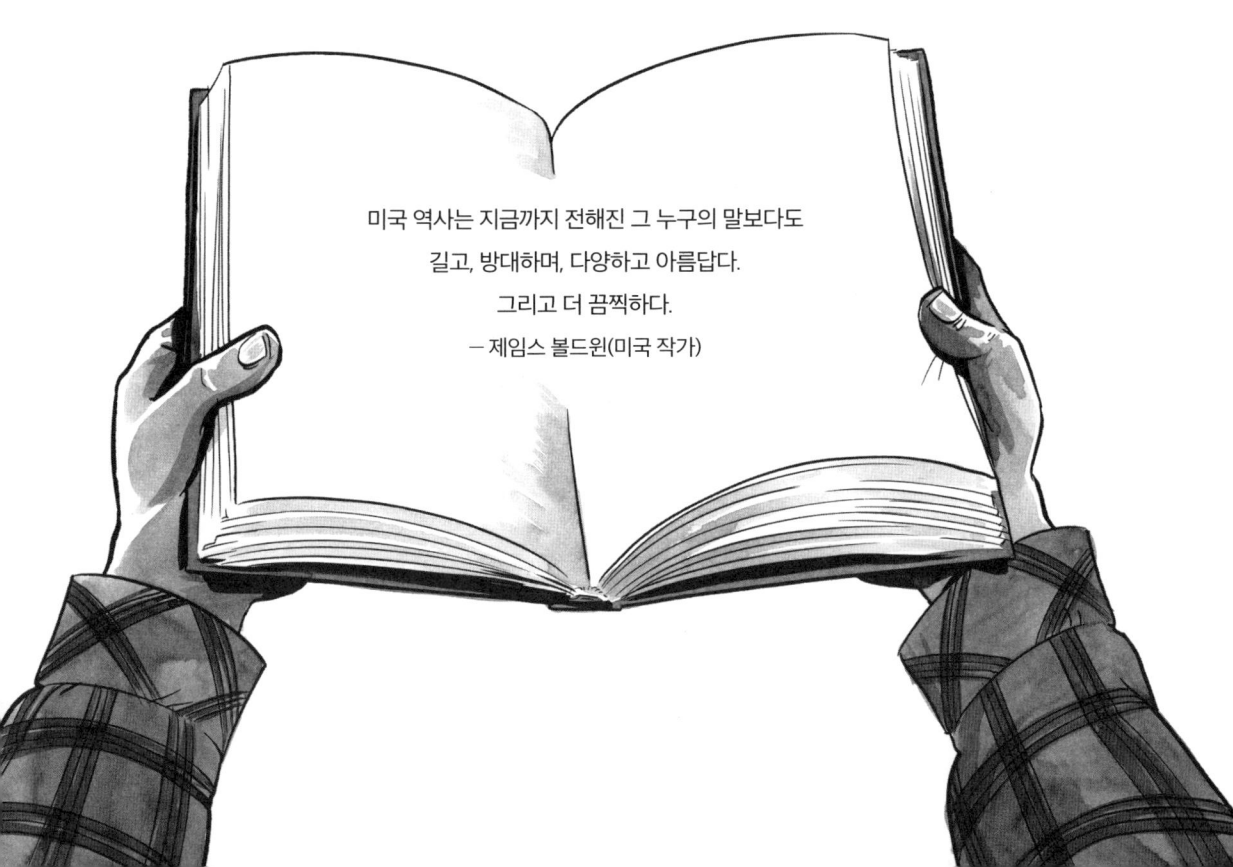

미국 역사는 지금까지 전해진 그 누구의 말보다도
길고, 방대하며, 다양하고 아름답다.
그리고 더 끔찍하다.
― 제임스 볼드윈(미국 작가)

고등학생들은 역사를 싫어한다.

역사는 학생들이 수업을 듣는 족족 더 멍청해지는 유일한 과목이다.

미국의 역사 수업은 미국이 지나온 길을 환상적이고 중요한 이야기로 가득 채운다. 모두 현재 미국 사회와 직결된 이야기다.

미국 역사 수업은 다른 과목들에 비해 교과서의 비중이 훨씬 크다.

역사 시간에 학생들은 단순히 교과서를 읽고, 각 장 말미에 있는 55개의 따분한 질문에 답하는 데 많은 시간을 보낸다. (여러분도 비슷한 경험이 있을 것이다.)

그런데도 학생들은 수업 내내 잠만 잔다. 무엇이 잘못된 것일까?

역사 교과서는 정보로 가득하다.
책에 담긴 정보가 어마어마하다는 말이다. 내가 연구한 주요 교과서 18종은 한 권당 평균 975쪽에 달했다.

출판사들도 문제점을 잘 알고 있다. 그래서 쪽수 세는 법을 교묘하게 바꾸고 각 장마다 읽는 법을 서두에 배치한다. 편집자들은 쉬운 책이야말로 읽는 법을 설명할 필요가 없다는 사실을 잘 안다.

학생들이 흥미를 잃는다 해도 놀랄 일이 아니다.

교과서 저자들은 현재를 통해 과거를 비추지 않는다.

또한 과거를 통해 현재를 바라볼 수 있는 통찰력을 주지도 않는다.

과거는 그저 단순한 교훈극으로 그려지고, 두 가지 공통된 메시지를 이끌어낸다.

"훌륭한 시민이 되어라."
그리고

"여러분에게는 자랑스러운 유산이 있다. 지금까지 미국이 달성한 것을 보면 알 수 있다."

낙관론이 나쁘다는 말이 아니다.

그러나 역사를 낙관론으로만 배운다면, 귀감이 되는 인물을 찾으려는 수많은 유색인종과 노동자 계층의 아이, 여학생에게는 짐이 된다. 사회적 성공을 위해 고군분투하는 사람에게도 마찬가지다.

낙관론은 피해자를 비난할 뿐, 실패의 원인을 제대로 이해하지 못하게 만든다.

유색인종 아이들이 미국 역사 수업에서 소외감이 드는 것도 무리는 아니다.

수천 쪽에 달하는 내용을 읽고 얻은 무미건조한 낙관론은 모두를 불쾌하게 만든다.

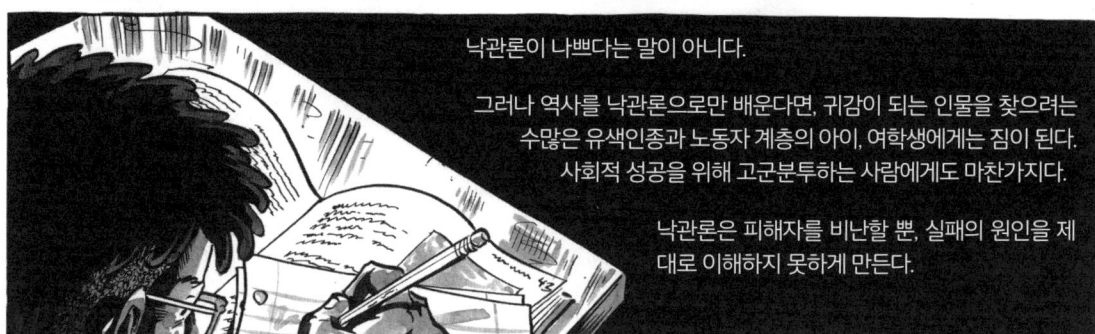

그렇다면 역사 교과서는 왜 이렇게 나쁜가? 민족주의가 원인 중에 하나다. 또한 제목 자체에서 그 원인을 찾을 수 있다.

'위대한 공화국'

'미국의 행진'

'약속의 땅'

— 그리고 —

'미국의 승리'

화학 교과서 이름이 '분자의 승리'인 경우를 들어본 적 있는가? 왜 없을까?

오류를 수정하지 않고 지나갈 때도 종종 있다. 그 이유 중 하나는 역사 전문가들이 고등학교 역사 교과서를 검토하려 하지 않기 때문이다.

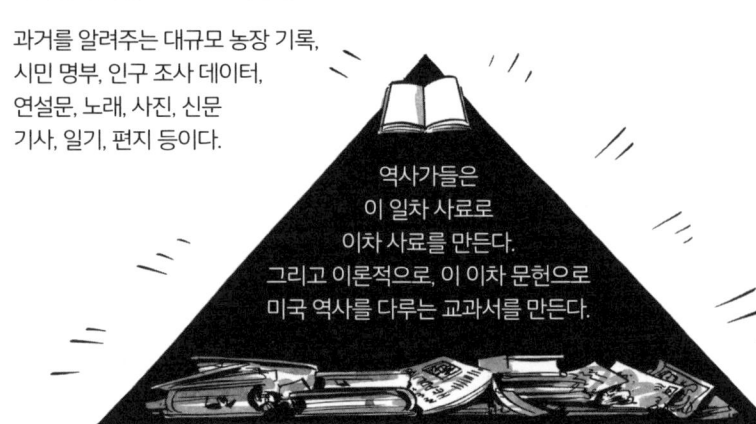

역사는 피라미드 형태를 띤다.
수백만 가지 일차 사료에 기반을 둔다.

과거를 알려주는 대규모 농장 기록, 시민 명부, 인구 조사 데이터, 연설문, 노래, 사진, 신문 기사, 일기, 편지 등이다.

역사가들은 이 일차 사료로 이차 사료를 만든다. 그리고 이론적으로, 이 이차 문헌으로 미국 역사를 다루는 교과서를 만든다.

그러나 현실은 이런 식으로 진행되지 않는다.

역사 교과서는 그저 서로를 베낄 뿐이다.

또한 교과서에서는 학생에게 역사의 어두운 본질을 알려주지 않는다. 대신 역사는 배워야 할 사실이라는 믿음만 심어준다.

1991년, 내가 가르치던 학생 하나는 이렇게 썼다.

과거의 저에게 이렇게 묻습니다. 미국에 원래부터 살던 사람들이 누구인지 왜 물어볼 생각을 하지 않았을까? 이들은 어떻게 살았을까? 콜럼버스가 왔을 때 이들에게는 어떤 변화가 찾아왔을까?

그때는 배운 내용이 전부인줄 알았죠. 그래서 의심할 생각을 한 번도 하지 못했어요.

우리는 이보다 더 나아져야 한다.

나도 한때 역사 교과서 공동 저자로 이름을 올린 적이 있다.

《미시시피: 갈등과 변화》는 미국 최초로 수정주의 시각에서 쓴 주(州) 역사 교과서다.

그리고 1975년에 '남부에 관한 최고의 논픽션'으로 릴리언 스미스상을 받았지만, 미시시피주는 이 책을 공립학교 교과서로 채택하기를 거부했다.

우리는 주 정부를 고소했고 수정헌법 1조와 14조에 근거해 큰 승리를 거두었다.

그때 경험으로 교과서 채택에 관해 많은 점을 깨달았다.
또한 모든 책임을 교과서 채택 위원회에 돌릴 수 없다는 사실도 알게 되었다.

사회학자로서 나는 과거의 힘을 끊임없이 염두에 둔다. 그리고 사회구조와 문화가 세계를 이해하고 그사이를 헤쳐나가는 데 영향을 준다고 생각한다.

우리가 과거를 진정으로 이해한다면, 우리의 미래뿐만 아니라 현재도 제대로 바라볼 수 있다.

최소한 나의 바람은 그렇다. 자, 이제 시작해보자.

1장

역사로 빚어진 장애
영웅 만들기의 과정

우리가 존경하는 이들을 우상으로 만들면
그들과 우리 모두에게 해가 된다. …
우리도 성장해 그런 인물이 될 수 있다는 사실을
깨닫지 못하기 때문이다.
— 찰스 V. 윌리(미국 사회학자)

사람을 영웅으로 바꿔놓는 '영웅화'를 이야기해보자.
그리고 이 과정을 통해 교육 매체는 피와 살로 이루어진
실존 인물을 갈등, 고통, 신뢰, 또는 인간적 관심이
없는 비현실적이고 완벽한 인물로 만든다.

교과서에서는 역사 속 영웅과 사람들의 관계를
보여주는 데 종종 실패한다. 그리고 공을 영웅
에게만 돌리는 탓에 전체 이야기의 절반도
들려주지 못한다.

어떤 영웅이 역사적으로 조명받아야 하는지 결정할 때, 교과서에는 이들이 이룬 업적뿐만 아니라
그 업적을 이루기 위해 걸어온 길까지 모두 담아야 한다.

지난 수십 년 동안 나는 대학생들에게 헬렌 켈러가 누구인지,
그리고 그녀가 어떤 일을 했는지 아느냐고 물었다.

모두 그녀가 시각과 청각을 잃었다는 사실을 안다.
학생 대부분은 켈러가 스승인 앤 설리번의 도움으로
읽고, 쓰고, 말하는 법을 배웠다는 사실도 안다.

그녀의 어린 시절을 자세히 아는 학생은 그보다 더 적었고,
대학을 졸업했다는 사실을 아는 학생은 더 적었다.
그리고 그다음

성인이 된 이후 헬렌 켈러의 삶에 대해서는 전혀 몰랐다.

헬렌 켈러의 인생 대부분을 무시하거나 단순히 '인도주의적이었다'는
단 한마디로 요약하는 것은 무언가 빼먹은 거짓말에 불과하다.

1909년에는 매사추세츠 사회당에 가입했다. 그리고 점차 사회당의 좌익 당원으로 활동하기 시작했으며, 우드로 윌슨이 탄압했던 세계산업노동자동맹(IWW)의 일원이 되었다.

켈러가 사회주의자가 된 계기는 장애인으로서 겪었던 경험에서 비롯되었다. 시각장애가 사회 전반에 걸쳐 무작위로 일어나는 것이 아니라, 하층 계급에서 집중적으로 일어난다는 사실을 알게 되었기 때문이다.

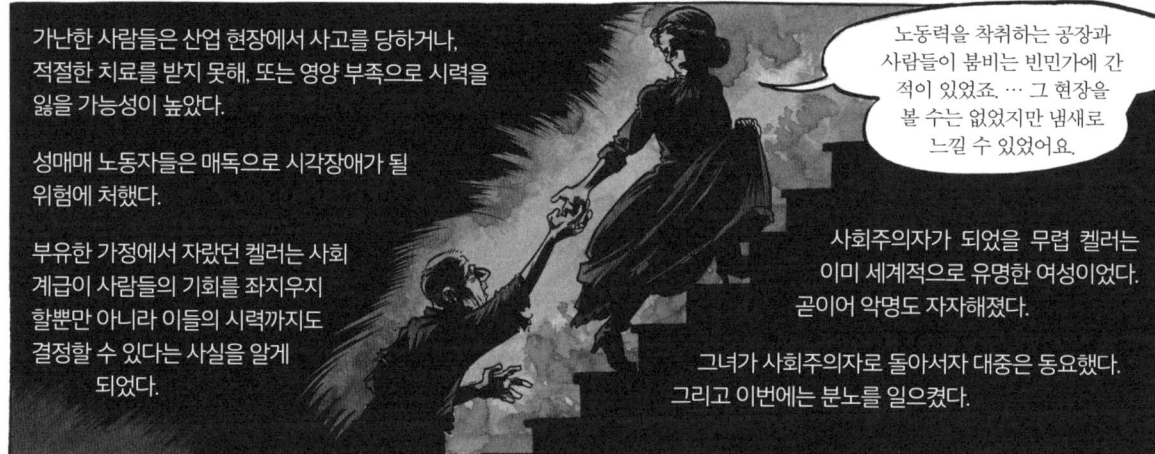

가난한 사람들은 산업 현장에서 사고를 당하거나, 적절한 치료를 받지 못해, 또는 영양 부족으로 시력을 잃을 가능성이 높았다.

성매매 노동자들은 매독으로 시각장애가 될 위험에 처했다.

부유한 가정에서 자랐던 켈러는 사회 계급이 사람들의 기회를 좌지우지 할뿐만 아니라 이들의 시력까지도 결정할 수 있다는 사실을 알게 되었다.

"노동력을 착취하는 공장과 사람들이 붐비는 빈민가에 간 적이 있었죠. … 그 현장을 볼 수는 없었지만 냄새로 느낄 수 있었어요."

사회주의자가 되었을 무렵 켈러는 이미 세계적으로 유명한 여성이었다. 곧이어 악명도 자자해졌다.

그녀가 사회주의자로 돌아서자 대중은 동요했다. 그리고 이번에는 분노를 일으켰다.

1913년 3월 4일. 헬렌 켈러는 여성 참정권을 요구하며 국회의사당에서 백악관으로 향하는 행진에 내빈으로 초대되었다.

그러나 행진 경로에 있던 사람 대부분은 여성 참정권에 반대하는 시위를 벌이며 작은 폭동을 일으켰다.

행진을 마치기까지 장장 6시간이나 걸렸고, 켈러는 '완전히 진이 빠지고 불안해져서' 연설을 취소하고 마무리할 수밖에 없었다.

행진 참가자들을 부당하게 대했다는 소식이 언론에 쏟아지자 대중은 격렬한 반응을 보였고, 이는 참정권 운동에 다시 불을 지피는 계기가 되었다.

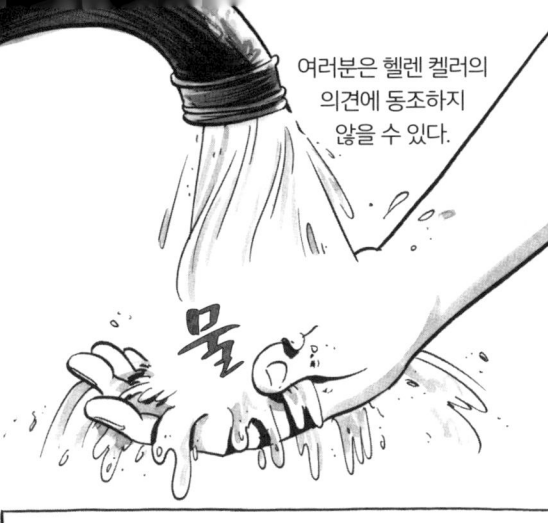

여러분은 헬렌 켈러의 의견에 동조하지 않을 수 있다.

현재 시점에서 볼 때 그녀가 소련에 찬사를 보냈던 일은 순진하고 당혹스러운 일이다.

"동방에 새로운 별이 떴다! … 가자, 동지들이여! 러시아의 모닥불로! 새로운 새벽을 향해 전진!"

하지만 켈러는 급진적이었다. 이 사실을 아는 미국인은 거의 없다. 미국의 교육과 대중 매체에서 이 사실을 쏙 뺐기 때문이다.

그러나 우드로 윌슨 대통령에게 훨씬 더 놀라운 사실이 있다는 사실은 전혀 배우지 않았다.

학생들에게 윌슨 대통령에 관해 물으면, 제1차 세계대전의 참전을 승인했다거나 여성 참정권 운동과 관련이 있다고 막연하게 대답할 것이다. 그러나 그가 다음과 같은 반민주적인 정책을 두 가지나 추진했다는 사실은 거의 모르거나 아예 모른다.

연방정부의 인종 차별,

해외 군사 개입이다.

윌슨 행정부 시절, 미국은 역사상 그 어떤 때보다도 자주 라틴아메리카 문제에 개입했다.

아이티와 쿠바, 도미니카공화국, 파나마에 개입했고, 멕시코는 11번이나 간섭했다!

1918년 여름, 러시아 혁명을 진압한다는 명목 아래 해상을 봉쇄했고 연합군 1만 5000명이 투입됐다. 미군은 블라디보스토크에서 서쪽으로 바이칼호까지 진군했고, 1919년 말 러시아 백군파가 해체되기 전까지 잠시나마 볼가강까지 밀어붙였다.

급기야 1917년 러시아 내전에는 비밀리에 군사를 보내 '반혁명파인' 백군파를 지원했다.

'러시아와의 알려지지 않은 전쟁'을 했다는 사실을 아는 미국인은 많지 않다. 그리고 견본 교과서 18종 중 단 2종만이 이 사건을 언급했다. 그러나 미국의 군사 개입은 소련이 냉전 내내 미국을 의심하는 기폭제가 되었다. 그리고 소련은 해체될 때까지 미국의 침략으로 피해를 입었다고 끊임없이 주장했다.

윌슨의 후임자들은 1920년대 중반, 흔히 알려진 '선린 외교 정책'으로 라틴아메리카 정책을 바꾸었다.

하지만 교과서에서는 윌슨의 정책을 '악린 외교 정책'이라고 부르지 않았다.

기존 교과서나 새 교과서 모두 윌슨을 역사적으로 비판하기보다는 은근슬쩍 눈감아주는 쪽을 택했다.

일부 교과서에서는 윌슨이 군사 점령을 한 이유를 라틴아메리카와 우호 관계를 맺기 어려웠기 때문이라며 그 나라 탓을 하기도 했다. 그래서 윌슨이 어쩔 수 없이 군대를 파견했다는 것이다.

완전히 날조된 이야기다.

모든 교과서에서 윌슨의 1914년 멕시코 침략을 언급하면서도, "미국의 강경주의자들이 개입해야 한다고 강력히 주장했으나" 윌슨이 "완강하게 버텼다"고 주장한다.

사실 윌슨의 개입은 너무나 충격적이어서, 내전을 치르고 있던 멕시코의 양 진영 모두 미군을 철수해달라고 요구했다.

(미국과 전 세계의) 여론의 압박에 못 이긴 그는 결국 군대를 본국으로 불러들였다.

이처럼 교과서 저자들은 역사적 영웅의 비영웅적이거나 비윤리적인 행위를 소극적으로 기술해 그들을 감싸주고는 한다.

예를 들어 모든 교과서에서 윌슨이 군대를 철수했음은 밝히지만, 멕시코에 파병했음은 분명히 말하지 않는 것이다!

교과서 중 절반이 윌슨의 1915년 아이티 침략을 누락했다. 윌슨 정부는 아이티 입법부에 압력을 가해 미국이 선호하는 대통령을 뽑게 했고, 아이티 혁명 이후 자랑스러운 전통으로 자리잡았던 소규모 개인 농경지를 공격했다.

미군은 토지를 대규모 플랜테이션 농장으로 재편했고 농민들에게는 도로를 건설하도록 강요했다. 이 사태의 대가로 아이티 주민 3000명 이상이 목숨을 잃었다.

그러나 《지금까지 온 길》을 읽은 학생은 미국이 "계속되는 혁명으로 약해지고 불안정해진 나라가 안정을 되찾을 수 있도록 도왔다"고 배운다.

해병대 장군 조지 바넷은 "원주민을 무차별하게 살해했다"면서, "해병대 사상 가장 충격적인 일이었다"고 말했지만, 위의 서술은 이러한 사실을 감춰버린다.

윌슨의 '민족자결주의'와 '민주주의'라는 빈 말 뒤에는 식민주의, 인종주의, 반공주의가 더 깊숙이 자리잡고 있었다.

1919년 베르사유에서 젊은 호찌민은 베트남의 민족자결주의를 인정해달라고 윌슨에게 호소했지만, 모두 묵살당했다.

윌슨은 호찌민의 말을 들으려 하지 않았고, 프랑스는 그뒤 수십 년 이상 인도차이나반도를 지배했다.

우드로 윌슨이 말하는 민족자결주의는 벨기에에서나 통했지 라틴아메리카나 동남아시아의 국가들에는 적용되지 않았다.

미국에서는 인종주의 정책을 밀어붙여 그의 대통령직에 먹칠을 했다.

이전 공화당 출신 대통령들은 뉴올리언스와 콜롬비아 특별지구 세관장 등, 연방정부 조직의 자리에 흑인을 꾸준히 임명했다. 흑인 인구가 많은 남부 도시에서는 우체국장과 자금 관리직을 맡기기도 했다.

미국 흑인들은 대통령 후보를 뽑는 전당 대회에 참여했고 일부는 백악관에 드나들기도 했다. 우드로 윌슨은 이를 모조리 바꿔버렸다.

윌슨은 노골적 백인우월주의자로 흑인의 권리를 축소하는 법을 추진했으나 의회에서 거부당했다.

그는 여기에 굴하지 않고 자신의 권력을 이용해 연방정부와 해군에 인종 분리 정책을 강행했고, 흑인 언론과 노동조합 간부를 감시했으며, 국제연맹의 평등 조항에 개인적으로 거부권을 행사했다.

그의 유산은 그뒤에도 효과를 발휘했다. 민주당과 일부 연방정부는 그후 수십 년 동안 흑인의 참여를 제한했다.

그런데도 내가 검토한 교과서 가운데 8종은 윌슨의 적극적 인종주의를 아예 언급조차 하지 않았고, 4종만 그의 인종 정책을 정확히 기술했다. 어떤 교과서에서는 윌슨과 그의 정책을 애써 분리해서 설명한다.

"윌슨은 각료들이 인종 차별 정책을 확대하고 연방정부 기관이 인종 분리를 하도록 허락했다." 《지금까지 온 길》에서는 이렇게 단 한 문장으로 정리하고 넘어간다.

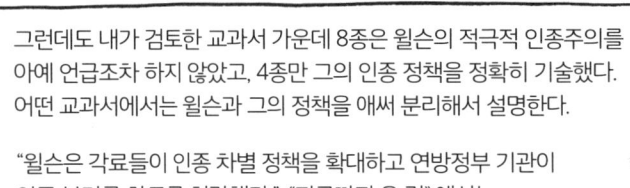

그의 인종주의를 생략하거나 무죄를 선언하는 것은 과오 감추기를 넘어 명백한 인종 차별주의다.

또한 윌슨을 영웅으로 묘사한 책은 백인 관점에서 쓰였다.

진실은 윌슨이 재임하던 내내, 그리고 그 이후에도 인종 차별주의 폭동이 일어났다는 것이다.

윌슨 행정부의 기조는 1915년에 상영된 미국 최초의 서사극 《국가의 탄생》에서도 잘 나타난다.

윌슨은 백악관 전용 상영관에서 《국가의 탄생》을 상영하고, "번개가 번쩍하며 역사를 밝히는 것 같다. 딱 하나 유감이라면 이 모두가 너무나 사실적이라는 것이다"라고 평했다.

영화의 성공에 힘입어 큐 클럭스 클랜(KKK단)이 부활했다. KKK단은 금세 덩치가 커졌고, 백인우월주의자들은 전국적으로 폭력을 저지르고 살인을 하며 세를 떨쳤다.

미국인들은 대통령의 인종 차별주의가 곧바로 인종 차별적인 대중의 반응을 일으킨다는 사실을 반드시 알아야 한다.

(물론 이러한 정책은 윌슨으로 끝나지 않았다.)

하지만, 교과서에는 이를 위해 지도자와 지지자 간의 인과 관계를 명확히 밝혀야 한다.

교과서에서는 그러기는커녕

고귀한 의도를 영웅에게 돌리고, 의문스러운 행동과 정책을 '국민'의 탓으로 만든다.

교과서들은 윌슨을 영웅으로 만들고 그의 단점을 보여주지 않기 때문에, 윌슨의 후임 대통령 후보로 나선 제임스 콕스가 선거 유세도 제대로 하지 않은 워런 하딩에게 완벽히 패배한 과정을 제대로 설명하지 못한다!

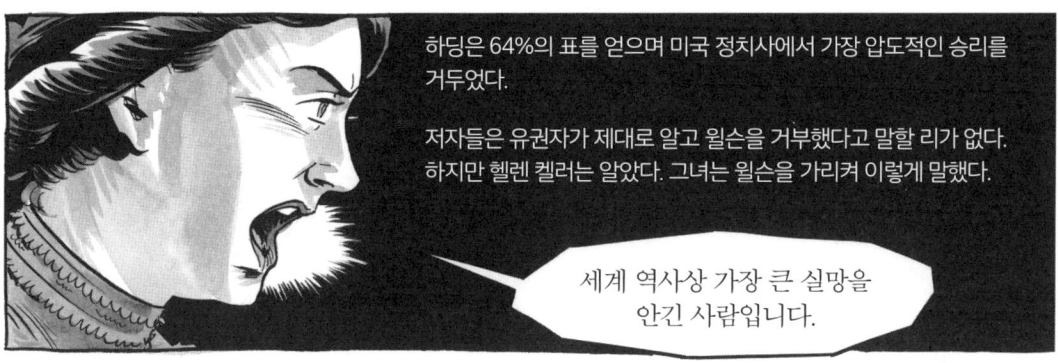

하딩은 64%의 표를 얻으며 미국 정치사에서 가장 압도적인 승리를 거두었다.

저자들은 유권자가 제대로 알고 윌슨을 거부했다고 말할 리가 없다. 하지만 헬렌 켈러는 알았다. 그녀는 윌슨을 가리켜 이렇게 말했다.

"세계 역사상 가장 큰 실망을 안긴 사람입니다."

대통령, 정치가, 장군을 제외하고 보다 넓은 의미에서 미국의 역사적 인물을 영웅으로 만들려면 제한이 따른다.

베치 로스와 폴 리비어가 이 목록에 가장 많이 오른 두 명이었다.

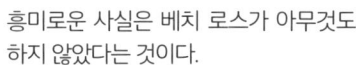

흥미로운 사실은 베치 로스가 아무것도 하지 않았다는 것이다.

역사학 교수 마이클 프리시는 그녀가 "최초의 성조기를 만드는 데 사실상 아무 역할도 하지 않았다"고 기록했다.

미국 독립 100주년인 1876년, 필라델피아에 관광객을 유치하기 위해 최초의 성조기 신화를 만들었고, 로스는 이 이야기로 유명세를 탔다.

그러면 로스의 이야기가 어떻게, 그리고 왜 지금까지 전해지고 있는 걸까? 프리시는 조지 워싱턴이 미국의 아버지라면, 베치 로스는 미국의 어머니라는 국가적 신화의 기둥을 세웠다고 추측한다.

역사가들이 켈러의 사회주의부터 윌슨의 백인우월주의까지 수많은 중요한 사실을 잘 알고 있었다고 가정한다면

왜 교과서들은 결점이 없는 선입견을 내세우려는 걸까?

왜 학생들에게 이렇게 공개적인 정보를 알려주지 않는 것일까?

교과서 저자들은 특정 역사적 인물의 결점을 의도적으로 생략해, 최대한 많은 사람들이 그 인물에게 공감하도록 만든다.

헬렌 켈러의 64년 인생을 지워버린 예를 문화적 왜곡의 일종으로 생각해보자.

교과서에서는 켈러를 현실적인 인물이 아닌 이상적 인물로 가르쳐서 그녀를 따라하도록 부추긴다.

학생은 그녀가 극복했다고 배운다. 그런데 무엇을 극복했다는 말인가?

정확히 어떤 업적을 달성했을까?
(그런 내용은 없다!)

무엇보다도 켈러는 특정 장애를 극복한 최초의 인물이 아니었다.

켈러는 (기록상) 청각장애와 시각장애를 모두 겪은 어린이 중 처음으로 말을 배우지도, 글을 읽고 쓰지도 않았다.

(사실 앤 설리번에게 수화 문자를 가르쳐준 사람은 로라 브리지먼이었다. 설리번이 브리지먼에게 배워서 켈러에게 가르친 것이다.)

헬렌 켈러의 이야기를 축소해 영웅으로 희석시키고 나니, 그뒤에는 '자립'과 '근면 성실'의 미덕만 남았다. 켈러 자신은 이러한 개인주의 이념을 노골적으로 거부했다.

나의 성공이 어느 정도 나의 출생과 환경 덕분이었다는 사실을 잊고 있었어요. …

하지만 지금은, 다시 일어설 힘이 누구에게나 주어지지 않는다는 사실을 깨달았죠.

교과서에서는 이 생각을 건드리려 하지 않는다.

규모가 큰 출판사의 한 편집자가 내게 이런 말을 한 적이 있다.

"교과서 출판에는 세 가지 금기 사항이 있습니다. 성, 종교, 그리고 사회 계급이지요."

미국이 동등한 기회를 주지 않을 수 있다는 관념, 누구에게나 "스스로 일어설 힘"이 있지는 않다는 관념은 교과서 저자뿐만 아니라 수많은 교사에게 금기시된다.

그러니 교육자들은 켈러를 사람들에게 자극과 동기 부여를 주는 무미건조한 인물로 소개한다.

그래서 성인이 된 후의 삶을 빼버리고 '스스로 일어섰다'는 모호한 이야기로 바꿔버린 것이다.

이렇게 해 가난한 자들을 위해 열정을 불태운 이 투사를 실제 삶과 아무 상관이 없는 따분한 인물로 만들고 말았다.

우리는 헬렌 켈러와 같은 사람이 논쟁의 여지가 없는 한에서만 용기와 자극을 줄 수 있다고 믿는 것 같다.

미국은 복잡한 우상을 원하지 않는다.

사람들은 생각하기를 싫어하죠.

누군가 생각을 하면 결론을 내야 해요.

그런데 항상 좋은 결론만 나오는 것은 아니에요.

교과서 저자들은 학생들이 역사적 인물에 공감하며 올바르게 생각하기를 바란다.

그리고 당연하겠지만, 고등학교를 졸업한 사람이라면 켈러나 윌슨을 부정적 인물로 여기지 않는다.

하지만 이 인물들은 정말 영웅으로 대접받고 있을까?

수업 첫날 나는 학생들에게 미국사의 영웅이 누구인지 묻고는 한다. 그러면 이런 대답이 꽤 많이 나온다.

없어요.

내 관점에서 이러한 대답은 다소 냉소적이지만, 한편으로는 건강한 발전이라고 본다. 당연히 우리는 학생들이 회의적이기를 바란다.

무엇보다도, 이는 영웅화가 만들어 낸 납득 가능한 반응이라는 것이다.

이러한 인물들의 삶을 현실적으로 바라보면 온갖 다양한 면에서 힘을 얻을 수 있다. 하지만

마틴 루서 킹이 지금도 살아 있었더라면, 그는 아마도…

이런 말은 사회에서 역사적 영웅의 역할을 규정하고, 이들의 삶을 잘못 받아들이게 만든다.

우리는 영웅이 했을 법한 행동을 할 때 <u>스스로를 자랑스럽게 여긴다.</u>

그 영웅 중 하나인 크리스토퍼 콜럼버스를 알아보자.

2장

1493년
크리스토퍼 콜럼버스의 진정한 의미

근현대(우리가 지난 500년으로 보는 그 기간)의
문을 연 인물은 뭐니 뭐니 해도 콜럼버스다.
그리고 그의 인물 됨됨이와 위업을 통해
우리는 시작부터 지금까지 이 세상이
어떻게 형성되었는지 알 수 있는 통찰력을 얻는다.
— 커크패트릭 세일(미국 작가)

크리스토퍼 콜럼버스는 예수 그리스도처럼 역사가들이 과거를 시대로 구분할 때 이용하는 매우 중요한 인물이다. 미국은 1492년 이전을 '콜럼버스 이전 시대'라고 부른다.

미국의 역사 교과서에서는 콜럼버스에 관해 평균 1000단어씩(약 3쪽 분량, 그리고 그림 1점과 지도 1점) 할애한다. 교과서에 얼마나 많은 자료를 넣어야 하는지 고려해본다면 퍽 많은 양이다.

이 영웅적 인물은 대개 이렇게 묘사된다.

> 콜럼버스는 이탈리아 제노바의 가난한 집에서 태어났어요. 그는 아이슬란드와 서아프리카까지 항해했고, 그 시대 여느 사람들과는 달리 지구가 둥글다고 확신했죠.
>
> 튀르크가 아시아의 향료를 얻으러 가는 길을 막아버리자, 콜럼버스는 서쪽을 지나 아시아로 가겠다고 마음먹었어요. 그는 왕들을 찾아다니며 지원을 요청했지만 수없이 거절당했어요. 에스파냐의 왕과 왕비도 거절했지만 결국 원정 자금을 조금만 대주기로 결정했지요.
>
> 콜럼버스는 니냐호, 핀타호, 산타마리아호 등 작은 배 세 척을 타고 두 달이 넘도록 지루하고 어려운 항해를 이어나갔어요. 선원들은 반란을 일으키고 그를 바다 위로 내던져버리려고 했답니다! 하지만 1492년 10월 12일, 이들은 마침내 서인도제도에 닿았어요.
>
> 그는 아메리카 대륙으로 세 번 더 항해했지만, 끝까지 신대륙을 발견했다는 사실을 알지 못했어요. 게다가 공로도 인정받지 못하고 돈 역시 제대로 벌지 못했지요. 하지만 콜럼버스의 발견은 이후 아메리카의 역사를 활짝 열었어요.

그럴듯하게 들리지 않는가?

안타깝지만 유구하게 전해져 내려온 그의 이야기는 잘못되었거나 진실을 알 수 없다.

교과서 저자들은 학생들을 19세기 전반 신화의 세계로 데려간다.

이들의 첫 번째 잘못은 1492년 이전에 여러 차례 아메리카 대륙을 찾았던 예전 탐험가들을 중요하게 여기지 않았다는 것이다.

사실 콜럼버스의 항해는 최초가 아니라,

아메리카 대륙을 마지막으로 '발견'했다고 하는 편이 옳다.

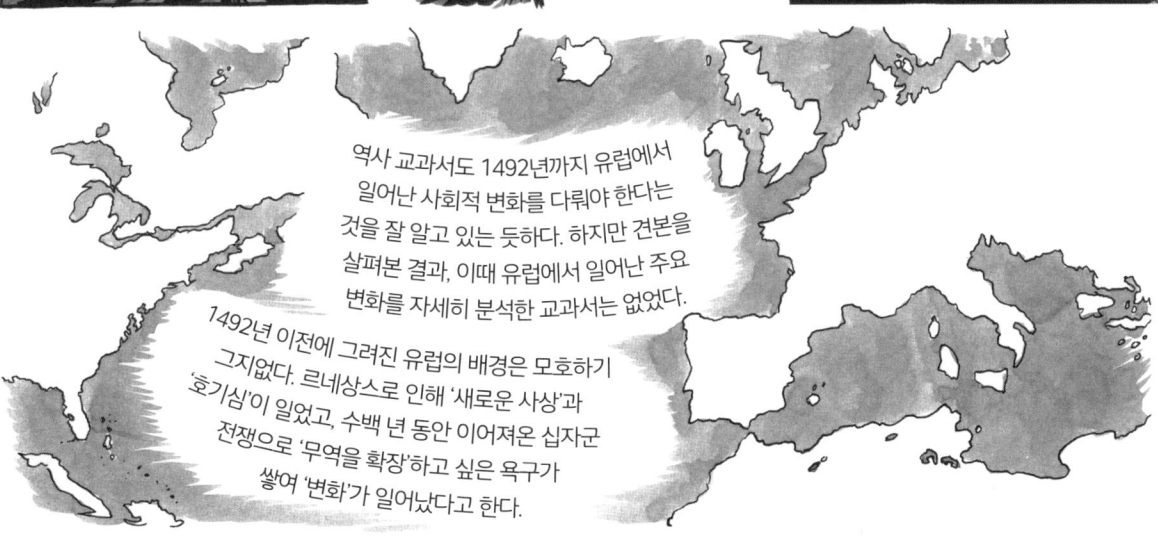
역사 교과서도 1492년까지 유럽에서 일어난 사회적 변화를 다뤄야 한다는 것을 잘 알고 있는 듯하다. 하지만 견본을 살펴본 결과, 이때 유럽에서 일어난 주요 변화를 자세히 분석한 교과서는 없었다.

1492년 이전에 그려진 유럽의 배경은 모호하기 그지없다. 르네상스로 인해 '새로운 사상'과 '호기심'이 일었고, 수백 년 동안 이어져온 십자군 전쟁으로 '무역을 확장'하고 싶은 욕구가 쌓여 '변화'가 일어났다고 한다.

이러한 설명은 하나같이 비슷하다. 심지어 문장이 똑같은 경우도 있다. 모두 유럽 중심적 관점으로 보고 있기 때문에 르네상스가 복합적인 이유에서 발생했다는 사실을 제대로 알지 못한다.

사실 르네상스는 이탈리아인들이 (튀르크를 거쳐서 들어온) 인도, (무슬림 학자들이 보존한) 그리스, 아라비아와 다른 여러 문화를 조합해 새로운 무언가를 창조한 것이다.

교과서 저자들은 유럽 정복의 시대에 일어난 이 막연한 '호기심'을 제대로 설명하지 못한다.

(무엇보다도 우리는 1492년에 스파냐의 호기심 수준을 측정한 사람이 아무도 없다는 사실을 알고 있다. 하물며 1005년 스칸디나비아인들의 호기심 수준과 비교한 적도 없다.)

일부 교과서에서는 유럽이 부유해진 덕분에 무역량이 증가했다고 주장한다.

실제로는 역사가 앵거스 콜더가 지적했듯이, "15세기 유럽은 13세기보다 더 작아지고 가난해졌다."

그 이유 중 하나는 흑사병이었다.

일부 교사는 50년 전 자신이 배웠던 내용을 여전히 되풀이한다. 유럽인들에게 고기의 누린내를 없애기 위해 향신료가 필요했지만, 악당 튀르크가 무역로를 차단해버렸다는 신화다. (A. H. 로이버는 1915년에 이미 이 신화를 부정했다!)

오히려

튀르크는 무역로를 개방해 돈을 벌고 있었기 때문에 길을 막을 이유가 전혀 없었다.

이러한 거짓말이 그토록 오래 유지된 이유는 이슬람교도들이 참을성이 없고 심술궂으며 위협적인 존재라는 뿌리 깊은 편견 때문이다.

하지만 당시 튀르크인과 무어인이 유대인과 그리스도교인에게 신앙의 자유를 허락했다는 사실을 알면 놀랄지도 모른다. 그때 유럽의 그리스도교인은 유대인과 이슬람교도를 고문하고 내쫓았다.

어떤 교과서에서는 심지어 종교 개혁이 이 정복의 시대를 이끈 기폭제가 되었다고 이야기한다. 종교 개혁은 1492년에서 25년이나 지나서야 일어났는데 말이다!

도대체 무슨 일이 일어나고 있는 걸까?
우리는 교과서에서 우리에게 무엇을 말하고, 말하지 않는지 주의를 기울여야 한다.

이때는 매우 중대한 시대였다.

그러나 교과서들은 이 중요한 사건에 대한 논의를 빼 버리고, "유럽의 바깥세상이 궁금했다는 현실적인 이유가 조선술과 항해술의 진보를 가져왔다"고 뭉뚱그려 설명해버린다.

교과서에서 배제한 내용 중 으뜸은 군사 기술의 발전일 것이다.

점점 더 큰 대포를 배에 장착할 수 있게 되었고, 이는 무기 경쟁으로 이어져 궁술, 군사 훈련, 공성전이 발전했다.

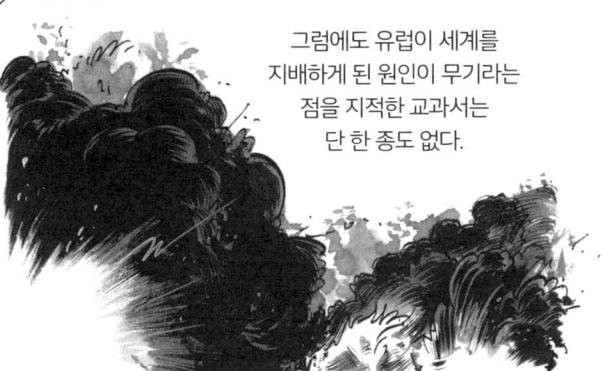

이러한 발전은 현재와 놀랍도록 비슷하다. 그리고 군사 기술에서 앞서고 있는 서구는 지금도 경쟁에 열을 올리고 있다.

그럼에도 유럽이 세계를 지배하게 된 원인이 무기라는 점을 지적한 교과서는 단 한 종도 없다.

또다른 발전은 신학적으로 나타났다. 부를 쌓고 권력을 얻은 사람은 지상에서 존경을 받을 뿐만 아니라 천국으로 가는 열쇠를 쥐었다는 평가를 받게 되었다.

콜럼버스도 이렇게 말했다.

금은 세상에서 제일이다. 금을 가진 자는 무엇이든 할 수 있고, 영혼을 낙원으로 보낼 수 있다.

미첼레 데 쿠네오(1494년 콜럼버스의 2차 항해에 참여)는 콜럼버스가 1494년 아이티 내륙을 정복하려던 동기에 대해 이렇게 기록했다.

"이제 금을 찾겠다는 그의 욕망을 실현할 때가 되었다. 그 엄청난 항해를 한 주된 이유도 금이었으니까."

하지만 교과서 대부분은 콜럼버스(와 그 이후의 탐험가 및 식민주의자)를 설명할 때 그가 재물에 욕심이 있었다는 사실을 누락해버린다.

유럽이 앞다퉈 신대륙을 차지하려던 이유로 유럽 그리스도교의 특징도 들 수 있다.

유럽인들은 어디에서나 전파할 수 있는 종교를 믿었고 이를 근거로 정복을 합리화했다.

"나는 어디에서든 전쟁을 일으킬 것이고 내가 할 수 있는 일이라면 무엇이든 할 것이다. 나는 너희에게 멍에를 씌우고 교회와 왕께 복종하도록 할 것이다. 나는 너희의 여자와 아이를 데려가 노예로 삼으리라."

스스로에게 물어보자.
왜 교과서에서는 군사력이 (또는 천연두, 독감, 흑사병과 같은 새로운 전염병이) 착취와 지배를 쉽게 만들어준 요인이라고 말하지 않을까?

군사력이나 종교에 기반을 둔 탐욕이 원인이라고 말하는 일이 '우리'의 형편없는 모습을 반영한다면,

정확히 '우리'는 누구지?

이 교과서들은 누구를 위해 (그리고 누구에 의해) 쓰인 것인가?

단도직입적으로 말해서 유럽의 후손들이다.

내일의 퀴즈!

고등학생들은 유럽의 세계 정복에 대해 그다지 진지하게 생각하지 않는다.

의문의 여지도 거의 없다.

이미 답이 주어졌기 때문에 설명할 필요가 없다.

콜럼버스가 아메리카 대륙의 해안에 도착하는 장면을 그린 전통적인 그림은 그가 즉시 지배에 나서는 듯 묘사한다. 그리고 이것은 사실에 바탕을 두었다.

콜럼버스는 배에서 내리자마자 모조리 다 자기 소유라고 주장했다.

하지만 교과서에서 이 과정을 찬양할 때, 그 안에는 원주민의 땅을 빼앗고 지배하는 것이 불가피했다는 의미가 담겨 있다. 심지어 당연하다고 한 경우도 있다.

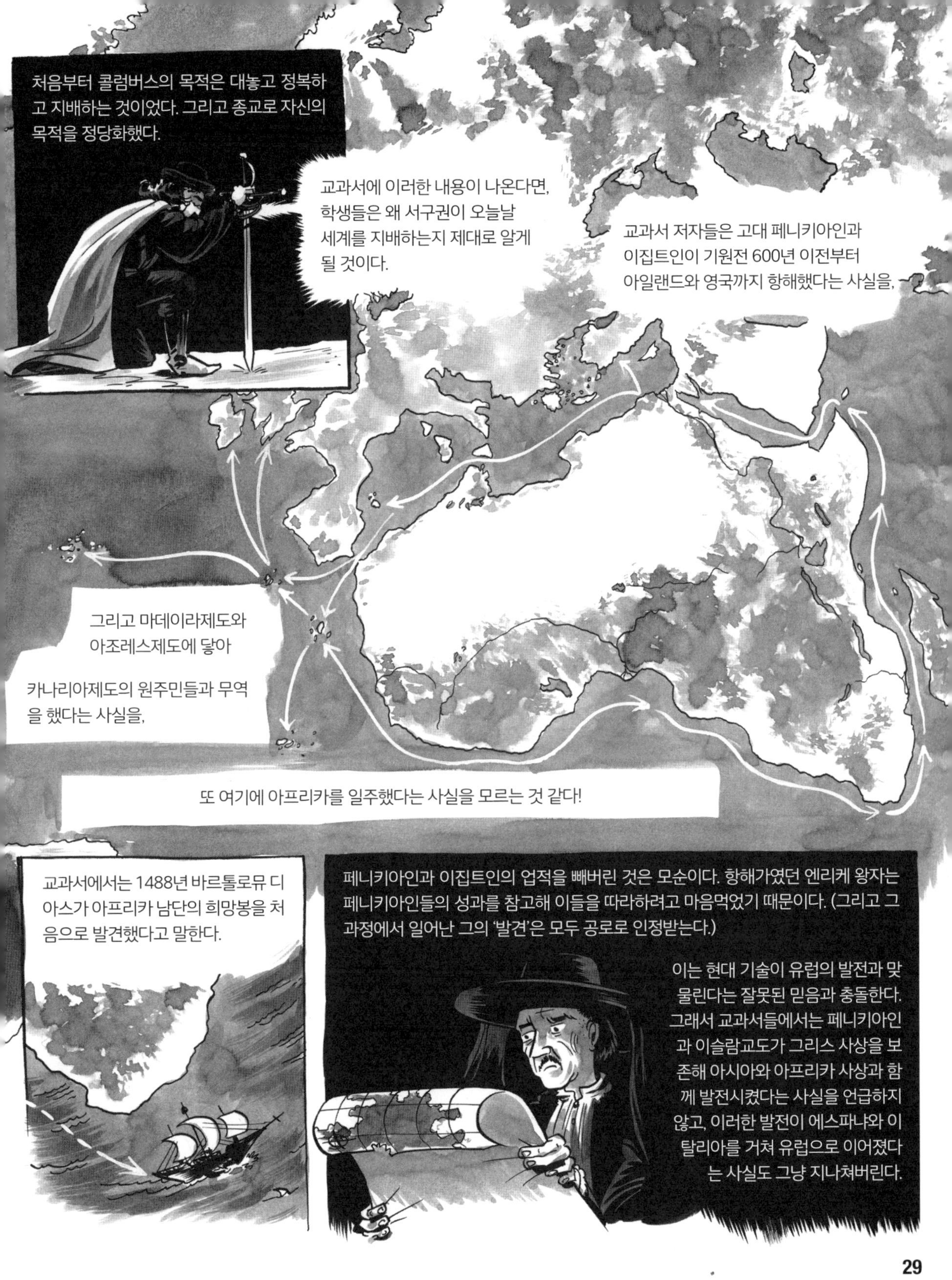

처음부터 콜럼버스의 목적은 대놓고 정복하고 지배하는 것이었다. 그리고 종교로 자신의 목적을 정당화했다.

교과서에 이러한 내용이 나온다면, 학생들은 왜 서구권이 오늘날 세계를 지배하는지 제대로 알게 될 것이다.

교과서 저자들은 고대 페니키아인과 이집트인이 기원전 600년 이전부터 아일랜드와 영국까지 항해했다는 사실을,

그리고 마데이라제도와 아조레스제도에 닿아

카나리아제도의 원주민들과 무역을 했다는 사실을,

또 여기에 아프리카를 일주했다는 사실을 모르는 것 같다!

교과서에서는 1488년 바르톨로뮤 디아스가 아프리카 남단의 희망봉을 처음으로 발견했다고 말한다.

페니키아인과 이집트인의 업적을 빼버린 것은 모순이다. 항해가였던 엔리케 왕자는 페니키아인들의 성과를 참고해 이들을 따라하려고 마음먹었기 때문이다. (그리고 그 과정에서 일어난 그의 '발견'은 모두 공로로 인정받는다.)

이는 현대 기술이 유럽의 발전과 맞물린다는 잘못된 믿음과 충돌한다. 그래서 교과서들에서는 페니키아인과 이슬람교도가 그리스 사상을 보존해 아시아와 아프리카 사상과 함께 발전시켰다는 사실을 언급하지 않고, 이러한 발전이 에스파냐와 이탈리아를 거쳐 유럽으로 이어졌다는 사실도 그냥 지나쳐버린다.

튀르키예에서 발견된 1513년 지도는 알렉산드로스 대왕의 도서관에 있는 자료를 바탕으로 만들었다고 알려졌는데, 남아메리카와 남극 해안선이 모두 자세히 나와 있다!

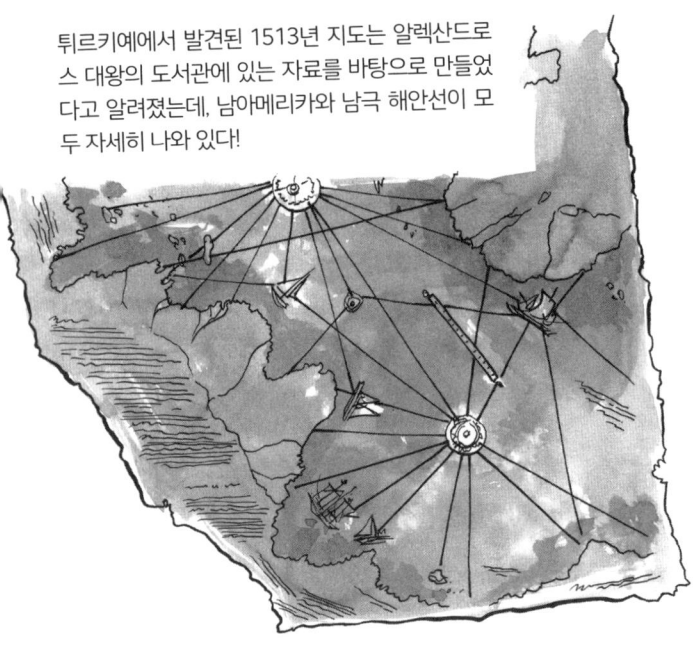

그뿐만이 아니다. 아메리카 원주민들도 대서양을 건넜다. 이들은 배를 타고 캐나다를 출발해 스칸디나비아반도 또는 스코틀랜드까지 갔다.

기원전 60년경에는 아메리카 원주민 두 명이 조난을 당해 유럽에서 큰 호기심을 불러 일으켰다.

내가 연구한 교과서 대부분에서는 고대 북유럽인들이 아메리카 대륙을 탐험했다고 언급한다. 그러나 《약속의 땅》에서 보는 바와 같이 그 의미를 축소해버린다.

"이들은 해안선에 잠시 상륙했을 뿐, 금방 되돌아갔다."

사실 북유럽 탐험가 토르핀과 구드리드는 1005년 즈음 최대 265명의 거주민과 함께 가축, 생필품을 가지고 북아메리카 대륙의 해안에 정착했다. (이곳을 '빈란드'라고도 부른다.)

그리고 북유럽인들은 350년 뒤에도 래브라도에서 그린란드까지 탐험했다!

콜럼버스는 물론 그린란드를 알고 있었다. (그리고 북아메리카도 알고 있었을 것이다.) 그가 1477년 아이슬란드에 갔다면 말이다.

들켰네!

물론, 바이킹의 항해가 세상에 큰 영향을 끼치지 않았을 수도 있다. 그렇지만 왜 교과서에서는 그들의 업적을 뺀 것일까?

이들의 탐험과 콜럼버스 2차 항해를 비교하면 1000년~1493년 사이에 유럽에서 일어난 변화를 더 잘 이해할 수 있다.

아프리카인과 아시아인 역시 아메리카 대륙을 항해했을 것이다. 그러나 이들의 성과도 교과서에서 빠져 있다.

가장 많이 알려진 증거는 페니키아인과 이집트인의 항해로, 이들은 기원전 750년 즈음 서아프리카에서 출발해 멕시코 연안에 닿았다.

콜럼버스 이전에 아프리카인이 먼저 아메리카 대륙에 왔다는 사실이 오늘날 왜 중요할까?

매우 흥미진진한 이야기일뿐더러,

바이킹의 위업을 배우는 것과 마찬가지로 아프리카인 역시 학생들에게 관심을 끄는 주제이기 때문이다.

콜럼버스와 바이킹이 유럽인 및 이들의 후손과 특히 관련이 많다면,

콜럼버스의 항해 이전에 아프리카인들이 탐험한 적이 있다는 사실은 미국 흑인 학생들에게 어떤 의미일까?

북유럽인과 마찬가지로 페니키아인과 아프리카인은 과거의 그림을 보다 완벽하고 복합적으로 만들어준다. 이러한 역사를 보여주는 것은 인간의 가능성, 이 경우에는 흑인의 가능성을 보여주는 것이다.

보다 정확하게 말해서, 다문화 사회의 업적을 보여주는 것이다.

멕시코의 거대 석상이 바로 그 강력한 증거다. 그러나 고고학자 대부분은 이 석상이 마야 문명에서 왔다고 믿는다. 그러나 아프리카-페니키아인의 가능성도 포함해야 한다.

하지만 역사책 2종만 이 가능성을 내용에 담았다.

예를 들어 《미국의 모험》에서는 다음과 같이 질문한다.

이 책의 불과 몇 장 뒤에서 에르난도 데 소토가 "미시시피강을 발견했다"고 주장한다.

물론 말도 안 되는 이야기다.

책은 데 소토가 무장을 했다고 썼지만, 사실 그의 일행은 옷이 불에 타버려 남은 것이 거의 없었다. 그래서 갈대를 얼기설기 엮어 대충 몸만 가렸다.

그의 '발견'은 그다지 중요하지 않았고, 무역이나 백인의 정착으로 이어지지도 않았다. 그는 그저 미시시피강을 바라본 최초의 백인이었을 뿐이었다.

콜럼버스 이전 아프리카와 아일랜드에서 출발한 다른 두 탐험을 비교하면 보다 재미있는 관점을 얻을 수 있다.

콜럼버스는 아이티에 왔을 때 아라와크족이 구아닌으로 만들어진 창의 촉을 가지고 온 모습을 보았다.

아라와크족은 이들이 남쪽과 동쪽에서 온 흑인 무역상에게서 얻었다고 말했다. 그리고 구아닌은 서아프리카인이 흔히 쓰던 합금과 동일한 것으로, 이들도 이렇게 불렀다.

구아닌.

포르투갈인들은 아프리카 무역상이 1400년대 중반에 브라질을 오고갔다는 말을 서아프리카인에게서 직접 들었다.

실제로 콜럼버스보다 먼저 브라질에 온 사람들의 시신에서 아프리카의 흔한 질병에 걸린 흔적이 발견되었다.

발보아와 그 일행 등 파나마에 당도한 최초의 유럽인들은 그곳에 있던 원주민 마을에서 흑인 노예들을 보았다고 보고했다. 원주민들은 이들을 근처 흑인 공동체에서 사로잡았다고 말했다.

아프리카-멕시코 구전 역사가들의 말을 비롯해, 콜럼버스 이전에 서아프리카에서 아메리카로 항해했을 가능성을 뒷받침하는 자료는 매우 다양하다.

그렇다면 9세기에서 10세기, 아일랜드인이 아메리카로 항해했다는 전설은 어떨까?

이 이야기에는 다소 '공상'이 섞여 있다. 고래의 등 위에서 예배를 보았고, 수정 기둥과 불의 섬에 가보았다고 한다.

12종의 기존 교과서 중 5종이 아일랜드 사람들도 항해했을 가능성이 있다고 언급한다.

하지만 신판과 구판 모두 서아프리카인의 항해는 어디에도 보이지 않는다.

역사 교과서들은 콜럼버스 이전의 항해자들을 모두 누락할 뿐만 아니라

콜럼버스를 다룰 때에도 끊임없이 실수를 저지른다.

이러한 오류는 다른 교과서에 그대로 실릴 때도 있다.

그렇다면 이들 교과서에서는 어떤 이야기를 전할까?

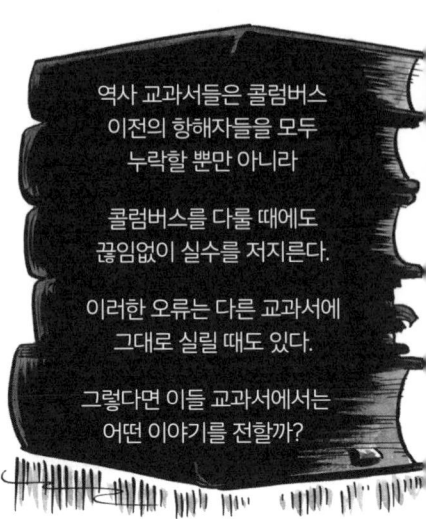

(아래의 굵은 글씨는 진실이라고 확실하게 전해지는 것이다.)

제노바의 가난한 부모 밑에서 태어난 **크리스토퍼 콜럼버스는 노련한 항해사로 자라나** 아이슬란드와 서아프리카까지 항해했다.

그는 모험을 하며 지구가 둥글다고 확신했다. 그래서 튀르크가 폐쇄해 버린 무역로 대신 서쪽으로 항해한다면 향신료와 금과 같은 동방의 전설적인 금은보화를 얻을 수 있다고 생각했다.

그는 서유럽의 왕들을 찾아다니며 항해에 필요한 자금을 요청했다. 에스파냐의 페르난도 왕과 이사벨라 여왕도 처음에는 거절했지만, **이사벨라는 항해 비용을 조금만 대주기로 결정했다. 콜럼버스는 니냐호와 핀타호, 산타마리아호 등 세 척의** 작고 볼품없는 배를 타고 에스파냐를 출발했다.

두 달이 넘는 지난한 **여행** 동안 반란에 가담한 선원들이 그를 배 밖으로 집어 던질 뻔한 사건도 있었지만, 결국 **1492년 10월 12일에 서인도제도를 발견했다. 콜럼버스는 아메리카로 세 번 더 항해를 했지만,** 안타깝게도 죽을 때까지 그곳이 신세계라는 사실을 깨닫지 못했다.

콜럼버스는 자신의 업적을 인정받지 못하고 무일푼으로 세상을 떠났다. 하지만 그의 용기가 없었다면 **미국의 역사는 매우 달라졌을 것이다.** 어떤 의미에서 그는 그 어떤 것도 가능하게 만들었다.

여러분도 보다시피, 교과서에서는 날짜와 배의 이름을 정확히 기술했다. 하지만 나머지 대부분은 진위가 의심스럽다.

그가 제노바 출신이라는 증거도 있고 아니라는 증거도 있다. 콜럼버스는 이탈리아어를 쓸 줄 몰랐던 것으로 보인다.

어떤 역사가들은 그가 유대인이며 에스파냐, 코르시카, 포르투갈, 또는 제노바에서 왔다고 생각한다.

신분에 관해서 어떤 교과서에서는 그를 "가난한 제노바 출신 방적공의 아들"이라고 묘사했는가 하면, 다른 교과서에서는 그가 부자였으며 "부유한 양털-방적공의 아들"이라고 주장했다.

우리는 그가 어디로 가고자 했는지도 알지 못한다. 어떤 증거는 일본, 인도, 인도네시아를 가리키는 반면, 다른 증거는 그가 서쪽의 "새로운" 땅에 가고자 시도했음을 보여준다.

신화를 좀더 그럴듯하게 만들고자 미국의 문화는 콜럼버스의 견해를 지금까지 굳건하게 퍼뜨렸다. 콜럼버스는 선원들을 비롯한 다른 이들이 지구가 평평하다고 생각했음에도, 이에 굴하지 않고 대담하게 앞으로 나아갔다고 말이다.

실제로는 1492년 대서양 양쪽에 있던 사람들 대부분 지구가 둥글다는 사실을 알고 있었다.

워싱턴 어빙은 1828년 콜럼버스의 전기를 쓰면서 지구평면설 우화를 널리 퍼뜨렸다. 그는 물론 이것이 꾸며낸 이야기임을 알고 있었다.

그는 멋지고 극적인 수식어를 썼을 뿐, 어떤 해를 가하려는 의도는 없었다. 하지만 결과적으로 해를 끼쳤다. 우리는 콜럼버스 이전의 유럽인을 비롯해 "원시적인" 사람들이 세상을 자신이 본 대로만 믿고 살다가, 어떤 백인의 도움 덕분에 과학적 사고방식으로 전환하게 되었다고 믿는다.

콜럼버스의 죽음에 관한 이야기조차도 미화됐다.

"에스파냐 정부는 콜럼버스의 발견을 즉각 인정하지 않았다. 그는 자신의 공로를 제대로 평가받지 못하고 1506년에 세상을 떠났다."
— 《미국의 모험》

"그에게 남은 것은 불행과 모욕뿐이었다. … [그리고] 죽을 때까지 자신이 아시아 연안을 항해했다고 믿었다."
— 부어스틴과 켈리

진실은 에스파냐에서 그의 발견을 바로 인정했다는 것이다. 그는 훨씬 더 큰 규모로 2차 항해에 나섰다.

1499년, 그는 아이티의 대규모 금광에서 원주민 수천 명을 노예로 부려 금을 '채굴'하고는 자신의 몫으로 챙겼다. 덕분에 죽을 때까지 돈 걱정 없이 부유하게 살았다.

게다가 콜럼버스의 일기는 그가 '새로운' 대륙에 갔다는 것을 분명히 알고 있었음을 보여준다.

교과서에서는 좀더 극적인 신화를 만들기 위해 궂은 날씨로 항해가 힘들었다고 꾸며낸다.

콜럼버스가 카나리아제도에 잠시 정박한 사실을 누락해 항해가 더 길어 보이게 만들었다. (실제 기간은 두 달이 아니라 한 달이었다.)

그리고 선원들의 불만이 쌓여 반란을 일으키기 직전이었다고 과장했다. 하지만 일차 사료를 보면 주장이 가지각색이어서 정확히 알 수 없다.

이런 식의 부풀리기가 완전히 무해한 것은 아니다.

고등학교 역사 교사인 빌 비글로는 다음과 같은 묘사를 지적했다. "선원들은 멍청하고 미신을 믿으며, 겁이 많고 교활하다. 하지만 콜럼버스는 용감하고 현명하며, 신앙심이 깊다."

오늘날에도 《미국의 행진》에서는 선원들을 '오합지졸'로 폄하한다. 하지만 저자들은 이들도 지구가 둥글다는 사실을 알고 있었음을 인정한다.

크리스토퍼 콜럼버스는 두 가지 현상을 이끌어냈다. 하나는 인종 간의 관계에 급격한 변화를 불러온 것이고 다른 하나는 이를 통해 근대 세계로 전환한 것이다.

첫째, 그는 아메리카 대륙에 살던 원주민들의 땅, 재산, 노동력을 탈취해 멸절 직전까지 이르게 했으며

둘째, 대서양 노예무역을 일으켜 지금까지 500년 이상 고착된 인종적 하층민을 만들어냈다.

콜럼버스가 보기에 카리브해 근처에 거주하는 아라와크족의 첫인상은 호감이었다. 하지만 아라와크족의 금 장신구를 보자 생각이 달라졌다.

콜럼버스가 아라와크족의 마을을 그린 글은 사악하게 끝을 맺는다.

"50명으로 마을을 몽땅 정복해서 내 마음대로 다스릴 수 있을 것이다."

이 사건은 H.G. 웰스의 유명한 공상과학 소설 《우주 전쟁》을 떠올리면 더욱 생생하게 다가온다.

기술적으로 우월한 외계 종족이 지구를 침략하는 이 이야기에서, 웰스는 겁먹은 시민을 기술적으로 진보한 유럽인의 무력에 맞서 고군분투하는 원주민에 비유한다.

우리가 무력한 지구인에게 동질감을 느끼듯이, 웰스는 우리가 1493년 아이티의 원주민 또는 1788년 오스트레일리아, 혹은 오늘날 아마존 열대 우림의 원주민에게 공감하기를 바랐다.

콜럼버스는 1493년 아이티로 돌아와서 원주민들에게 음식, 금, 실, 원주민 여자 등을 요구했다.

그리고 명령을 거역하는 자에게는 잔인한 형벌을 가했다. 소극적으로 대항하는 자는 귀와 코가 잘렸고, 이렇게 희생된 사람들은 에스파냐인이 얼마나 잔혹한지 보여주는 살아 있는 증거가 되었다.

원주민들은 이내 질려버렸다.

처음에는 수동적으로 저항했다.

에스파냐인이 먹을 식량 농사를 거부하고, 에스파냐 정착지 근처의 마을을 버리고 떠났다.

마침내 아라와크족은 맞서 싸웠다.

불행히도 이들의 무기는 무장한 에스파냐인들에게 큰 피해를 주지 못했다. 《우주 전쟁》에서 지구인의 총이 외계인의 살인 광선에 대적하지 못하는 것과 같았다.

콜럼버스는 아라와크족의 저항을 구실로 1495년 3월 전쟁을 일으켰다.

커크패트릭 세일은 전쟁을 다음과 같이 묘사했다. (그는 콜럼버스의 아들인 퍼디낸드 콜럼버스의 전기를 인용했다.)

"군인들은 총으로 무차별 사격을 가해 원주민 수십 명을 죽였다. 개를 풀어 사지와 배를 물어뜯게 했고, 숲으로 도망간 원주민들을 쫓아 창과 총으로 찔렀다. '신의 가호를 받은 덕분에 완벽한 승리를 거두고…'"

하지만 콜럼버스는 '금광'을 찾지 못했다. 그래서 에스파냐에 바칠 배당금을 구하려 다른 곳으로 고개를 돌렸다.

인간이었다.

1495년, 에스파냐는 아이티 전역을 돌아다니며 대대적인 노예사냥에 나섰다.

이들은 아라와크족 1500명을 사로잡았고, 그중에 에스파냐에서 노예로 부릴 만큼 상태가 좋은 500명을 골랐다(그중에 200명은 항해 도중 목숨을 잃었다).

또다른 아라와크족 500명은 자국에서 노예 신세로 전락했다. 이들은 새로운 에스파냐 정복지에서 강제로 일을 해야 했다.

한스 코닝은 다음과 같이 말했다, "이제 에스파뇰라에 공포의 지배가 시작되었다."

에스파냐인들은 재미로 아라와크족을 사냥했고, 죽여서 개 먹이로 던져주었다.

금 찾기에 혈안이 된 콜럼버스는 공물 제도를 만들어, 사금이나 목화를 모아서 가져오는 아라와크족 사람에게 손이 잘리는 형벌을 면제해주었다.

이 모든 사실은 콜럼버스의 편지, 탐험대원의 증언 등 일차 사료에서 비롯된 것이다. 그리고 아메리카 최초의 위대한 역사가인 바르톨로메 데 라스카사스의 입으로도 전해졌다.

교과서 대부분은 이러한 일차 사료를 이용하지 않는다. 악의 없는 발췌 자료라고 해도 콜럼버스를 부정적으로 그리는 부분이라면 편집한다.

예를 들어 《미국의 여정》에서는 콜럼버스가 아메리카 대륙에 입성할 때 아라와크족을 가리켜 "잘생겼다"고 한 말을 인용한다. 하지만 그가 "50명으로 정복해서 내 마음대로 다스"렸다는 부분은 빼버렸다.

공물 제도는 결국 실패로 끝나고 말았다. 아라와크족이 도저히 해낼 수 없는 요구였기 때문이다.

콜럼버스는 그 대신 아라와크족 마을 전체를 각 식민지 개척자들(또는 그들 중 단체로)에게 할당해 무력으로 다스리게 했다. 이 제도를 '엔코미엔다'라 부른다.

엔코미엔다는 노예제와 다름없었지만, 콜럼버스는 '노예제'라는 표현을 가능한 한 쓰지 않았다. 그래서 윤리적 비난과 항의를 받지 않았다.

에스파냐는 콜럼버스의 예를 본보기 삼아, 1502년 아이티에 엔코미엔다 식민 정책을 공식적으로 채택했다. 이어 멕시코, 페루, 플로리다를 지배하던 다른 에스파냐 정복자들도 이 정책을 따라 도입했다.

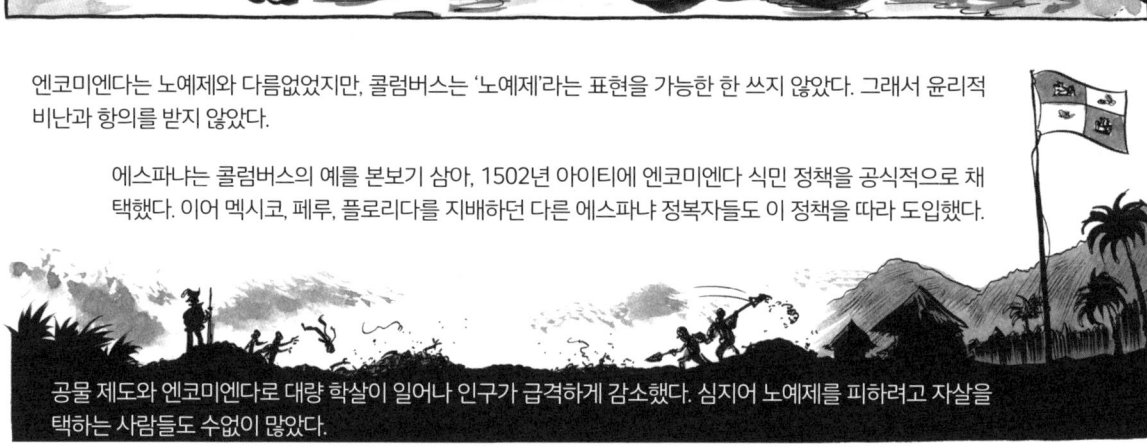

공물 제도와 엔코미엔다로 대량 학살이 일어나 인구가 급격하게 감소했다. 심지어 노예제를 피하려고 자살을 택하는 사람들도 수없이 많았다.

여기에 더해 에스파냐는 토종 생태계와 문화도 파괴했다.

광산으로 강제 노역에 내몰린 아라와크족은 농사를 소홀히 할 수밖에 없었고, 흉작과 영양 부족으로 이어졌다. 그리고 토끼와 가축을 새로 들여오는 바람에 생태계에 재앙을 불러일으켰으며, 아라와크족은 돼지 독감에 감염되고 말았다.

커크패트릭 세일은 콜럼버스가 들어오기 이전 아이티의 인구를 300만 명 정도로 추정했다.

그러나 1516년에는 겨우 1만 2000명만 남았다.

1555년에는 거의 멸족에 이르고 말았다.

전형적인 집단 학살이었다.

이렇게 잔혹한 사실은 아래와 같은 과장된 외침보다 역사적으로 훨씬 중요한 의미를 지닌다.

"티에라 (육지다)!"

콜럼버스는 대서양을 건너 맨 처음 노예를 보냈을 뿐만 아니라, 그 어떤 인물보다도 훨씬 많은 대략 5000명 정도의 노예를 바다 너머로 보냈다.

다른 나라들도 그의 발자취를 따랐다. 포르투갈, 영국, 프랑스가 그랬고, 심지어 본국에서 박해를 피해 이제 막 아메리카 대륙에 도착한 건국의 아버지들과 청교도들도 따라했다.

그중에서도 성적 착취는 노예제에서 가장 흔하고 역겨운 측면이었다.

1493년 콜럼버스는 아이티에 도착하기 전부터 자신의 부하들에게 탐험에 나선 대가로 현지 여성을 노예로 만들어 강간하게 했다.

콜럼버스는 1500년 친구에게 "어린 여자아이를 찾아다니는 수많은 상인"을 위한 시장이 있다고 쓴 적이 있다.

"아홉 살에서 열 살 사이가 가장 인기가 많다네."

41

노예제, 새로운 질병, 영양실조로 수많은 사람이 목숨을 잃자 에스파냐인들은 이들을 대체할 다른 공짜 노예를 찾아 나섰다.

원주민 노예제에 이어 대서양 건너 다른 곳에서도 대규모 노예무역이 일어났다. 바로 아프리카였다.

이 노예무역 역시 콜럼버스의 아들이 1505년 아이티에서 시작했다.

예측하던 대로, 아메리카에서 처음으로 대규모 반란이 일어났다. 1519년 아프리카인과 원주민이 연합해 봉기를 일으켰다.

다민족으로 구성된 반란군의 활동은 10년 넘게 지속되었다.

12종의 교과서 중 1종만 콜럼버스가 노예제와 관련이 있다는 설명을 넣었다.

교과서 대부분은 콜럼버스의 역사를 가르치는 데 그다지 관심이 없는 것이 분명하다.

이들의 관심은 "인격 형성"에 초점이 맞춰진 듯하다. 그래서 콜럼버스를 기원 신화적 인물로 다룬다.

"그는 선량한 사람이었고 우리도 그렇다."

심지어 저자들은 서로의 접근 방식을 베끼기도 하는데, "5세기 동안 지속된 문화의 충돌" 운운하며 식민화와 노예의 역사를 재구성한다.

1493년에서 1500년 사이 아이티에서 일어난 일은 교과서에서 빼먹거나 얼렁뚱땅 넘어가도 되는 사소한 일이 아니다.

이 사실들은 미국과 유럽의 역사 모두에 매우 중요하다.

콜럼버스가 대서양을 건너 항해한 이후 미국뿐만 아니라 유럽에서도 대대적인 변화가 일어났다.

농작물, 동물, 사상, 질병이 바다를 건너 오갔으며, 유럽의 그리스도교에도 영향을 주었다.

아메리카 대륙이 발견된 이후 유럽의 종교 통합은 무너져 내렸다.

성서에 한 번도 언급된 적이 없는 이 사람들을 어떻게 설명해야 할까?

아메리카 원주민들은 정통 기독교에서 설명하는 도덕적 가치관에 들어맞지 않았다.

아메리카 대륙을 식민지로 삼으며 대두된 문제에 유럽인은 열광적인 반응을 보였다. 그리고 이는 유럽의 자의식이 일어나는 기폭제가 되었다.

1492년 이후 유럽인들은 스스로 동질성을 느끼기 시작했다. 자신들이 최소한 아메리카 원주민들과는 다르다고 느꼈다.

어떻게 보면 1492년 이전에는 '유럽'이 존재하지 않았다. 사람들은 그저 프랑스인, 토스카나인 등으로 불렸다.

나도 유럽!

유럽!

심지어 1492년 이전에는 '백인'이라는 개념도 없었다.

유럽인들은 점점 늘어나는 대서양 노예무역과 맞물려 '백인'을 인종이자 정체성으로 보기 시작했다.

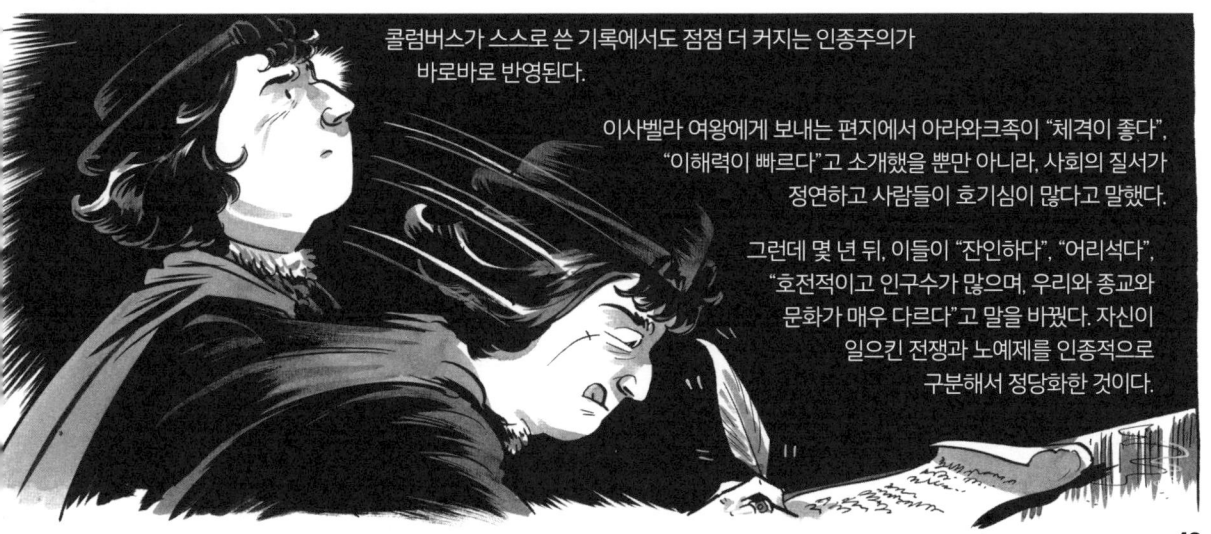

콜럼버스가 스스로 쓴 기록에서도 점점 더 커지는 인종주의가 바로바로 반영된다.

이사벨라 여왕에게 보내는 편지에서 아라와크족이 "체격이 좋다", "이해력이 빠르다"고 소개했을 뿐만 아니라, 사회의 질서가 정연하고 사람들이 호기심이 많다고 말했다.

그런데 몇 년 뒤, 이들이 "잔인하다", "어리석다", "호전적이고 인구수가 많으며, 우리와 종교와 문화가 매우 다르다"고 말을 바꿨다. 자신이 일으킨 전쟁과 노예제를 인종적으로 구분해서 정당화한 것이다.

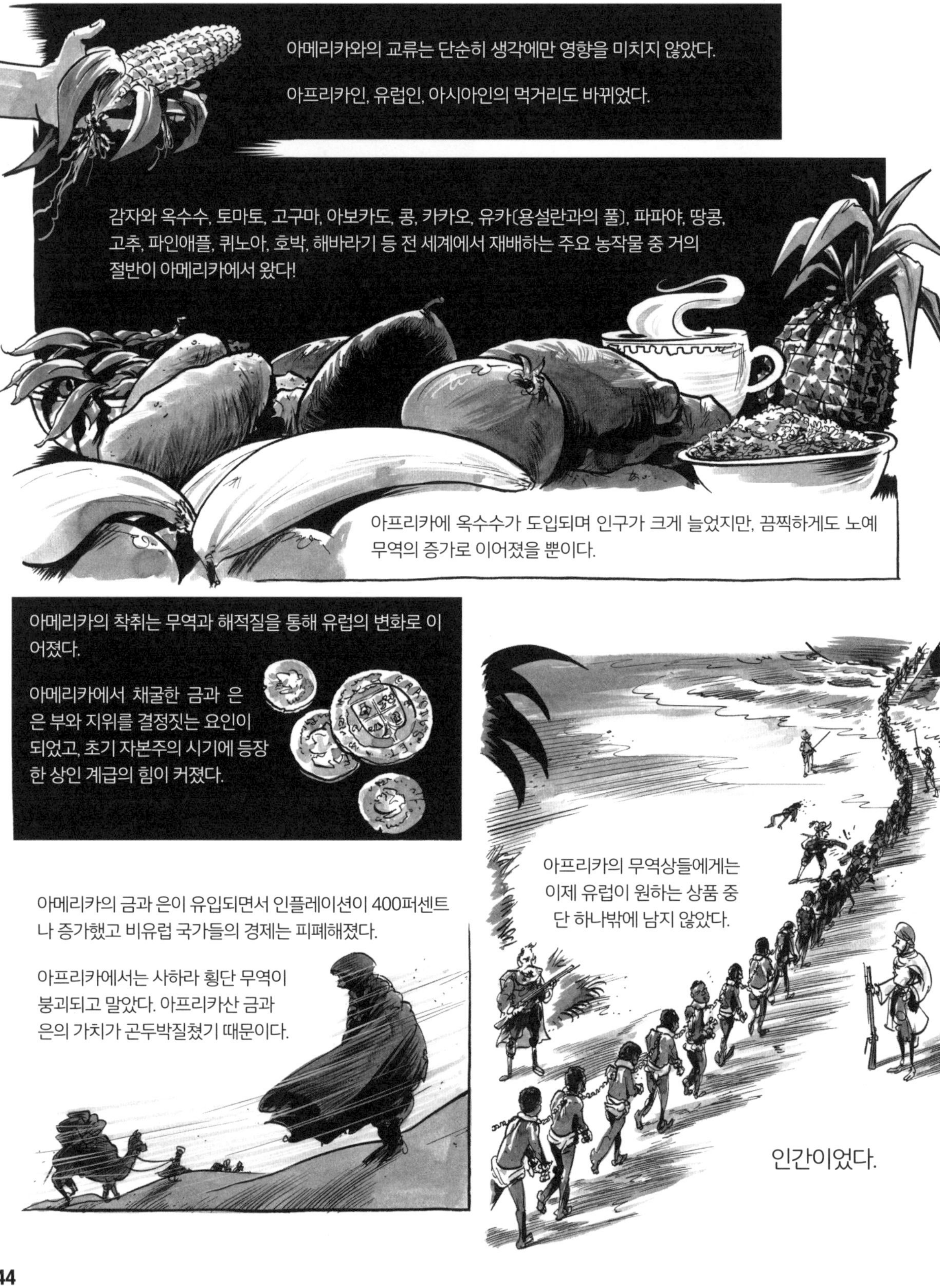

아메리카와의 교류는 단순히 생각에만 영향을 미치지 않았다.
아프리카인, 유럽인, 아시아인의 먹거리도 바뀌었다.

감자와 옥수수, 토마토, 고구마, 아보카도, 콩, 카카오, 유카(용설란과의 풀), 파파야, 땅콩, 고추, 파인애플, 퀴노아, 호박, 해바라기 등 전 세계에서 재배하는 주요 농작물 중 거의 절반이 아메리카에서 왔다!

아프리카에 옥수수가 도입되며 인구가 크게 늘었지만, 끔찍하게도 노예무역의 증가로 이어졌을 뿐이다.

아메리카의 착취는 무역과 해적질을 통해 유럽의 변화로 이어졌다.

아메리카에서 채굴한 금과 은은 부와 지위를 결정짓는 요인이 되었고, 초기 자본주의 시기에 등장한 상인 계급의 힘이 커졌다.

아메리카의 금과 은이 유입되면서 인플레이션이 400퍼센트나 증가했고 비유럽 국가들의 경제는 피폐해졌다.

아프리카에서는 사하라 횡단 무역이 붕괴되고 말았다. 아프리카산 금과 은의 가치가 곤두박질쳤기 때문이다.

아프리카의 무역상들에게는 이제 유럽이 원하는 상품 중 단 하나밖에 남지 않았다.

인간이었다.

이렇게 광범위하며 얽히고설킨 변화를 가리켜 1972년 역사가 앨프리드 W. 크로즈비 주니어는 '콜럼버스 교환'이라 이름 붙였다.

내가 검토한 기존 교과서들에서는 콜럼버스의 아메리카 대륙 발견이 지닌 지정학적 의미가 무엇인지 말하지 않았다. 하지만 역사 교과서에 조금씩 이 개념이 스미고 있다.

현재 저자들은 아메리카 원주민들이 농작물 개발에 중요한 역할을 맡았다는 사실과 유럽인(그리고 아프리카인)이 아메리카에 가축과 질병을 전파했다는 사실을 인정한다. 하지만 사상이 양방향으로, 특히 서쪽에서 동쪽으로 흘렀다는 사실은 여전히 간과되고 있다.

유럽 중심적 사고를 지닌 저자들에게 아랍의 천문학자, 아프리카의 항해가, 아메리카 원주민의 사회구조 등 다른 나라가 유럽에 기여한 사실은 보이지 않는다.

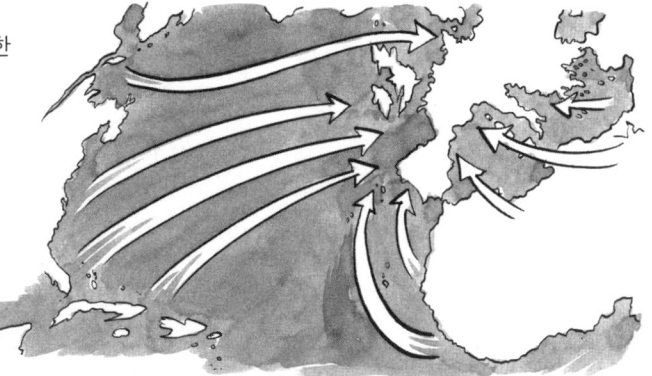

이렇게 제한된 관점으로 쓴 교과서를 읽는다면, 아메리카 원주민 사회가 왜 위축되고 빈곤해졌는지 알 수 없게 된다.

게다가 아메리카 원주민의 사상이 근대 세계를 형성하는 데 일정 부분 역할을 했다고 인정할 기회도 빼앗긴다.

교과서에서는 역사 그 자체가 도덕이나 부도덕을 규정할 수 없음을 보여줘야 한다.

단순히 미국인이라고 해서 우리를 윤리적이거나 비윤리적이라고 평가해서는 안 된다.
역사는 그보다 훨씬 더 복잡하다.

그렇다면 '우리'는 누구인가?

멕시코에서 콜럼버스는 영웅이 아니라는 점에 주목하자.

왜 그럴까?

우선 멕시코는 문화적으로 미국보다 에스파냐에 훨씬 가깝다. 그리고 에스파냐 역사의 인물에 자긍심을 가질 만하다.

하지만 멕시코는 미국보다 더 본토의 뿌리와 가깝기도 하다. 그래서 멕시코인들은 콜럼버스를 백인이자 유럽인이라고 생각한다.

콜럼버스에게 애정을 갖는 것은 백인 역사의 특징이지, 일반적인 미국 역사가 아니다.

1492년의 사건을 하나의 발견이 아닌 세 문화의 만남으로 생각한다면, 콜럼버스(그리고 모든 유럽 탐험가와 개척자)를 더 명확하게 이해할 수 있다.

'신세계'와 '발견'이라는 용어는 그 자체로 문제가 많다. 무엇보다도, 아메리카 대륙은 유럽인에게나 새로웠는데, 이미 알고 있거나 소유하고 있던 사람들에게 어떻게 발견이라고 말할 수 있는가?

말이라는 것은 중요하다.
그리고 정치적 결정을 내리는 데 영향을 끼칠 수 있다.

1823년 미국의 연방 대법원장 존 마셜은 체로키족이 조지아 지역을 '사용'하고 있기 때문에 땅을 가질 권리가 있으나, 백인들이 '발견'했기 때문에 우선권이 있다고 판결했다. (마셜은 체로키족이 땅을 먼저 발견했으니까 사용했다는 사실을 제대로 설명하지 않았다.)

탐험의 과정은 일반적으로 다인종적이고 다문화적이다.

아프리카인과 아메리카 원주민은 도선사이자 항해가로서 중요한 역할을 했고, 생명을 구하는 의학과 농업 지식을 널리 퍼뜨렸다. 또한 좌초하거나 길을 잃고, 음식이 없어 굶주린 선원 모두를 (그리고 배도) 구조해주었다.

캐나다 원주민 윌리엄 에라스무스는 이렇게 말했다.

"당신들이 '위대한 자'라고 부르는 탐험가들은 그저 무력하기만 했다오. 길 잃은 어린아이 같았고, 그런 그들을 돌봐준 사람들은 바로 우리였소."

교과서에서 유색인종의 역할을 계속 숨긴다면, 학생들은 유럽이 세상 모든 지식과 지성을 만들었다고 생각하게 될 것이다.

교과서에서 착취자였던 콜럼버스의 이면을 숨기고 계속 영웅시한다면, 서구 백인의 탐험을 사실대로 연구하기보다 그저 동일시하게 될 것이다.

교과서 저자들은 아라와크족 개개인의 이름을 삭제하고 그들의 관점을 빼버려서 아메리카 원주민을 '타자'로 만든다.

이렇게 하면 독자들은 이 대량 학살과 끔찍한 비운을 우려하지 않아도 된다.

뭐가 되었든 이들은 개별적 인간으로서 결코 나타나지 않을 테니까.

하지만 현대의 기준으로 콜럼버스를 평가할 때는 주의가 필요하다.

일례로 1493년에는 노예제가 잘못되었다는 생각이 통용되지 않았다.

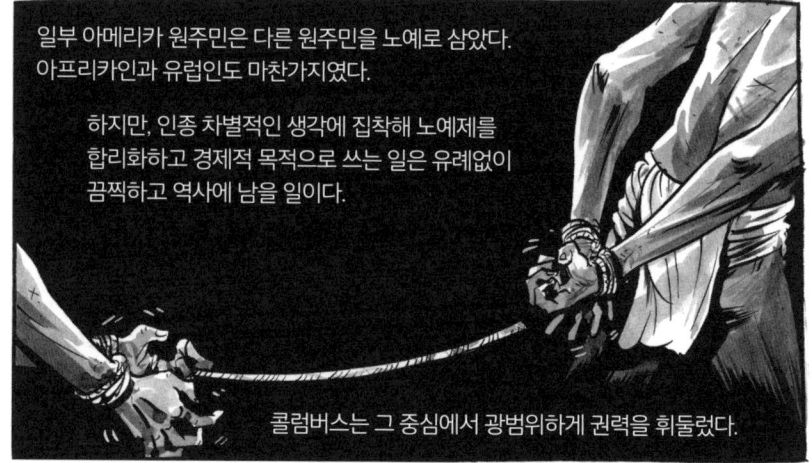

일부 아메리카 원주민은 다른 원주민을 노예로 삼았다. 아프리카인과 유럽인도 마찬가지였다.

하지만, 인종 차별적인 생각에 집착해 노예제를 합리화하고 경제적 목적으로 쓰는 일은 유례없이 끔찍하고 역사에 남을 일이다.

콜럼버스는 그 중심에서 광범위하게 권력을 휘둘렀다.

무엇보다도 같은 시대의 일부 에스파냐인(바르톨로메 데 라스카사스 등)들은 노예제의 현실을 깨닫고, 콜럼버스가 아이티에 도입한 노예화와 토지 탈취에 반대했다.

라스카사스도 처음에 플랜테이션 소유주였지만, 생각을 바꿔 원주민 노예를 해방시켰고 사제가 되어 원주민의 인간적 대우를 위해 열정적으로 싸웠다. 그는 노예제를 다음과 같이 맹렬히 비난했다.

신과 인간을 거스르는, 가장 용서할 수 없는 범죄다.

역사 교과서에서 특정 집단이나 권력에 대항하는 이들을 누락하는 것은 억압하는 자와 그들의 행동에 은근슬쩍 동조하는 일이다.

콜럼버스를 영웅으로 단순하게 그려서 '기분 좋은' 역사를 만드는 일은 따분할뿐더러 역사 왜곡에 지나지 않는다.

3장

최초의 추수감사절

유럽 탐험가들과 침략자들은 누군가가 살고 있는 땅을 발견했다.
당시 그곳이 아무도 살지 않는 야생 그대로였다면,
아마 지금도 그때의 모습을 유지하고 있었을 것이다.
16세기와 17세기 유럽의 기술과 사회구조로는
본국에서 수천 킬로미터 떨어진 식민지를
유지하고 관리할 능력이 없었기 때문이다.
― 프랜시스 제닝스(미국 역사가)

요점과 질문, 덧붙일 내용

(책의 내용을 정리해보자)

지난 수년 동안 나는 대학생들에게 다음과 같은 기본적 질문을 했다.

처음에 나는 학생들이 기원전 3만 년 즈음, 또는 콜럼버스 이전이라고 답하리라 예상했다.

아니었다.

여기에 놓인 문제 중 일부는 '정착'이라는 단어에 있었다.

학생들이 언급한 '정착민'은 백인이었다. 아메리카 원주민은 정착하지 않았다. '정착'이라는 말을 잘못 생각한 사람은 학생뿐만이 아니었다.

교과서에서는 이 역사를 수없이 재차 설명하며 백인 정착민을 '험난한 야생을 문명화'하고 '황량한 동부 해안의 인구를 늘린' 사람들이라고 소개했다.

그러나 앞으로 살펴보겠지만, 아메리카 원주민들이 뉴잉글랜드에 먼저 살고 있지 않았다면, 유럽인들은 이곳에 적응하기 훨씬 힘들었을 것이다.

심지어 1620년은 영국인이 최초로 정착한 해도 아니었다. 1607년 버지니아주 제임스타운이 먼저였다.

"우리가 미국이라 알고 있는 나라"의 신화적 기원은 1620년 플리머스록에 있다.

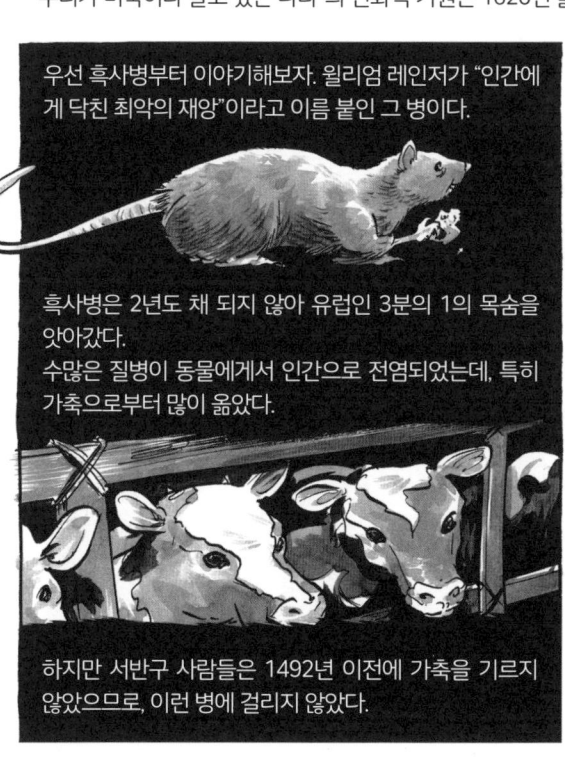

우선 흑사병부터 이야기해보자. 윌리엄 레인저가 "인간에게 닥친 최악의 재앙"이라고 이름 붙인 그 병이다.

흑사병은 2년도 채 되지 않아 유럽인 3분의 1의 목숨을 앗아갔다.
수많은 질병이 동물에서 인간으로 전염되었는데, 특히 가축으로부터 많이 옮았다.

하지만 서반구 사람들은 1492년 이전에 가축을 기르지 않았으므로, 이런 병에 걸리지 않았다.

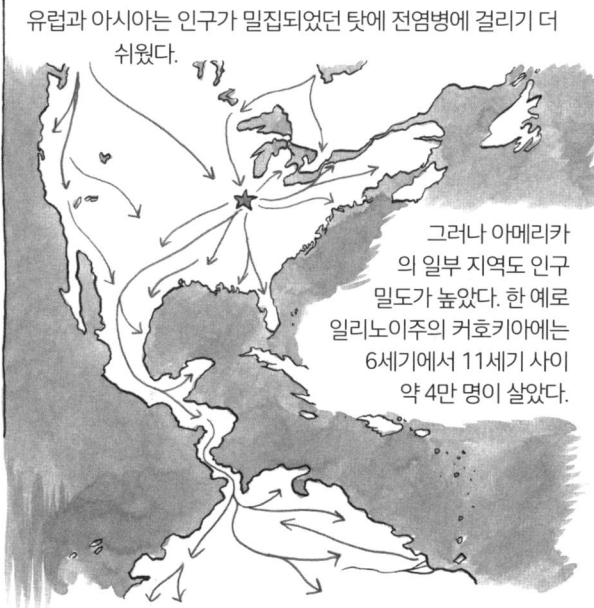

유럽과 아시아는 인구가 밀집되었던 탓에 전염병에 걸리기 더 쉬웠다.

그러나 아메리카의 일부 지역도 인구 밀도가 높았다. 한 예로 일리노이주의 커호키아에는 6세기에서 11세기 사이 약 4만 명이 살았다.

무역로가 아메리카 대륙의 마을 이곳저곳을 연결했다. 그러나 도로에 처리되지 않은 하수가 흘러서 전염병이 만연했던 런던과 카이로 같은 도시는 없었다.

아메리카에 질병이 없었던 이유 중 하나로 콜럼버스 이전의 주민들이 기본적으로 위생을 잘 지켰던 점을 들 수 있다.

북유럽인과 영국인은 목욕을 거의 하지 않았다. 이들은 목욕이 건강에 좋지 않다고 믿었고, 옷을 벗으면 정숙하지 못하다고 여겨 좀처럼 벗으려 하지 않았다.

그렇다 보니 영국 이주민은 아메리카 원주민에게 나쁜 냄새를 풍겼다.

스콴토(영국 이주민의 정착을 도운 아메리카 원주민)의 전기에는 이런 말이 나온다,

목욕하는 법을 가르쳤지만 별 성과는 없었다오.

휴

절레절레.

영국 이주민들이 막 당도하기 직전이었던 1617년, 전염병이 뉴잉글랜드를 휩쓸었다. 3년도 채 되지 않아 전염병으로 뉴잉글랜드 연안의 주민 중 90-96퍼센트나 목숨을 잃었다.

원주민 사회는 깡그리 무너져내렸다.

살아남은 원주민들은 겹겹이 쌓여나가는 시체를 도저히 감당할 수 없어, 마을을 버리고 이웃 부족의 마을로 도망쳐버렸다.

하워드 심슨은 1620년 영국 이주민이 본 광경을 이렇게 묘사했다.
"원주민들의 유골 수천 점이 내팽개쳐져 있었다. 이들을 묻어줄 사람들은 이미 떠나고 없었다."

하지만 영국 분리주의자들은 이 떼죽음을, 신이 자기편이란 증거로 여겼다.

매사추세츠만(灣) 식민지 총독 존 윈스럽은 이 전염병을 이렇게 불렀다.

기적.

전염병이 가져다준 결과는 영국인에게 중요한 의미가 있었다. 뉴잉글랜드에 정착하고 첫 50년 동안 아메리카 원주민들의 저항에 부딪히지 않았기 때문이다.

실제로, 전염병 덕분에 영국인들은 우리가 추수감사절 이야기라고 알고 있는 따스한 대접을 받았다.

왐파노아그족의 지도자였던 마사소이트는 영국 이주민들과 연대하기를 간절히 바랐다. 왐파노아그 마을이 전염병으로 약해진 데다 동쪽의 내러갠싯족과 마찰을 빚을까 두려웠기 때문이다.

오늘날 우리가 유럽의 기술을 당시의 보다 '원시적인' 아메리카 원주민의 기술과 비교한다면, 유럽의 아메리카 정복은 필연적이었다고 결론내리기 쉽다. 하지만 당시에는 그런 상황이 아니었다.

역사가 캐런 쿠퍼먼은 다음과 같이 추측한다.

아메리카 동부 연안에 살던 원주민들의 기술과 문화는 영국과 비교해 대등했어요. 그리고 둘 사이의 경쟁에서 누가 승리할지 처음에는 알 수 없었지요. …

사라진 원주민 농부들이 일궈놓은 땅을 이주민들이 차지할 수 없었다면, 식민화는 훨씬 더 느리게 진행되었을 겁니다.

원주민 문화가 물리적·심리적인 공격을 받아 고통을 받고 망가지지 않았다면, 식민화는 아예 성공하지 못했을 거예요.

아메리카에는 콜럼버스가 오기 전에도 꽤 많은 사람들이 살고 있었다.
역사가 윌리엄 맥닐은 1492년 아메리카의 인구가 1억 명 가량이었다고 추정한다.

역사가 윌리엄 랭거에 따르면 당시 유럽의 인구는 대략 7천만 명이었다.

아메리카 원주민의 인구수에 대한 초기 추정치는 다양했지만 100만 명에서 1400만 명으로 인구밀도가 높지 않았다.

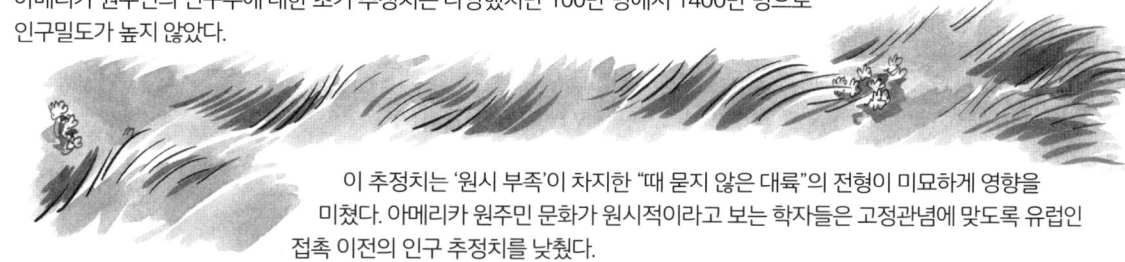

이 추정치는 '원시 부족'이 차지한 "때 묻지 않은 대륙"의 전형이 미묘하게 영향을 미쳤다. 아메리카 원주민 문화가 원시적이라고 보는 학자들은 고정관념에 맞도록 유럽인 접촉 이전의 인구 추정치를 낮췄다.

교과서 중 그 어떤 것도 인구 추정치가 어떻게, 또는 왜 이렇게 들쑥날쑥한지 설명하지 않는다. 혹은 그 문제에 관해 인구수가 어떻게 또는 왜 줄었는지도 알려주지 않는다. 그저 매우 다른 수치만 제시할 뿐이다.

문제는 추정치가 아니다. 논쟁을 일으킬 수 있는 여지 (또는 학생들이 질문하고 나름의 결론을 내릴 여지)를 주는 것은 왠지 급진적으로 보인다!

1620년 메이플라워호의 목적지와 탑승자 구성에 대해서도 의견이 분분하다. 102명의 탑승자 중 3분의 1만이 종교의 자유를 찾아 떠난 청교도였다. 나머지는 새로운 버지니아 식민지에 일확천금을 찾으러 온 평범한 사람들이었다.

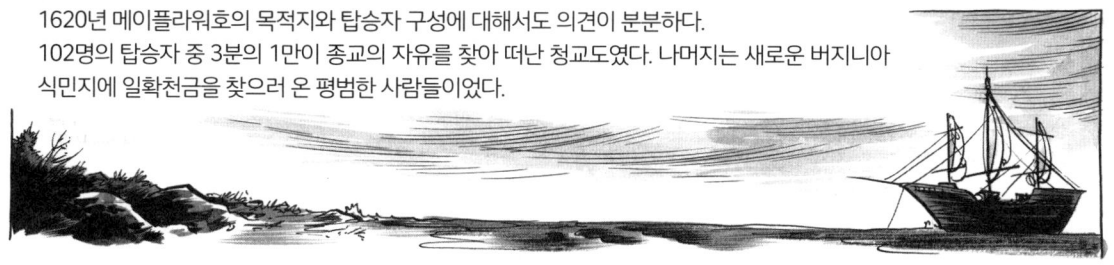

메이플라워호의 목적지와 도착지가 다른 이유도 교과서마다 제각각이다. 궂은 날씨 때문에, 항해가 서툴러서, 납치를 당해서, 심지어 네덜란드인이 선장에게 뇌물을 주었기 때문이라고 말한다.

메이플라워호는 처음부터 특정 목적지가 없었는지도 모른다. 여기저기 돌아다니며 정착하기 알맞은 곳을 찾아다녔을 것이다. 나는 이들이 의도적으로 플리머스록 근처에 배를 정박했으리라 생각한다. 하지만 결론을 매끄럽게 내릴 근거는 없다.

동기가 무엇이든 목적지가 어디든, 영국 개척민들은 교과서에서 경건한 대접을 받았다. 심지어 신성시한 교과서도 있다.
다음을 보면 학생들이 '미국 예외주의'라는 개념을 어떻게 배우는지 알 수 있다.

이것은 미국이 세계의 어떤 나라와도 다르고 더 낫다는 개념이다.

미국이 어떻게 예외적이라는 말일까? 흠, 그러니까, 예외적으로 더 선하다는 말이다. 아니면 우드로 윌슨이 말했듯이,

"미국은 세상에서 유일하게 이상적인 국가다."

잠깐, 이뿐만이 아니다!

미국은 예외적으로 강하고 굳세다. 《미국의 행진》에 나온 표현을 빌리자면, "우리는 세계에서 가장 오래된 공화국으로서 뛰어난 회복력과 풍부한 지략을 갖추고 있다."
산마리노, 아일랜드, 아이슬란드가 이미 수백 년 전 먼저 공화국을 건설했다는 사실은 무시한다.

하지만 역사가 존 개러티는 《미국의 역사》에서 다음과 같이 주장한다.
"인류 역사상 최초로 한 집단이 이전에 어디에도 존재한 적 없는 정부를 의식적으로 만들었다."

이러한 주장은 아일랜드 공화국과 이로쿼이 연맹 등 다른 사례를 철저히 무시한 자민족 중심주의적 행위다.

미국 교과서에 따르면 이렇게 이주민들의 뛰어난 능력과 식견은 이곳 플리머스록에서 '처음부터' 명백히 드러났다.

하지만 영국 이주민들을 긍정적으로만 그리다 보니 전염병, 납치 가능성, 그리고 아메리카 원주민과의 관계는 빠질 수밖에 없었다.

교과서에서는 훌륭한 그림을 강조하기 위해, 제임스타운과 16세기 에스파냐 정착지의 중요성을 낮추고 미국의 신화적 탄생지인 플리머스록을 중심에 둔다.

* 식민지 주민이 순식간에 사라진 로어노크섬에 있던 나무. '크로아토안(CROATOAN)'이라는 알 수 없는 단어만 새겨져 있었다고 전해진다.

역사가 T. H. 브린이 말했듯이 제임스타운은 "후대 역사가들이 미국 문화의 신화적 기원을 찾기에 부족한 곳"이었다.

사실 영국 이주민들이 '황무지'에서 "아무것도 없이 시작했다"고 보기에는 무리가 있다. 뉴잉글랜드 남부 곳곳에는 아메리카 원주민들이 덤불을 태워 공원처럼 만든 곳이 있었다.

프로빈스타운에 상륙해 배로 탐험을 끝낸 영국 이주민들은 아름답고 깔끔하게 정돈되었다는 이유로 플리머스를 선택했다. 이곳은 얼마 전까지 곡물을 길렀고, 항구로도 적합했으며 '민물이 흐르는 개울'도 있었다.

사실 '새로운 플리머스'는 스콴토의 터전이자 아름다운 마을인 파툭셋으로, 이전부터 있었다!

여기 원래 우리 집이에요!

이주민들은 이곳에서 야생과 맞닥뜨리지 않았다.

1622년 한 식민지 주민이 기록했듯이, "내가 사는 이곳에는 원주민이 대략 2000명 정도 살고 있었다."

원주민이 모두 사라진 것은 아니었다. 그리고 개척자들은 매사추세츠에서 원주민들의 도움으로 두 번째 바쁜 나날을 보냈다.

개척자들은 이렇게 도움을 받고 어떻게 사례를 했을까?

이들의 집, 밭, 작물을 훔쳐서 보답했다.

이들은 아메리카 원주민의 재산을 제공받거나 가져간 것을 신의 도움으로 여겼고, 이것이 나중에 추수감사절의 기원이 되었다.

식민지 주민의 일기와 기록에는 이주민들이 원주민의 무덤을 파서 도구, 무기, 식기를 훔쳐갔다는 증언이 나온다. 이러한 도적질은 오랫동안 지속되었다.

하지만 스콴토라는 아메리카 원주민의 도움도 받았다. 그의 전설은 나의 학생 대부분에게 친숙하다.

스콴토는 여름마다 뉴잉글랜드를 찾아오는 어부들에게 영어를 배웠고, 그는 이주민들에게 호박과 옥수수 심는 법을 알려 주었다.

우리는 이주민들이 그의 도움 없이 살아남을 수 있었을지 여부를 알 수 없다. 하지만 1621년 가을, 식민지 주민과 아메리카 원주민은 신에게 감사를 드리는 축제를 준비하고 함께 먹고 마셨다.

이것이 첫 번째 추수감사절이 되었다.

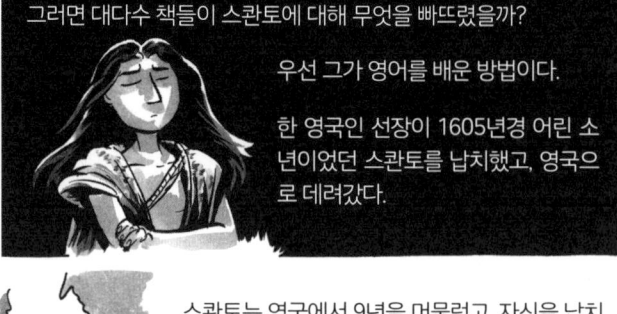

그러면 대다수 책들이 스콴토에 대해 무엇을 빠뜨렸을까?

우선 그가 영어를 배운 방법이다.

한 영국인 선장이 1605년경 어린 소년이었던 스콴토를 납치했고, 영국으로 데려갔다.

스콴토는 영국에서 9년을 머물렀고, 자신을 납치한 사람 밑에서 일했다. 고용인은 마침내 그가 매사추세츠로 돌아갈 수 있도록 주선해주었다.

그러나 1614년 영국의 노예무역 상들이 스콴토를 에스파냐에 팔아버렸다. 그는 탈출에 성공했고, 영국으로 돌아와 1619년 스스로 고향으로 돌아갔다!

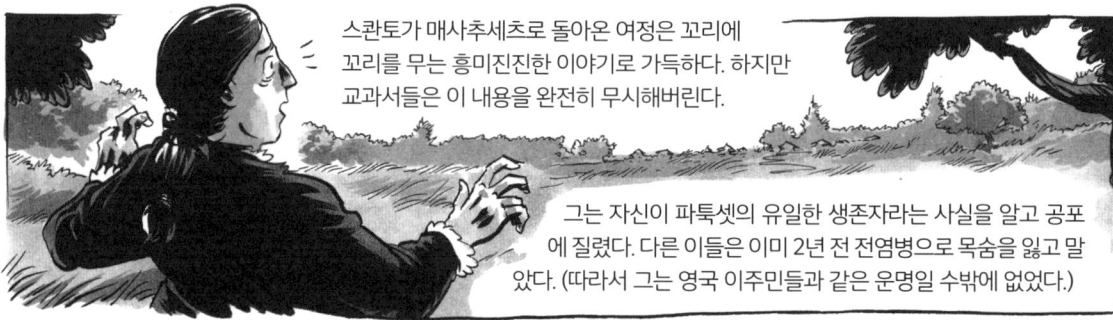

스콴토가 매사추세츠로 돌아온 여정은 꼬리에 꼬리를 무는 흥미진진한 이야기로 가득하다. 하지만 교과서들은 이 내용을 완전히 무시해버린다.

그는 자신이 파툭셋의 유일한 생존자라는 사실을 알고 공포에 질렸다. 다른 이들은 이미 2년 전 전염병으로 목숨을 잃고 말았다. (따라서 그는 영국 이주민들과 같은 운명일 수밖에 없었다.)

스콴토는 통역, 대사, 기술 자문으로 활동했고, 영국 이주민들이 무역을 하고 이익을 남길 수 있도록 도와주었다.

하지만 영국 이주민을 도운 원주민은 스콴토뿐만이 아니었다. 호보모크라는 원주민 역시 이주민들이 뉴잉글랜드에 교역소를 세우도록 오랫동안 도와주었다.

유럽인들은 이렇게 한 치 앞도 내다볼 수 없는 모험에 대담하게 뛰어들 기술도, 열망도 없었다. 그래서 아메리카 원주민의 도움을 받으러 갔다.

그리고 이는 자연스럽게 추수감사절로 이어졌다.

추수감사절과 연관된 전형적인 생각(신은 우리 편이고, 야생에서 문명을 창조했으며, 근면성실과 영국 이주민의 선한 성품 덕분에 무질서가 질서로 잡힌 것)은 미국의 역사책을 통해 끊임없이 되풀이되고 있다.

이 의식에는 아메리카 원주민이 완전히 빠져 있다.

"이주민들은 칠면조, 옥수수, 호박을 대접했다. 원주민들은 그런 축제를 한 번도 본 적이 없었다!"

사실 이주민들이야말로 이런 축제를 한 번도 본 적이 없었다. 왜냐하면 당시 음식 자체가 모두 아메리카 토종 농산물로 이루어졌기 때문이다. 음식은 모두 현지 부족이 만들고 제공했다.

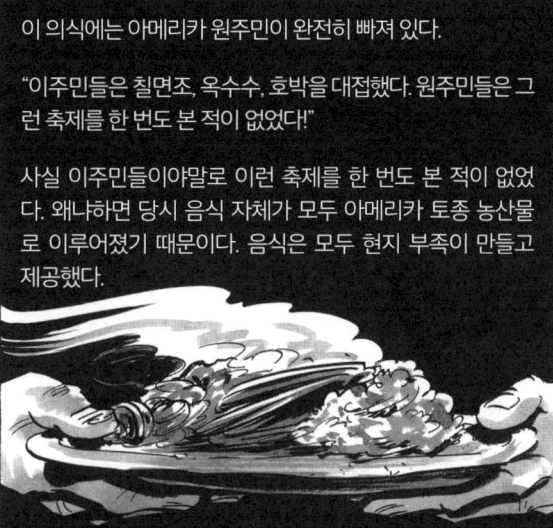

식민지 주민들이 원주민들을 도운 것은 선한 마음에서 비롯되지 않았다. 그런데도 교과서 전반에 걸쳐 계속 이러한 관념이 나온다.

한 예로 우리는 백인 플랜테이션 농장주가 노예들에게 음식을 주고 치료해주었다고 배우지만,

사실 이들은 흑인 노예를 부려 플랜테이션에서 생산한 음식과 쉼터, 옷을 쥐꼬리만큼 나누어주었을 뿐이다.

비슷한 개념으로, 미국인들은 미국이 외국을 도와주므로 세계에서 가장 관대한 나라라는 인식이 있다.

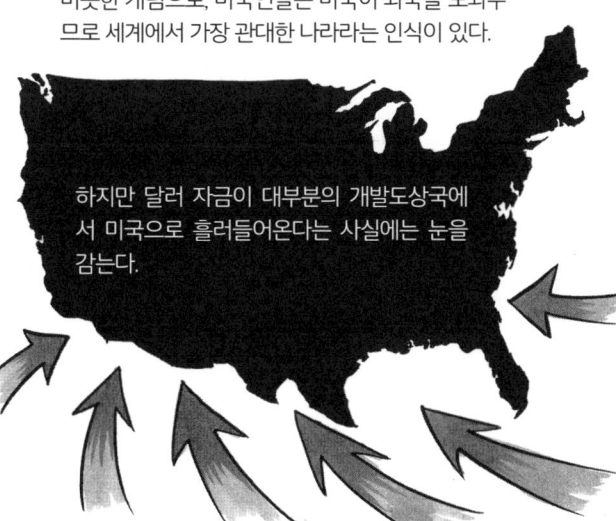

하지만 달러 자금이 대부분의 개발도상국에서 미국으로 흘러들어온다는 사실에는 눈을 감는다.

추수감사절의 진실은 당황스러운 사실을 들추어낸다.

첫째로, 영국 이주민은 추수감사절 전통을 만들지 않았다.
수백 년에 걸쳐 가을 추수 축제를 연 것은 동부 아메리카 원주민들이었다.

에이브러햄 링컨은 1863년 추수감사절을 국경일로 제정했는데, 정작 영국 이주민들은 1890년대까지 추수감사절과 아무 연관이 없었다.

(그 문제에 관련해서 말인데, 영국 이주민들은 1870년대까지 '건국의 아버지'라 불리지도 않았다!)

추수감사절에 얽힌 이야기에는 자민족 중심주의도 있다.

무엇보다도, 신이 '우리' 문화 편이라면, 굳이 다른 문화를 진지하게 받아들일 필요가 있을까?

《인종과 명백한 운명》에서 레지널드 호스먼은 '신은 우리 편'이라는 서술이 백인우월주의를 정당화하는 데 쓰였음을 보여준다.

멕시코인 아메리카 원주민, 아시아인, 태평양 섬 주민, 유대인, 심지어 가톨릭 신자들보다도 우월하다

교과서에서 건국 신화를 통해 이러한 견지를 공고히 한다면, 학생들은 다른 문화와 사람을 배우고 상대할 능력을 상실하게 된다.

추수감사절을 바라보는 원주민의 관점이 검열당하기도 한다.

1970년에 매사추세츠 상무부는 왐파노아그족에 이주민 상륙 350주년 기념식의 연설을 요청했다.

연사로는 왐파노아그 출신 활동가 프랭크 제임스가 선정되었다. 그러나 그는 행사를 담당한 백인들에게 원고를 먼저 보여줘야 했다.

원고를 본 백인들은 그에게 연설을 허락하지 않았다.

제임스는 다음과 같이 썼다.

"오늘은 여러분을 축하하는 날입니다. … 저를 축하하는 날은 아니지요. 저의 민족이 겪었던 일을 돌이켜 보면 마음이 무척 무겁습니다. …

영국인들은 우리 조상의 무덤을 도굴하기 전까지 케이프 코드 연안을 제대로 탐험하지 못했습니다. 게다가 옥수수, 밀, 콩을 훔쳐갔지요. … 왐파노아그의 지도자 마사소이트께서는 이를 알고 있었습니다. …

그럼에도 불구하고 마사소이트와 원주민들은 이주민들을 환대했습니다. … 그 사실을 아는 이는 거의 없지요. … 이주민과 가까이 살던 원주민은 백인들이 쏜 총에 맞거나 이들이 옮긴 질병으로 목숨을 잃었습니다."

미국의 역사 교과서들은 불편한 부분을 모두 금지해버렸다. 그러나 영국 이주민들이 이곳에 왔다는 사실도 이에 못지않게 중요하긴 하다.

이주민들은 늦가을에 엄청난 용기로 미래가 불확실한 대모험에 나섰다. 그리고 한 번도 본 적이 없는 새로운 대륙에 발을 디뎠다.

내 생각에 이주민들이 파툭셋족을 점거한 일은 비윤리적이지 않았다. 이들은 전염병을 옮기지 않았고, 병으로 타격을 입은 마을 원주민과 마찬가지로 병의 원인을 알 수 없었다. 정착한 첫해에 이주민 중에서도 절반이 넘는 사람이 괴혈병이나 폐렴 같은 질병으로 목숨을 잃었다.

미국의 역사가 영국이나 러시아, 인도네시아, 부룬디의 역사와 비교해 더 폭력적이거나 억압적이지는 않다.

하지만 뒤집어 말하면 덜 폭력적이지도 않다.

기분 좋은 역사를 바로잡기 위해 '기분 나쁜' 역사가 필요한 것은 아니다.

정직하고 모든 사실을 포괄하는 역사가 필요하다.

매사추세츠의 플리머스가 좋은 예시가 될 수 있다.

아메리카 원주민과 비원주민이 서로 힘을 합쳤다면 프랭크 제임스의 1970년 연설을 막지 않았을 것이다. 그 이후 해마다 이들은 '국가 애도의 날'을 만들어 전통적이고 신화적인 추수감사절 축제에 반대하는 퍼레이드를 진행하고 있다.

최초의 추수감사절을 둘러싼 문제를 올바르게 가르친다면, 미국인들은 자민족 중심주의에 빠지지 않고 보다 깊고 폭넓은 사고를 하게 될 것이다.

건국 신화는 그냥 나오는 것이 아니다.

영국 이주민들을 미화하는 일은 위험하다.
당연한 말이지만 진실은 무슨 일이 있어도 지켜야 한다.

4장

붉은 눈

기억이 말한다, "내가 한 일이다."
자존심이 답한다, "내가 그랬을 리가 없다."
결국 기억이 자존심에 굴복한다.
— 프리드리히 니체

요점과 질문, 덧붙일 내용

(계속 읽어 나가자)

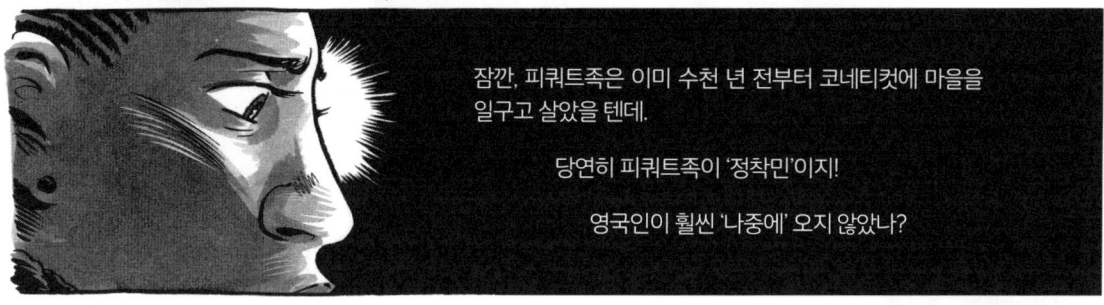

아메리카 원주민의 보다 정확한 역사를 탐구하고 유럽과 아프리카 침략자의 관계를 알아보는 여정은 결코 기분 좋은 일이 아니다. 역사는 우리가 이색 문화를 구경하고 즐거운 시간을 보내러 가는 놀이 공원이 아니다.

인류학자 솔 택스는 이렇게 말했다,
"북아메리카에 살았던 사람들에게 우리가 저지른 짓은 우리의 원죄다."

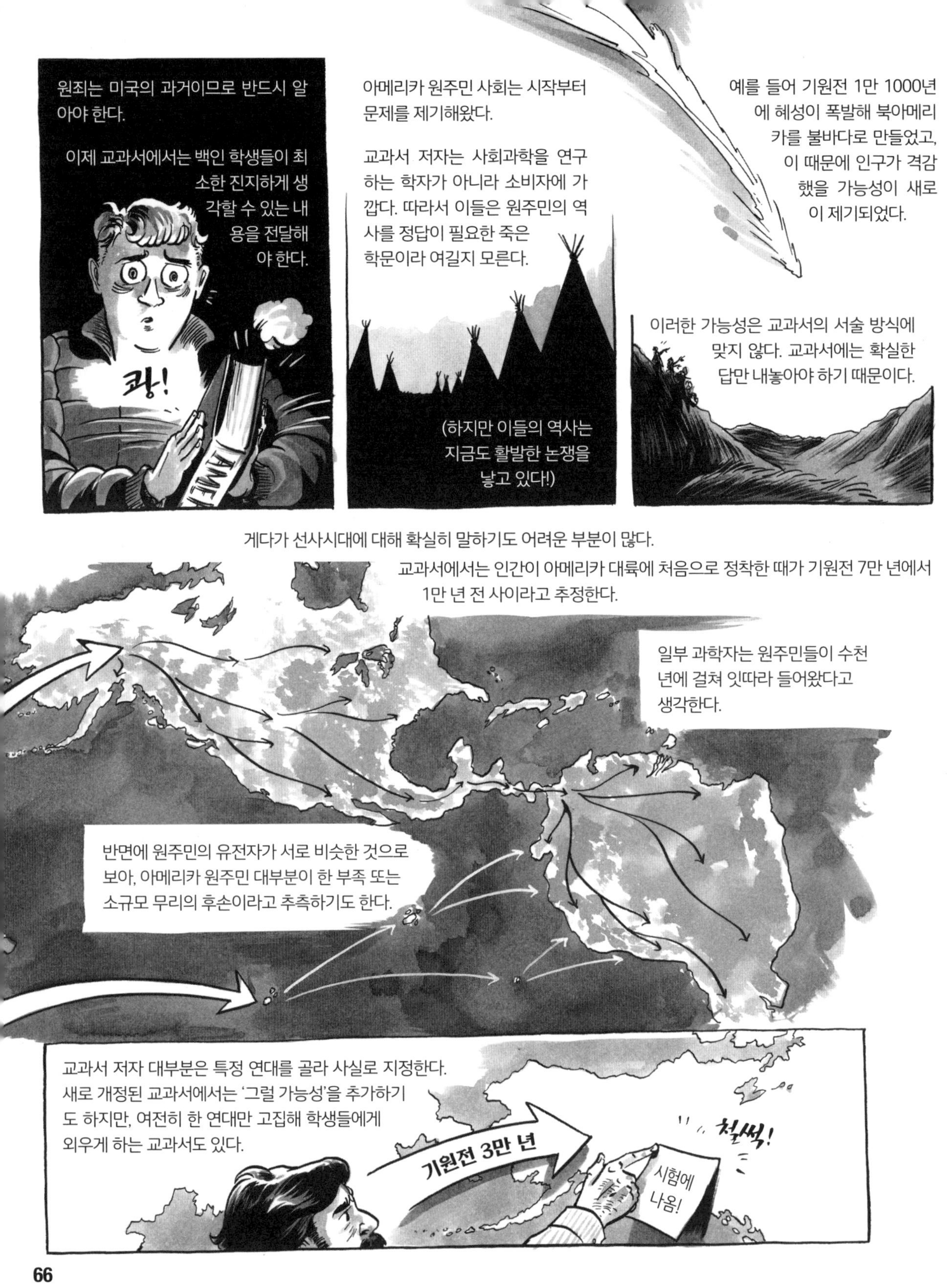

원죄는 미국의 과거이므로 반드시 알아야 한다.

이제 교과서에서는 백인 학생들이 최소한 진지하게 생각할 수 있는 내용을 전달해야 한다.

아메리카 원주민 사회는 시작부터 문제를 제기해왔다.

교과서 저자는 사회과학을 연구하는 학자가 아니라 소비자에 가깝다. 따라서 이들은 원주민의 역사를 정답이 필요한 죽은 학문이라 여길지 모른다.

(하지만 이들의 역사는 지금도 활발한 논쟁을 낳고 있다!)

예를 들어 기원전 1만 1000년에 혜성이 폭발해 북아메리카를 불바다로 만들었고, 이 때문에 인구가 격감했을 가능성이 새로이 제기되었다.

이러한 가능성은 교과서의 서술 방식에 맞지 않다. 교과서에는 확실한 답만 내놓아야 하기 때문이다.

게다가 선사시대에 대해 확실히 말하기도 어려운 부분이 많다. 교과서에서는 인간이 아메리카 대륙에 처음으로 정착한 때가 기원전 7만 년에서 1만 년 전 사이라고 추정한다.

일부 과학자는 원주민들이 수천 년에 걸쳐 잇따라 들어왔다고 생각한다.

반면에 원주민의 유전자가 서로 비슷한 것으로 보아, 아메리카 원주민 대부분이 한 부족 또는 소규모 무리의 후손이라고 추측하기도 한다.

교과서 저자 대부분은 특정 연대를 골라 사실로 지정한다. 새로 개정된 교과서에서는 '그럴 가능성'을 추가하기도 하지만, 여전히 한 연대만 고집해 학생들에게 외우게 하는 교과서도 있다.

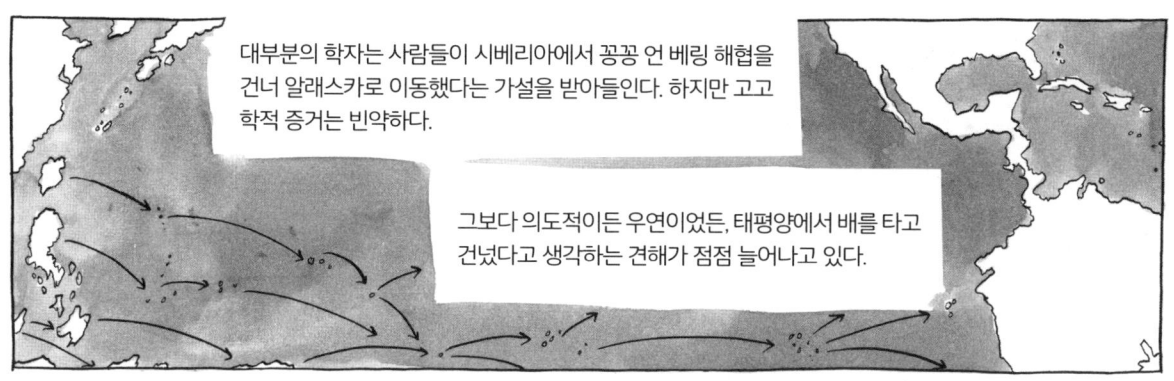

대부분의 학자는 사람들이 시베리아에서 꽁꽁 언 베링 해협을 건너 알래스카로 이동했다는 가설을 받아들인다. 하지만 고고학적 증거는 빈약하다.

그보다 의도적이든 우연이었든, 태평양에서 배를 타고 건넜다고 생각하는 견해가 점점 늘어나고 있다.

나는 교과서 저자들이 '베링 육교' 가설을 더 좋아한다고 본다. 힘차게 앞으로 나아간다는 이론에 잘 들어맞기 때문이다.

베링 해협을 건너온 초기 인류는 보통 네안데르탈인으로 모호하게 그려진다. 별로 똑똑하지 않은 원시인으로, 자연 및 다른 사람들과 끊임없이 싸움을 벌이는 사람들이다. 그리고 이 점을 근거로 그들이 분명히 걸었으리라고 추측한다.

이렇게 묘사된 초기의 아메리카인은 역사책의 서술에 어울리게 그저 걸을 줄만 알면 되었다.

존 개러티가 《미국의 역사》에서 펼친 주장을 보아도 그렇다.
"그들은 자신이 새로운 대륙을 탐험하고 있다는 사실을 알지 못했다."

이제 여러분 스스로에게 물어보자.

광활한 캐나다와 맞닥뜨린 인간이 어떻게 자신이 새로운 땅을 탐험하고 있다는 사실을 몰랐겠는가?

(어떻게 생각하는가?)

개러티는 초기 아메리카인이 멍청했다는 견해를 계속해서 이어나간다. 그는 이들을 '방랑자'로 묘사하며 "남쪽과 동쪽으로 천천히 이동했다. … 아메리카 남북 전체로 퍼지기까지는 몇 천 년이 걸렸다"라고 썼다.

사실 고고학자 대부분은 대륙을 가로지르는 여정이 1천 년 안에 이루어졌다고 본다. 이주 방향이나 시기를 정확하게 알기에는 너무 빠른 시간이다. 그러나 북서쪽, 다시 말해 베링 해협 쪽으로 갈수록 더 오래된 증거는 나오지 않는다. 이 당시 사람들은 당연히 콜럼버스와 같은 탐험가였다.

교과서는 여전히 모두 1875년 L. H. 모건과 칼 마르크스가 만든 '미개 → 야만 → 문명'이라는 낡은 학설에 갇혀 있다.

저자들은 이 학설을 대학교에 다닐 때 인류학 수업에서 배웠을 것이다.

하지만 이러한 접근법은 더이상 통용되지 않는다.

개러티는 이러한 고정관념을 다음과 같은 서술에서 드러낸다. "사냥을 하고 채집을 한 사람들보다 땅에 씨를 뿌리고 농사를 지은 사람들이 더 안전하고 평안하게 살았다."

그는 '부유한 원시' 이론을 들어본 적이 없을 것이다. 수렵·채집인들이 상당히 편하게 살았다는 설이다.

그는 《미국의 역사》에서 다른 잘못도 저지른다. 수렵·채집인을 이렇게 묘사한 것이다. "그들은 꽤나 호전적이었다. 이동 생활을 해야 했는데 그 때문에 다른 무리와 자주 부딪혔기 때문이다."

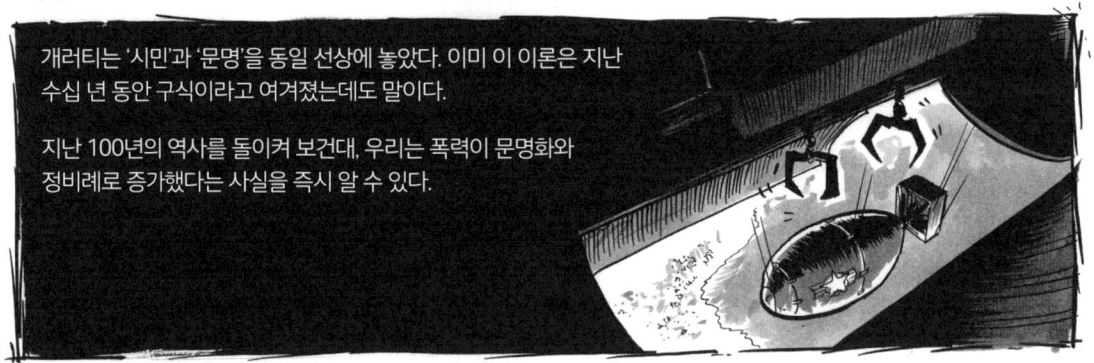

개러티는 '시민'과 '문명'을 동일 선상에 놓았다. 이미 이 이론은 지난 수십 년 동안 구식이라고 여겨졌는데도 말이다.

지난 100년의 역사를 돌이켜 보건대, 우리는 폭력이 문명화와 정비례로 증가했다는 사실을 즉시 알 수 있다.

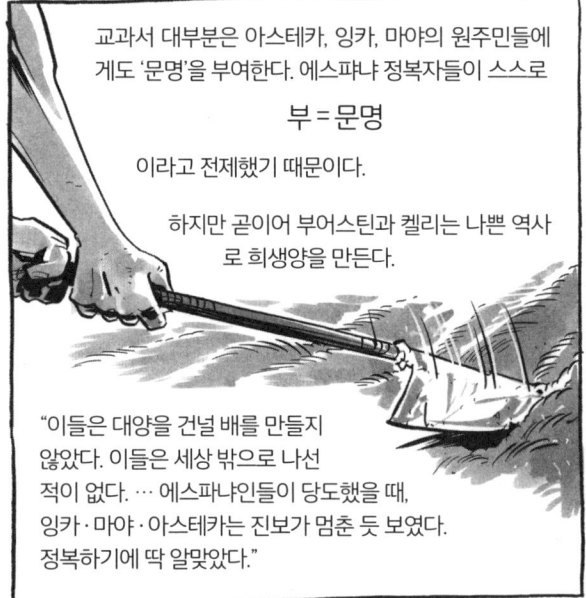

교과서 대부분은 아스테카, 잉카, 마야의 원주민들에게도 '문명'을 부여한다. 에스파냐 정복자들이 스스로

부 = 문명

이라고 전제했기 때문이다.

하지만 곧이어 부어스틴과 켈리는 나쁜 역사로 희생양을 만든다.

"이들은 대양을 건널 배를 만들지 않았다. 이들은 세상 밖으로 나선 적이 없다. … 에스파냐인들이 당도했을 때, 잉카·마야·아스테카는 진보가 멈춘 듯 보였다. 정복하기에 딱 알맞았다."

사실 아메리카에서 '진보'는 에스파냐인이 오기 전부터 이미 속도를 내고 있었다.

잉카는 한 세기 전에 이미 거대한 제국을 구축했고, 아스테카는 멕시코 중부를 (동맹과 무력으로) 다스리고 있었다!

부어스틴과 켈리가 1392년의 세계를 보았다면, 아메리카 문화와 유럽 문화가 그다지 다르지 않았다는 사실을 알아차렸을 것이다.

다음은 종교적 운명 예정설의 세속적 표현이다.

역사가들은 사람들의 정복된 모습을 보고, 그럴 수밖에 없었던 정당하고 자연스러운 이유를 찾아낸다.

우리는 이를 가리켜 '희생자 탓하기'라고도 부른다.

《미국의 행진》에 이러한 운명 예정설이 나온다.
"아메리카 원주민에게는 자연을 적극적으로 활용할 욕구도, 수단도 없었다."

일단, 당시 멕시코의 중부 계곡만 해도 2500만 명이나 살았다!

나머지 북아메리카에도 2000만 명 정도가 살았으며, 현재 미국이 된 곳의 주민 대다수는 농사를 짓고 살았다.

《미국의 행진》은 1956년 이후 10판 넘게 인쇄되었지만, 이 거짓말을 누가 썼는지 아무도 모른다.

이렇게 틀에 박힌 표현은 1956년에 이미 거짓으로 판명 났다. 당시 책의 초판이 쓰였을 때, 콜럼버스 이전 북아메리카의 인구가 400만 명 남짓에 지나지 않았다는 잘못된 추정치도 같이 넣었다.

한 가지 근본적인 문제는 교과서에서 시골 아메리카를 도시 유럽과 비교한다는 것이다.

테노치티틀란(지금의 멕시코시티)을 스코틀랜드 시골과 비교한다면 퍽 다른 인상을 받게 될 것이다.

테노치티틀란에는 10만 명에서 30만 명 정도가 살았고 중심가 시장은 너무도 시끌시끌해서 6킬로미터 밖에서도 그 소리가 들릴 정도였다.

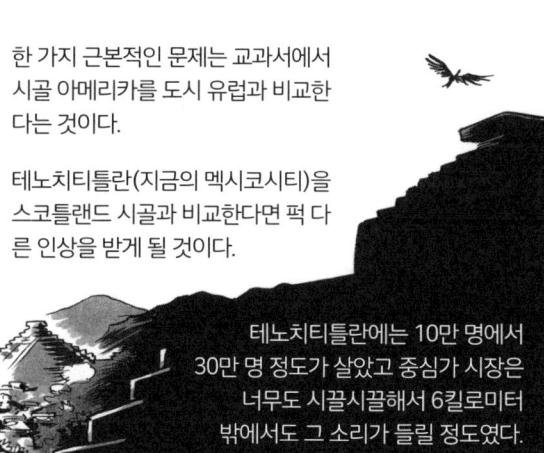

아메리카 원주민들은 교과서에서 '문명화했다'라는 단어를 유럽 중심주의적인 의미로만 사용한다며 오래전부터 항의했다. 아메리카 원주민 대평의회*가 1927년에 쓴 글만 보아도 그렇다.

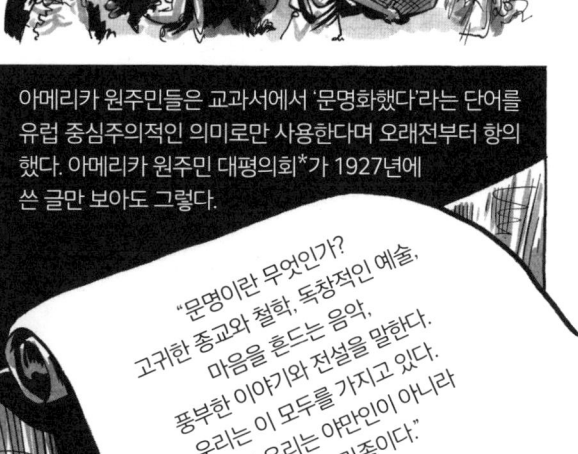

"문명이란 무엇인가? 고귀한 종교와 철학, 독창적인 예술, 마음을 흔드는 음악, 풍부한 이야기와 전설을 말한다. 우리는 이 모두를 가지고 있다. 그러니 우리는 야만인이 아니라 문명화된 민족이다."

* The Grand Council Fire of American Indians

'문명'과 '문명화'라는 용어를 생각 없이 쓴다면, 사회구조 또는 이렇게 '문명화가 덜 된' 사회를 바라보는 관점에 관해 진정한 질문을 던질 수 없다.

1990년 조지 H. W. 부시 대통령은 이라크의 쿠웨이트 침공을 비난하며 다음과 같이 말했다.

모든 문명 세계가 이라크에 반대합니다.

(역설적이게도 이라크에 있는 티그리스강과 유프라테스강은 문명의 요람이라 알려진 곳이다.)

아메리카 원주민 사회가 유럽인 및 아프리카인과 접촉한 후 빠르게 변한 것은 확실하다. 이들은 음식, 건축, 종교적 개념, 섬유 등을 받아들였을 뿐만 아니라 기술도 배웠다.

원주민들은 자신들이 군사적·문화적 위협 속에 살고 있고 남은 시간이 많지 않다는 것도 알고 있었다.

원주민 사회는 재빨리 다른 원주민과의 교역 및 부족 체제 관계를 강화했다.

그리고 유럽식 사회구조를 본떠 집행부의 권한을 늘리고 다른 부족과 동맹을 맺었다. 심지어 이러한 변화로 원주민 사회는 가부장적으로 바뀌었다. 전쟁 기술이 무엇보다도 중요해진 탓인 듯하다.

유럽인과 가까이 지냈던 부족은 일찌감치 총을 손에 넣었다.

그래서 어떤 부족은 다른 부족보다 급격하게 군사적으로 앞서나갔고, 부족 간 전쟁이 잦아지는 결과를 낳았다.

이 상황을 눈치 챈 유럽 국가들은 원주민들이 서로 무기를 겨누고 싸우게끔 점점 더 부추겼다.

부족들 간에 이렇게 싸움이 늘어난 이유의 이면에는, 포로로 잡은 다른 원주민을 유럽인에게 팔아넘기려는 의도가 있었다. 그 대가로 총과 무쇠 솥을 더 많이 받아낼 수 있었기 때문이다.

1492년 이전에도 일부 아메리카 원주민이 다른 부족을 노예로 삼은 적이 있었지만, 유럽인들은 원주민 노예제를 더 크게 확대했다.

유럽인이 아메리카 원주민을 노예로 삼은 역사는 꽤 오래되었다.

이를테면 정복자 폰세 데 레온은 전설로 내려오는 '젊음의 샘'을 찾으러 플로리다로 가지 않았다.

그의 주요 관심사는 금을 찾고 에스파뇰라에서 노예를 잡아오는 것이었다.

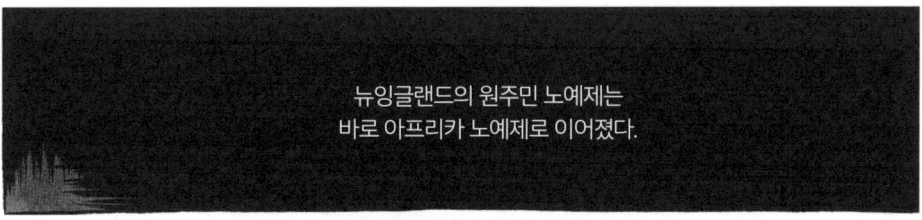

뉴잉글랜드의 원주민 노예제는 바로 아프리카 노예제로 이어졌다.

1638년에 서인도제도에서 납치된 흑인들이 코네티컷에서 처음으로 아메리카 원주민들과 교환되었다.

1712년 뉴욕에서 원주민 노예와 아프리카 노예가 연합해 반란을 일으키기 전날 밤, 전체 거주민 중 25퍼센트가 노예였고,

그중 25퍼센트가 아메리카 원주민 노예였다.

71

전쟁이 격해지고 노예무역이 극성을 부리자, 불안정해진 아메리카 원주민들은 결국 자신들이 꾸린 농경지를 버리고 떠났다.

유럽인들은 원주민에게서 아메리카식 농사법을 배우자, 더 이상 이들에게 의존할 필요가 없어졌다.

하지만 원주민들은 유럽인의 기술에 점점 더 의존하게 되었다.

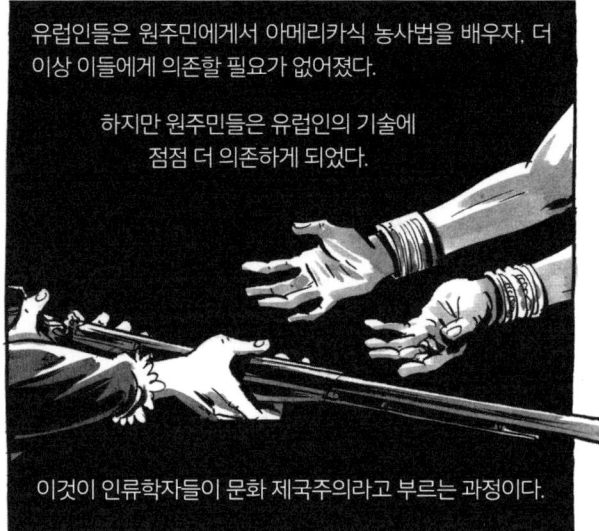

이것이 인류학자들이 문화 제국주의라고 부르는 과정이다.

유럽인 사회 역시 아메리카 원주민과 접촉하며 변화했다.
그러나 교과서에는 교류의 이면이 완전히 빠졌다.

대신 백인과 원주민의 관계를 19세기 서부 경계선인 '프론티어 라인'이라는 개념으로만 설명하려 한다.

실제로 백인과 원주민은 350년 동안 서로 협력했고 함께 살기도 했으며, 다투기도 했다.

'프론티어 라인'은 "문명이 우선이냐 야만이 우선이냐?"라는 질문에 초점을 맞추므로 이들의 상호 관계를 뭉뚱그리게 된다.

물론 답은 문명이다.

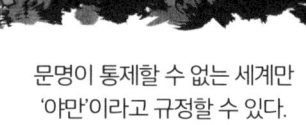

문명이 통제할 수 없는 세계만 '야만'이라고 규정할 수 있다.

미국 역사에서 상호 작용의 범위는 놀라울 정도로 다문화적이다.

1635년, 후에 뉴욕이 되는 뉴암스테르담의 거리에서는 북아메리카, 아프리카, 유럽 등 "열여섯 가지 언어가 여기저기에서 들렸다."

1794년 오하이오의 글레이즈라는 마을에서는 쇼니, 마이애미, 델라웨어의 인디언, 영국 및 프랑스에서 온 무역상과 기술공, 낸티코크, 이로쿼이, 체로키 부족과 흑인과 백인 포로, 아메리카 원주민과 결혼하거나 입양된 백인 등 다양한 사람들이 어울려 살았다.

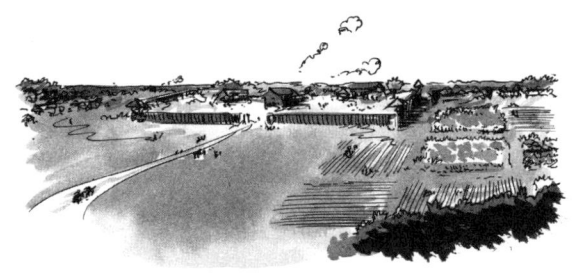

글레이즈에서는 마르디 그라(금욕절을 앞두고 고기를 마음껏 먹는 화요일), 성 패트릭의 날, 영국 여왕 탄신일, 다양한 아메리카 원주민 축제를 열었다.

1835년 백인과 원주민 사이의 접경 지역이 모두 아메리카 서해안으로 옮겨졌다. 이때 존 서터라는 사람이 멕시코 정부의 허가를 얻어 서부 진지(지금의 캘리포니아주 새크라멘토)를 건설했다.

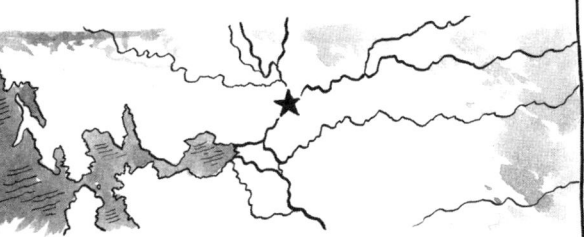

서터는 아메리카 원주민들을 고용해 요새를 세웠고 밀 농사를 지었으며, 양조장을 만들고 모자 공장과 담요 회사도 설립했다. 그리고 원주민 군인 200명에게 러시아 군복을 입히고 독일말로 명령을 내렸다!

하지만 역사 교과서에서는 개척지 삶의 다인종적이고 다문화적인 특성을 무시한다.

부어스틴과 켈리는 "공동체의 중심은 존 서터가 세운 항구였다"라고 서술한다.

여기서 '공동체'의 구성원이 주로 아메리카 원주민이었다는 사실은 결코 말하지 않는다.

심지어 《미국의 역사》에서는 아메리카 원주민이 적이었다고 말하지는 않지만, '적대적인 인디언'을 막기 위해 요새를 세웠다고 말한다.

그러면 독자 입장에서 어떻게 우호적인 인디언이 요새를 세웠다고 생각할 수 있을까?

스콴토와 같이 일부 아메리카 원주민은 처음부터 백인과 살기를 택하기도 했다.

하지만 다문화 이주민 대부분은 다른 방식을 택했으며, 유럽인들은 주민 유출을 막으려 애썼다.

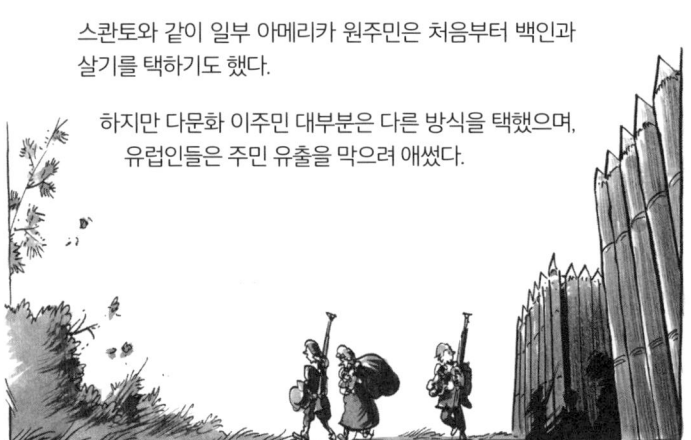

건국자들은 '인디언화'가 너무나 두려워 머리를 길게 기르기만 해도 범죄로 규정했다.

이러한 문화적 공포는 20세기 동유럽 공산주의를 떠올리게 한다. 소련 정부는 '(베를린을 반으로 가른 장벽까지 포함해) 철의 장막'을 세워 자국민의 유출을 막았다.

공산주의 국가들은 사회가 그토록 진보적인데도 왜 수많은 사람이 나라를 버리고 떠나는지 결코 설명하지 못했다.

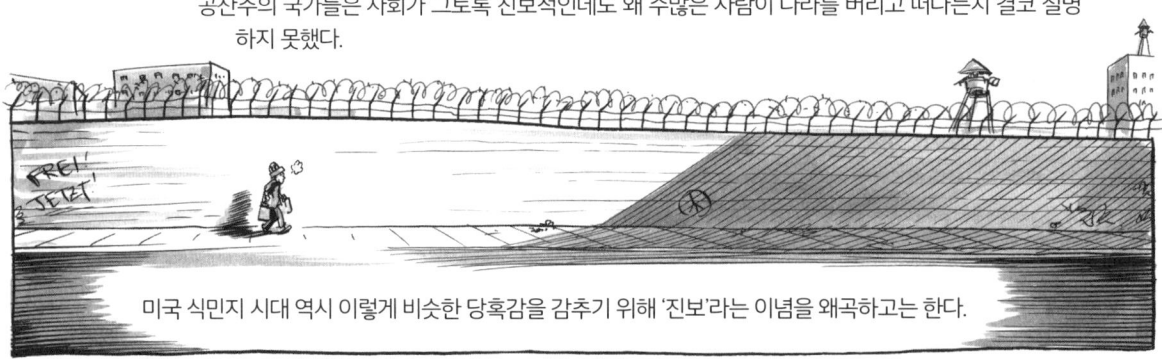

미국 식민지 시대 역시 이렇게 비슷한 당혹감을 감추기 위해 '진보'라는 이념을 왜곡하고는 한다.

미국과 동유럽의 교과서 모두 이 역사를 같은 방식으로 다룬다.
사실을 빼버리는 것이다.

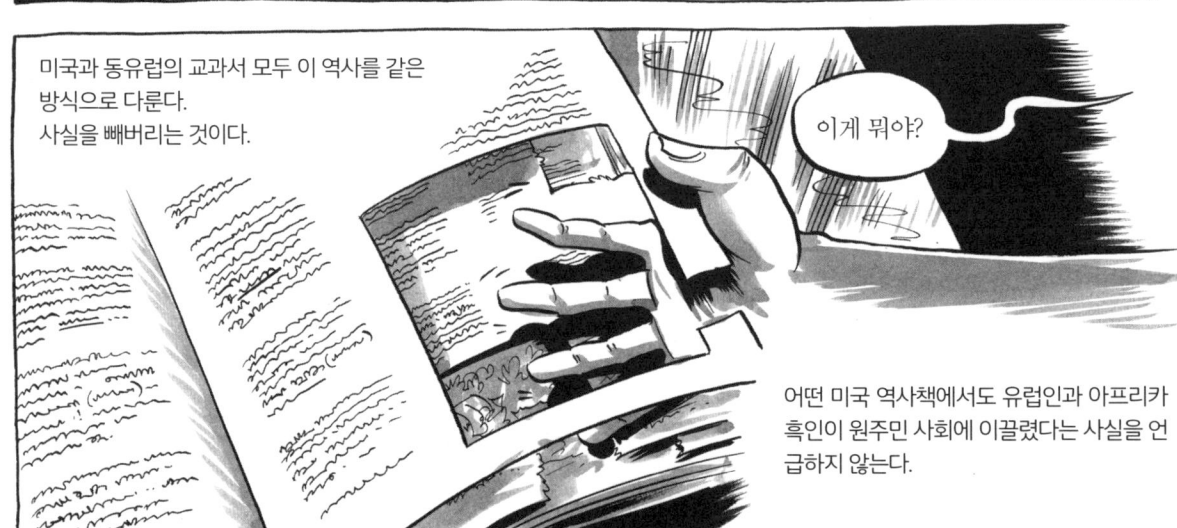

어떤 미국 역사책에서도 유럽인과 아프리카 흑인이 원주민 사회에 이끌렸다는 사실을 언급하지 않는다.

동부 아메리카 원주민 사회가 일반적으로 위계질서가 없었다는 점은 유럽 전향자들에게 매력적인 요소였을 것이다. 여성은 특히 가부장적인 유럽 사회에 비해 권력이 있었고 지위도 높았다.

멕시코 북부의 원주민 사회도 대부분 17-18세기 프랑스, 에스파냐, 영국보다 훨씬 민주적이었다.

실제로 아메리카 원주민의 사상은 미국이 민주주의 토대를 세우는 데 일정 부분 공헌했다.

원주민의 '자유, 형제애, 평등'이라는 개념은 로크, 모어, 몽테뉴, 몽테스키외, 루소와 같은 유럽의 사상가들에게 영향을 주었다.

그리고 이러한 유럽의 사상가들은 프랭클린, 제퍼슨, 매디슨과 같은 미국인들에게 영향을 주었다.

최근 역사가들은 아메리카 원주민의 사상이 미국 민주주의에 보다 직접적으로 영향을 주었는지 여부를 놓고 논쟁했다.

1740년대에 이로쿼이족은 영국 식민지들과 자주 부딪히자 점점 피로를 느꼈다.

그래서 이들은 식민지 측에 이로쿼이 연맹과 비슷하게 연방을 만들자고 제안했다.

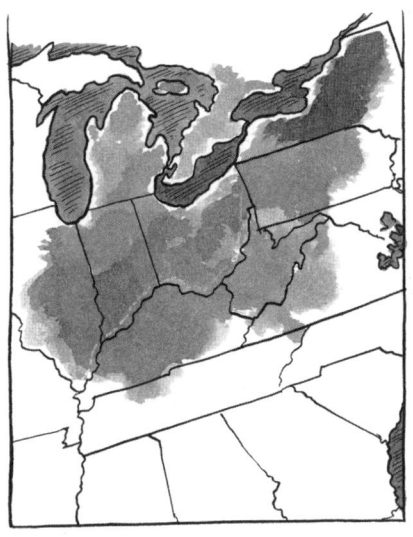

벤저민 프랭클린은 오랜 시간 이로쿼이족과 지내며 심사숙고했다. 그리고 1754년 식민지 지도자들에게 연방을 만들자고 간곡히 요청했다.

"무지한 야만인 여섯 부족이 그러한 연맹을 결성해 시대를 불문하고 굳건히 유지할 수 있었다니, 참으로 신기한 일입니다."

"하지만 십여 개 영국 식민지는 연방이 불가능해 보이는군요."

당시에 식민지들은 이 계획을 거부했다.
그러나 나중에 연합 규약과 미국 헌법의 토대가 되었다.

미국 독립 혁명이 일어난 후 1세기 동안, 미국인들은 원주민들을 민주주의 제도의 원천으로 생각했다.

버지니아의 애국 소총 부대는 원주민의 옷을 입고 모카신을 신은 채 영국 군대와의 전투에 나섰다.

독립에 찬성하는 식민지들은 보스턴 차 사건에서 원주민 복장을 하고 영국의 부당한 통치에 항의했다.

아메리카 원주민에게 죄를 뒤집어씌우려는 의도가 아니라 이들이 자유의 상징이라 여겼기 때문이다.

독립 혁명 시기에 만화가들은 아메리카 원주민을 영국에 대항하는 식민지의 상징으로 그렸다. (맞다, 참 역설적이라는 생각이 든다.)

미국의 민주주의는 유럽과 아메리카 원주민 사회의 사상이 합쳐진 혼합주의의 본보기다.

원주민이 얼마나 많은 영향을 주었는지 특정할 수는 없지만, 미국 역사에서 빠져서는 안 된다.

그런데도 교과서에는 아메리카 원주민이 미국 문화에 공헌한 점이 대부분 빠져 있다.

미국 전통 음식에는 아메리카 원주민식과 유럽식, 아프리카식을 조합한 것이 많다.

원주민과 흑인은 서로 문화적으로 뒤섞이는 과정을 겪었다. 동시에 노예제를 경험한 데다 탈출한 흑인 노예가 원주민 사회로 들어갔기 때문이다. 그래서 옥수수 빵과 그리츠(옥수수 가루)부터 녹색 채소와 허시퍼피(옥수수 가루를 둥글게 뭉쳐 튀긴 요리)까지 흑인이 사랑하는 음식은 원주민의 음식과 공통점이 많다.

교과서에서는 원주민 문화를 하나로 뭉뚱그렸으며, 종교가 매우 다양했는데도 별 차이가 없는 것처럼 말한다.

"이 아메리카 원주민들은 자연이 영혼으로 가득하다고 믿었다. … 사람들은 결코 혼자가 아니었다. 이들은 생명을 자연의 영혼과 나누었다."

위와 같이 서술한 《미국의 길》에서는 정령 신앙을 통해 토착 종교를 존중하는 태도를 보인다.

그러나 이렇게 딱 잘라서 설명하는 것은 부당하다. 그저 이러한 사상을 가공의 이야기로 내세울 뿐이다.

교과서에서 그리스도교를 같은 방식으로 설명한다 생각해보자.

"미국인들은 하나밖에 없는 위대한 남성 신이 세상을 지배한다고 믿었다. 때로 신을 성부, 성자, 성령 등 세 부분으로 나누기도 했다."

"이들은 크래커와 포도주 또는 포도주스를 먹으며 성자의 살과 피를 마신다고 생각했다."

"신앙이 깊으면 죽은 뒤에도 영원히 살 수 있다고 믿었다."

교과서에서는 그리스도교를 절대 이런 식으로 설명하지 않는다. 왜?

너무 모욕적이잖아!

이렇게 묘사하면 상징적 의미를 전달할 수 없거니와 종교 단체에 영적 만족감을 줄 수도 없다.

교과서에서는 원주민과 백인 식민지 주민 사이의 역학 관계를 뒤집고 이들을 가리키는 용어도 거꾸로 사용하곤 한다.

백인 침략자를 공공연히 '정착민'이라고 하는 반면, 원주민들을 공격자로 그리는 식이다.

《미국의 길》에서 백인 식민지 거주민은 원주민들이 미국 정부로부터 땅을 '제공'받고도 감사해하지 않는 모습을 보고 당황했다고 묘사한다.

사실 당시 백인들은 그다지 당황하지 않았다. 필립 셰리든 장군("선한 인디언은 죽은 인디언뿐이다"라는 말로 악명 높았다)도 이 점을 알고 있었다.

우리는 그들의 땅과 물자를 가져갔다. 그리고 그 이유로 우리와 전쟁을 벌였다.

이게 당연한 수순 아닌가?

미국의 역사는 아메리카 원주민 부족과의 전쟁으로 점철되어 있다. 최소한 오늘날의 교과서에서는 (인권 운동 이전 대부분의 교과서와 달리) 원주민의 폭력성을 더이상 비난하지 않는다.

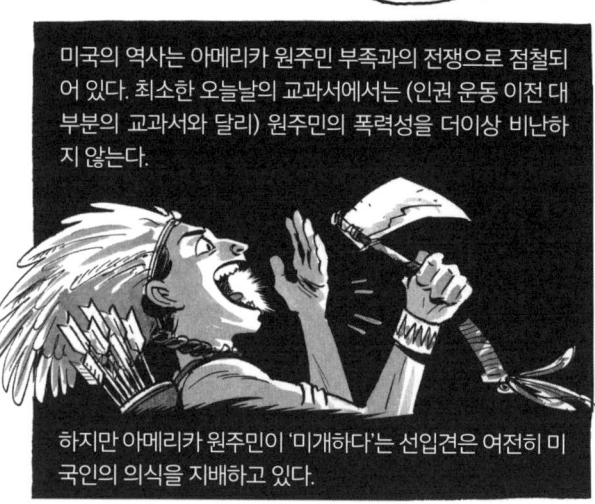

하지만 아메리카 원주민이 '미개하다'는 선입견은 여전히 미국인의 의식을 지배하고 있다.

실제로는 1840년대와 1960년대 사이 옛 서부 시대에 백인과 흑인 약 25만 명이 대평원을 건넜는데

원주민과 이들 사이에서 벌어진 전투 중에서 개척자 362명이 목숨을 잃었다고 기록되었다. (전사한 원주민의 수는 426명이었다.)

1636년에서 1637년까지 치른 피쿼트 전쟁은 뉴잉글랜드 최초의 '인디언 전쟁'이었다.

내러갠싯족과 연합한 식민지 이주민들은 새벽에 피쿼트족을 급습했고,

여성과 아이, 노인밖에 없던 마을을 불태웠으며 도망치려던 사람들을 쏘아 죽였다. 그리고 "이렇게 멋진 승리를 가져다준 신께 감사드렸다."

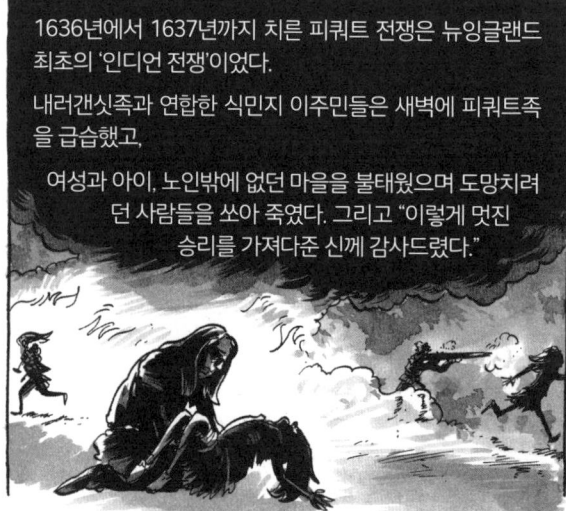

청교도들은 집단 기억에서까지 피쿼트족을 없애버리려고 했다. 이들은 '피쿼트'라는 단어를 쓰기만 해도 불법으로 간주했다.

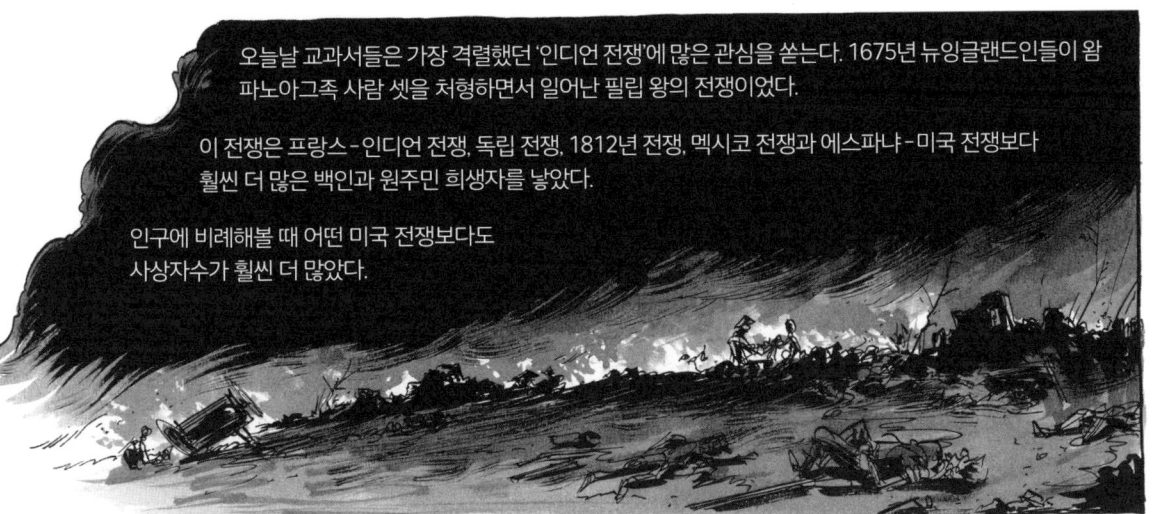

오늘날 교과서들은 가장 격렬했던 '인디언 전쟁'에 많은 관심을 쏟는다. 1675년 뉴잉글랜드인들이 왐파노아그족 사람 셋을 처형하면서 일어난 필립 왕의 전쟁이었다.

이 전쟁은 프랑스-인디언 전쟁, 독립 전쟁, 1812년 전쟁, 멕시코 전쟁과 에스파냐-미국 전쟁보다 훨씬 더 많은 백인과 원주민 희생자를 낳았다.

인구에 비례해볼 때 어떤 미국 전쟁보다도 사상자수가 훨씬 더 많았다.

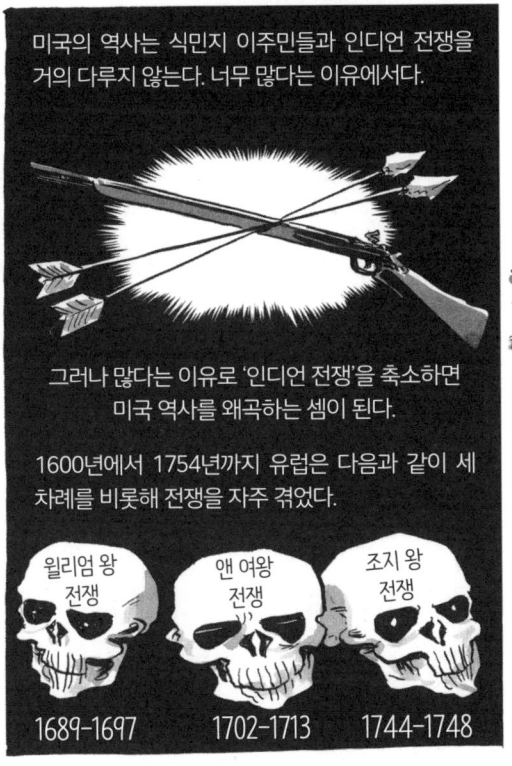

미국의 역사는 식민지 이주민들과 인디언 전쟁을 거의 다루지 않는다. 너무 많다는 이유에서다.

그러나 많다는 이유로 '인디언 전쟁'을 축소하면 미국 역사를 왜곡하는 셈이 된다.

1600년에서 1754년까지 유럽은 다음과 같이 세 차례를 비롯해 전쟁을 자주 겪었다.

윌리엄 왕 전쟁 1689-1697

앤 여왕 전쟁 1702-1713

조지 왕 전쟁 1744-1748

이 전쟁들은 북아메리카에도 많은 영향을 끼쳤다. 영국, 프랑스, 에스파냐 등 유럽의 주요 열강들은 인디언의 땅에서 아메리카 원주민 연합을 통해 충돌했다.

이러한 대리전은 20세기 전반에 걸쳐 냉전 중에도 널리 쓰였다.

아메리카 원주민은 본인의 의지와 상관없이 식민지에 상대적 평화라는 선물을 주었다. 스스로 전투의 충격을 흡수하면서 말이다.

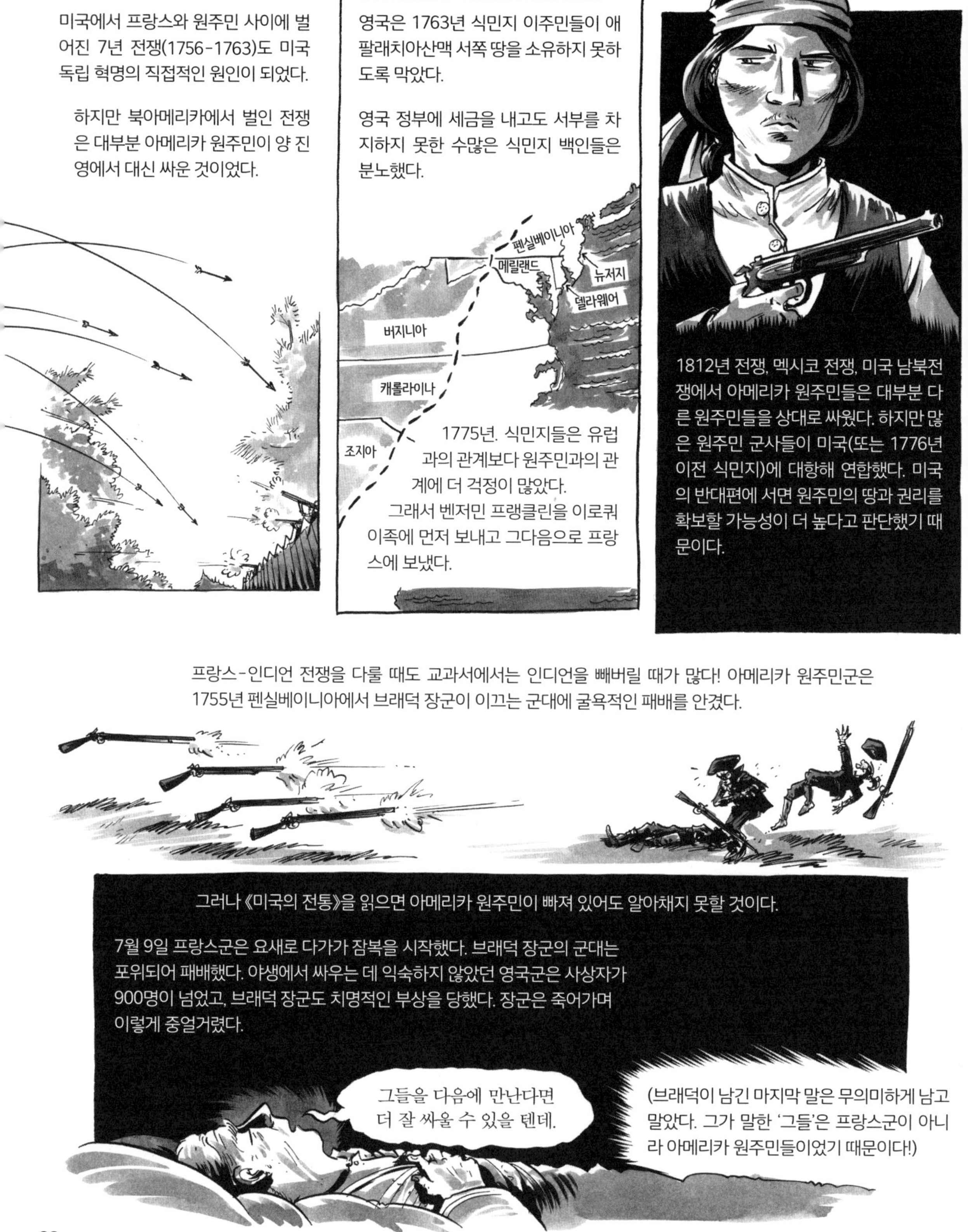

미국에서 프랑스와 원주민 사이에 벌어진 7년 전쟁(1756-1763)도 미국 독립 혁명의 직접적인 원인이 되었다.

하지만 북아메리카에서 벌인 전쟁은 대부분 아메리카 원주민이 양 진영에서 대신 싸운 것이었다.

영국은 1763년 식민지 이주민들이 애팔래치아산맥 서쪽 땅을 소유하지 못하도록 막았다.

영국 정부에 세금을 내고도 서부를 차지하지 못한 수많은 식민지 백인들은 분노했다.

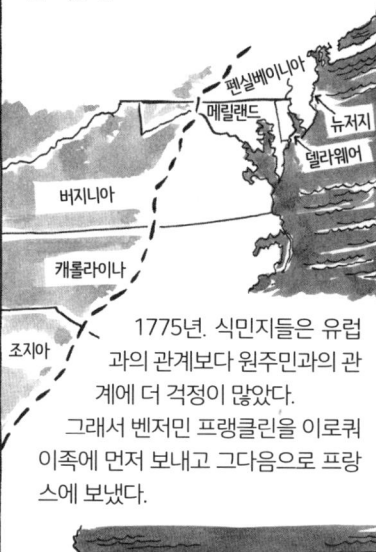

1775년. 식민지들은 유럽과의 관계보다 원주민과의 관계에 더 걱정이 많았다.
그래서 벤저민 프랭클린을 이로쿼이족에 먼저 보내고 그다음으로 프랑스에 보냈다.

1812년 전쟁, 멕시코 전쟁, 미국 남북전쟁에서 아메리카 원주민들은 대부분 다른 원주민들을 상대로 싸웠다. 하지만 많은 원주민 군사들이 미국(또는 1776년 이전 식민지)에 대항해 연합했다. 미국의 반대편에 서면 원주민의 땅과 권리를 확보할 가능성이 더 높다고 판단했기 때문이다.

프랑스-인디언 전쟁을 다룰 때도 교과서에서는 인디언을 빼버릴 때가 많다! 아메리카 원주민군은 1755년 펜실베이니아에서 브래덕 장군이 이끄는 군대에 굴욕적인 패배를 안겼다.

그러나 《미국의 전통》을 읽으면 아메리카 원주민이 빠져 있어도 알아채지 못할 것이다.

7월 9일 프랑스군은 요새로 다가가 잠복을 시작했다. 브래덕 장군의 군대는 포위되어 패배했다. 야생에서 싸우는 데 익숙하지 않았던 영국군은 사상자가 900명이 넘었고, 브래덕 장군도 치명적인 부상을 당했다. 장군은 죽어가며 이렇게 중얼거렸다.

그들을 다음에 만난다면 더 잘 싸울 수 있을 텐데.

(브래덕이 남긴 마지막 말은 무의미하게 남고 말았다. 그가 말한 '그들'은 프랑스군이 아니라 아메리카 원주민들이었기 때문이다!)

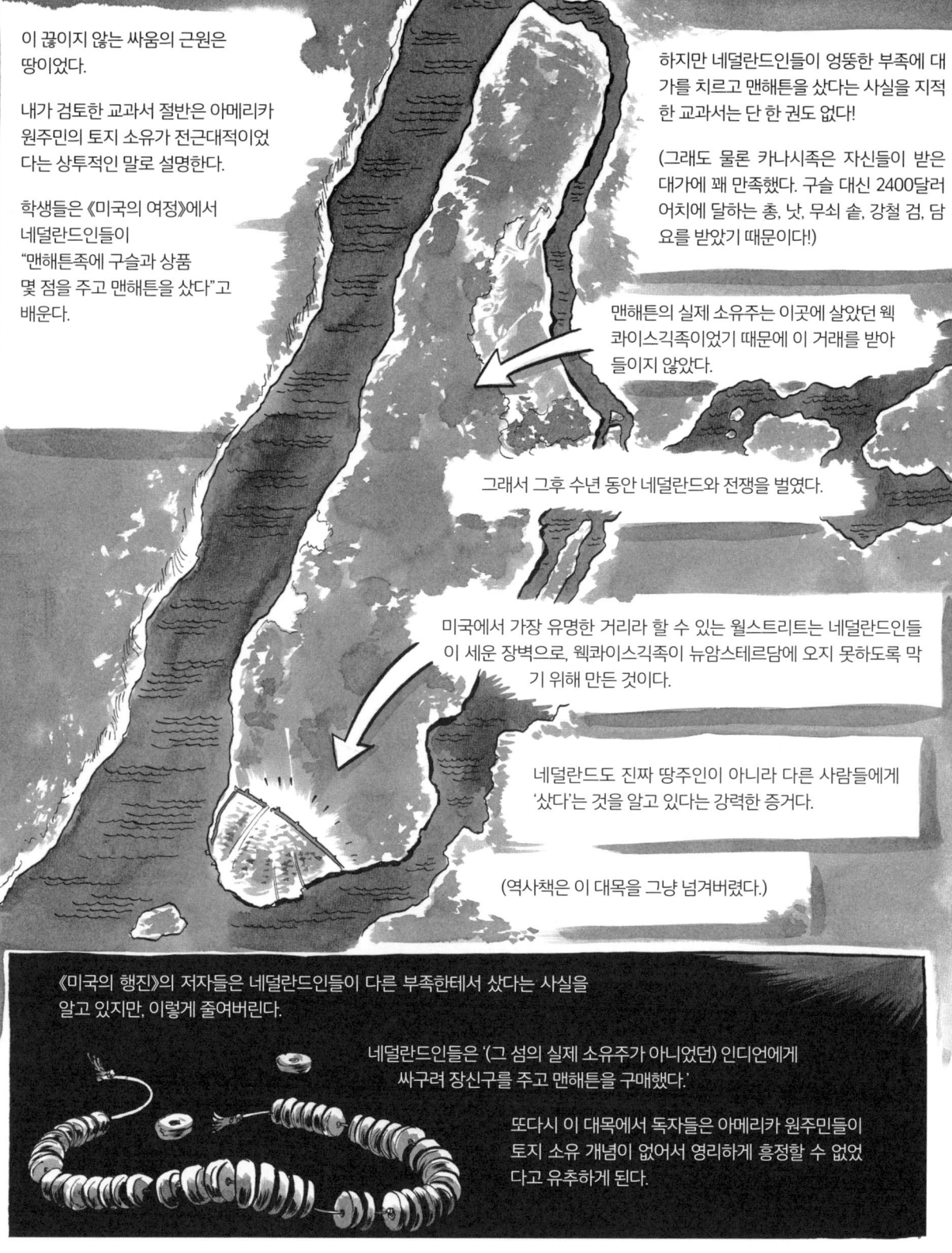

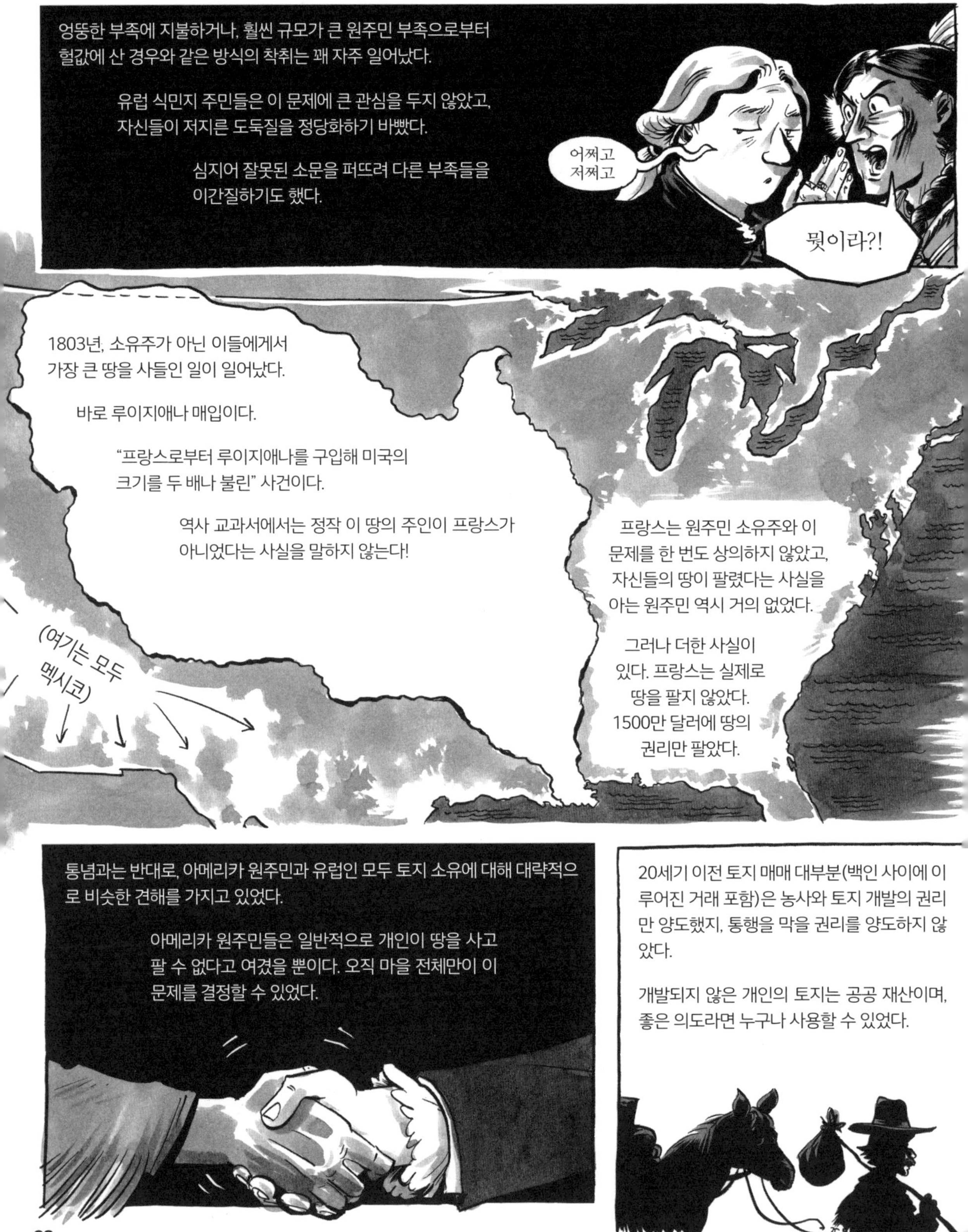

엉뚱한 부족에 지불하거나, 훨씬 규모가 큰 원주민 부족으로부터 헐값에 산 경우와 같은 방식의 착취는 꽤 자주 일어났다.

유럽 식민지 주민들은 이 문제에 큰 관심을 두지 않았고, 자신들이 저지른 도둑질을 정당화하기 바빴다.

심지어 잘못된 소문을 퍼뜨려 다른 부족들을 이간질하기도 했다.

어쩌고 저쩌고

뭣이라?!

1803년, 소유주가 아닌 이들에게서 가장 큰 땅을 사들인 일이 일어났다.

바로 루이지애나 매입이다.

"프랑스로부터 루이지애나를 구입해 미국의 크기를 두 배나 불린" 사건이다.

역사 교과서에서는 정작 이 땅의 주인이 프랑스가 아니었다는 사실을 말하지 않는다!

프랑스는 원주민 소유주와 이 문제를 한 번도 상의하지 않았고, 자신들의 땅이 팔렸다는 사실을 아는 원주민 역시 거의 없었다.

그러나 더한 사실이 있다. 프랑스는 실제로 땅을 팔지 않았다. 1500만 달러에 땅의 권리만 팔았다.

(여기는 모두 멕시코)

통념과는 반대로, 아메리카 원주민과 유럽인 모두 토지 소유에 대해 대략적으로 비슷한 견해를 가지고 있었다.

아메리카 원주민들은 일반적으로 개인이 땅을 사고 팔 수 없다고 여겼을 뿐이다. 오직 마을 전체만이 이 문제를 결정할 수 있었다.

20세기 이전 토지 매매 대부분(백인 사이에 이루어진 거래 포함)은 농사와 토지 개발의 권리만 양도했지, 통행을 막을 권리를 양도하지 않았다.

개발되지 않은 개인의 토지는 공공 재산이며, 좋은 의도라면 누구나 사용할 수 있었다.

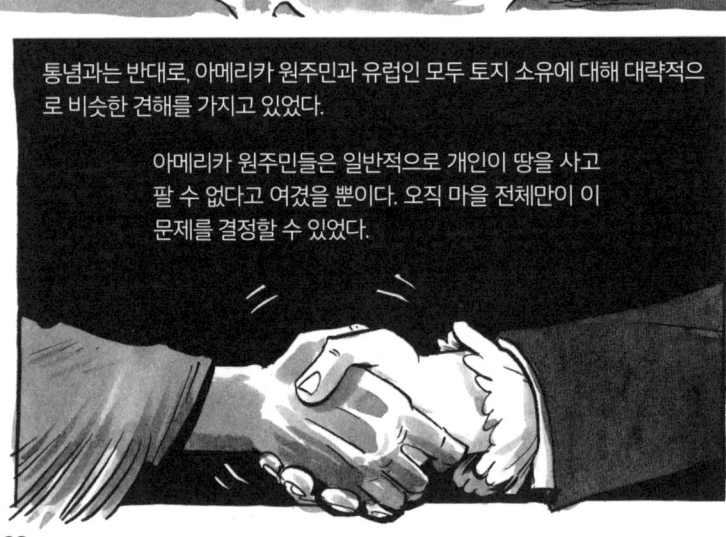

미국은 1812년 전쟁에서 일곱 차례 육상 전투 중 다섯 차례를 아메리카 원주민과 싸웠다.

《미국의 모험》에서는 한술 더 떠서 "아메리카 원주민은 전쟁의 유일한 패배자였다"고 콕 집어 말한다.

이와 대조적으로 《미국의 승리》에서는 이 발언을 완곡하게 포장한다.

"1815년 이후 미국인은 서부의 땅을 점령하는 흥미진진한 과업에 나섰다."

하지만 그 결정적인 결과로 토지를 차지했다는 내용을 수록한 책은 2종밖에 없다. 어떤 책은 '별이 빛나는 깃발'(미국 국가)'이 전쟁의 주요 성과라고 말하기도 한다!

이와 맞물려 많은 책들은 1812년 전쟁이 미국의 자존심을 드높이고 유럽 국가들의 존경을 받는 기폭제가 되었다고 강조한다.

다른 책들에서는 모두 중요한 결과를 놓쳤다.
영국은 캐나다를 내버려두는 대가로, 후에 미합중국이 되는 아메리카 원주민 부족과의 연맹을 포기했다.

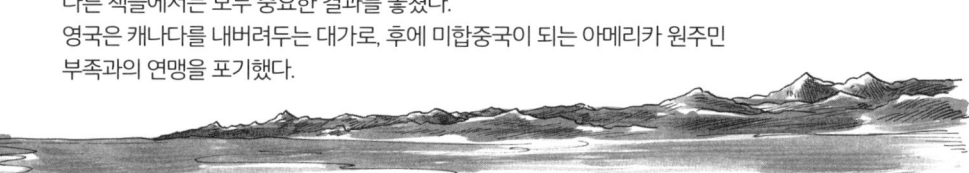

1812년 전쟁의 또다른 결과는 미국 역사 일부가 바뀐 것이다. 1815년 이후 아메리카 원주민들은 '함께 싸우는 동맹자'의 역할을 더이상 하지 않았다. 그래서 미국인들은 원주민이 우리 역사에 중요한 존재였다는 사실을 망각하고 말았다.

19세기 후반에 백인 이주민과 반(半)유목 원주민이 대평원 위에서 벌인 전투는 교과서에 대대적으로 다루어진다. 1815년 이후 수정된 내용에 꼭 들어맞기 때문이다.

교과서들은 평원 인디언을 무척이나 좋아한다. 이들이 사라졌다고 애통해하면서도 어쩔 수 없었다고 여길 수 있기 때문이다. 그러니 불편할 일이 없다.

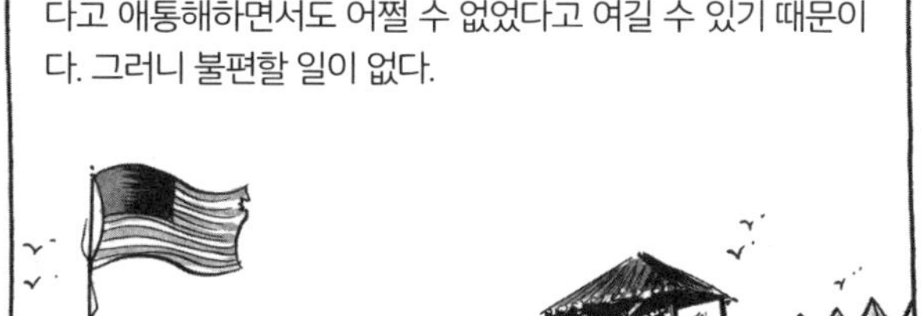

용어까지 바뀌었다. 1815년 이전까지 '아메리카인'은 일반적으로 아메리카 원주민을 가리켰지만, 1815년에는 유럽계 아메리카인을 의미하게 되었다.

그러면 이러한 노선에 대안은 무엇일까?

역사가 고든 크레이그는 "역사가의 의무란 무릇 우리가 했던 과거의 선택을 되살리는 것이다"라고 말했다.

그리고 그것이야말로 역사를 가르치고 기억하게 만드는 적절한 방법이라고 지적했다.

그럼 미국이 초창기에 받아들일 수 있었던 다른 선택지로는 무엇이 있었을까?

다양한 관점에서 미국의 반(反)원주민 정책은 다른 방향으로 갈 수 있었다.

예를 들어 1812년 전쟁이 뉴잉글랜드에서 호응을 얻지 못했던 이유 중 하나는, 이곳 주민들이 보기에 노예 소유주가 원주민의 땅을 노골적으로 차지하려 했기 때문이다.

아메리카 원주민 사회에 합류한 수많은 백인과 흑인은 행복한 공존이 가능하다는 사실을 알았다. 인종 화합에 매진했다면 전쟁을 대신할 또다른 방법이 되었을 것이다.

원주민과 비원주민 사이를 인종적으로 구분하지 않는 나라가 되었을 것이다.

미국의 역사에서는 삼인종 격리 사회라 부르는 다문화 집단 거주지가 몇몇 있었다.

(독립 전쟁의 영웅 크리스퍼스 애턱스는 탈출한 아프리카 노예와 왐파노아그족, 그리고 유럽인의 후손이었으며 이 집단 거주지의 일원 중 하나였다!)

왐파노아그족뿐만 아니라 노스캐롤라이나의 럼비족, 플로리다의 세미놀족, 그리고 루이지애나와 메인에 걸쳐 삼인종 집단 거주지가 있었다.

버지니아의 로어노크 식민지는 아마 완전히 사라진 것이 아니라 근처 크로아토아족에 흡수되었을 것이다.

삼인종 격리 사회는 백인 이웃의 경멸어린 시선을 받고는 했다. 그래서 이들은 멀리 떨어진 곳에 터를 잡았다.

미국의 교과서에서도 이들을 고립시킨다. 어떤 교과서에서도 그곳에 살았던 사람들이나 용어를 언급하지 않는다.

또다른 대안으로는 미국 내에 원주민 주를 만드는 것이었다.

그러나 1778년, 델라웨어족이 이 법안을 제안했을 때 의회는 고려조차 하지 않으려 했다.

아 아 아!

1840년대에 원주민 영토에서는 의회에 대표단을 보내고자 했다(다른 지역에서는 이미 누리고 있는 권리였다). 하지만 남부 백인들은 이들을 막아 세웠다.

남부 연합은 원주민 거주지에서 원주민들의 지원을 받았다. 단, 남부가 남북전쟁에서 승리하면 모든 영토를 주겠다고 약속한 조건이었다.

내가 보기에 통치권도 제대로 인정해줄 것 같지 않지만 그래도….

남북전쟁 이후 아메리카 원주민들은 미국에 같은 협의를 요구했지만 또다시 거부당했다.

그러나 결국 원주민 영토를 백인이 지배하는 오클라호마주로 인정했다. 얄궂게도 오클라호마는 촉토족 말로 '홍인종의 영토'라는 뜻이다.

교과서에서는 이러한 가능성을 무시한 채 가지 않은 다른 노선을 선택한다. 완전히 일방적으로 백인 중심 사회가 되어가는 것이다. 대부분의 역사 교과서에서 아메리카 원주민에 대해 다음과 같이 말한다.

우리도 그들을 유럽인처럼 만들려고 노력했다고, 하지만 말을 듣지 않는 걸 어떻게 해.

방법이 없지. 그래서 빼앗은 거야. 정말로 어쩔 수가 없었다니까!

하지만 이러한 변명은 역사를 선전용으로 이용하는 오류에 빠진다.

여기에는 아메리카 원주민은 진보의 훼방꾼이라는 관념이 깔려 있다.

그러나 문제는 아메리카 원주민이 유럽인과 동화되지 못했다는 것이 아니다. 유럽계 아메리카인 대부분은 정작 원하지도 않았다. 그저 사탕발림이었을 뿐이다. 토머스 제퍼슨 대통령은 1808년 체로키족에 이렇게 말했다.

제퍼슨은 한 국가의 일원으로 흡수해달라는 요청을 거절했다.

아메리카 원주민들이 아무리 유럽 문화에 적응하려고 한들, 백인들은 백인 중심주의 사회에서 원주민들이 성공하는 것을 허락하지 않았다.

재산을 소유한 아메리카 원주민은 땅, 집, 목재소, 신분 상승을 노리는 백인 폭력배들의 먹잇감이 되었다.

역설적이게도 아메리카 원주민의 눈에 유럽인은 유목민이었다. 시애틀 족장은 1855년 다음과 같이 평했다.

"우리에게 선조의 유골은 신성하며 이들이 잠든 자리는 성지다.

당신들은 선조의 무덤에서 멀리 떠났는데도 안타까워하지 않는다."

법적 권리 없는 문화 변용은 성공할 수 없다. 조지프 족장 인무투알라틀라트가 이렇게 말했듯이 말이다.

"우리는 모든 사람에게 같은 법이 적용되기를 요청합니다. 원주민이 법을 어기면 법에 따라 처벌해주십시오. 백인이 법을 어기면 그도 법에 따라 처벌해주십시오.

우리에게 자유를 주십시오. 여행할 자유, 멈출 자유, 일할 자유, 내가 원하는 곳과 거래를 할 자유, 말하고 생각할 자유, 그리고 나 자신을 위해 행동할 자유를 주십시오."

현실은 그렇게 되지 않았다.

유럽 사회에 동조한 아메리카 원주민은 그저 인종주의자들의 먹잇감이 될 뿐이었다. 그리고 대부분의 법정은 백인에게 이의를 제기하는 아메리카 원주민의 증언을 들으려 하지 않았다.

교과서 저자들이 노골적으로 내세우는 집필 목적은 독자들이 미국의 강인함과 진보를 뿌듯하게 여기도록 하는 것이다.

그래서 이런 방식으로 교과서를 쓰면 백인 '정착민'의 후손들은 과거를 기분 좋게 생각하며 선조들을 긍정적으로 여기게 된다.

아메리카 원주민들이 유럽 문화에 동화하지 않았거나 하지 못해서 비극이 되었다는 논리는, 백인들이 기분 좋은 역사를 만들기 위해 선택한 것일 뿐이다.

대학생들에게 미국에서 일어난 전쟁을 나열해보라는 질문을 하면, '인디언 전쟁'은 대부분 생각하지 못한다.

그리고 교과서들은 이 전쟁들을 소홀히 여김으로써 미국이 아메리카 원주민의 땅을 빼앗고 역사를 왜곡했다는 사실을 잊게 만든다.

하지만 실제로 일어난 일은 "못된 백인들이 일을 망쳐버렸다"는 말보다 더 복잡하다.

그래서 교과서도 보다 복잡해져야 한다.

최근의 교과서들은 모두 앤드루 잭슨과 존 마셜의 논쟁을 실었다. 조지아주가 체로키족을 지배하는 문제를 두고 벌인 싸움이었다. 연방 대법원장 마셜은 체로키족에 유리한 판결을 내렸지만, 잭슨 대통령은 법원을 무시하고 이렇게 선언했다.

존 마셜이 결정을 내렸으니, 집행도 해보시지!

교과서에서 잭슨과 마셜의 충돌을 넣기는 했지만, 이 문제를 국가로 발걸음을 뗀 첫 세기의 가장 중요한 문제로 다루지 않았고,

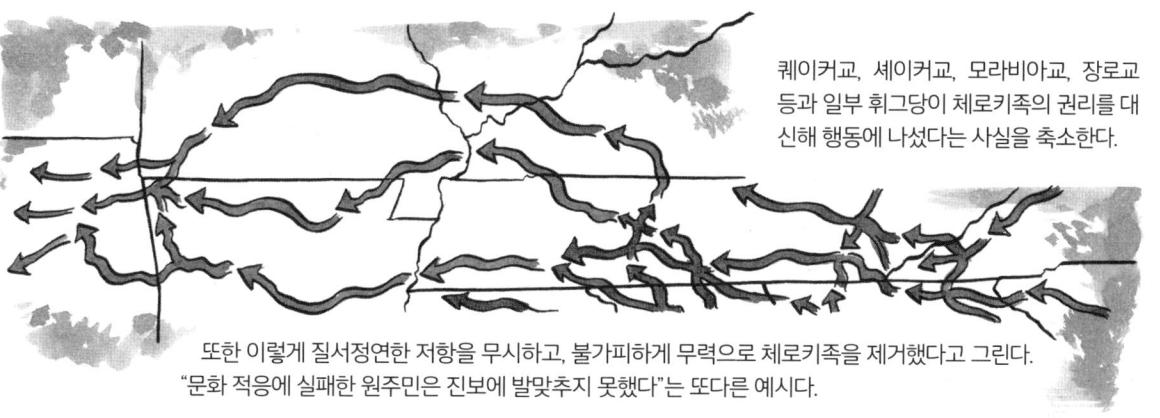

퀘이커교, 셰이커교, 모라비아교, 장로교 등과 일부 휘그당이 체로키족의 권리를 대신해 행동에 나섰다는 사실을 축소한다.

또한 이렇게 질서정연한 저항을 무시하고, 불가피하게 무력으로 체로키족을 제거했다고 그린다. "문화 적응에 실패한 원주민은 진보에 발맞추지 못했다"는 또다른 예시다.

아메리카 원주민들은 전염병, 전쟁, 핍박, 대학살에도 불구하고 (물리적으로 그리고 문화적으로) 살아남았다고 교과서에 기록되어야 한다. 그리고 미국과 정부 대 정부 관계를 유지하고 있다는 사실도 기록되어야 한다.

1984년 미국의 역사 교과서를 조사해보니, "원주민에게 당시 중요한 쟁점이 완전히 삭제"되었다.

내가 검토한 책들은 그나마 좀 나았다. 아메리카 인디언 운동(AIM)의 원인과 결과를 충실히 수록했다. 바로 1970년대 앨커트래즈섬, 워싱턴의 인디언 사무국, 사우스다코타의 운디드니에서 벌어진 점거 투쟁 사건들이다.

경고
접근 금지
인디언 소유

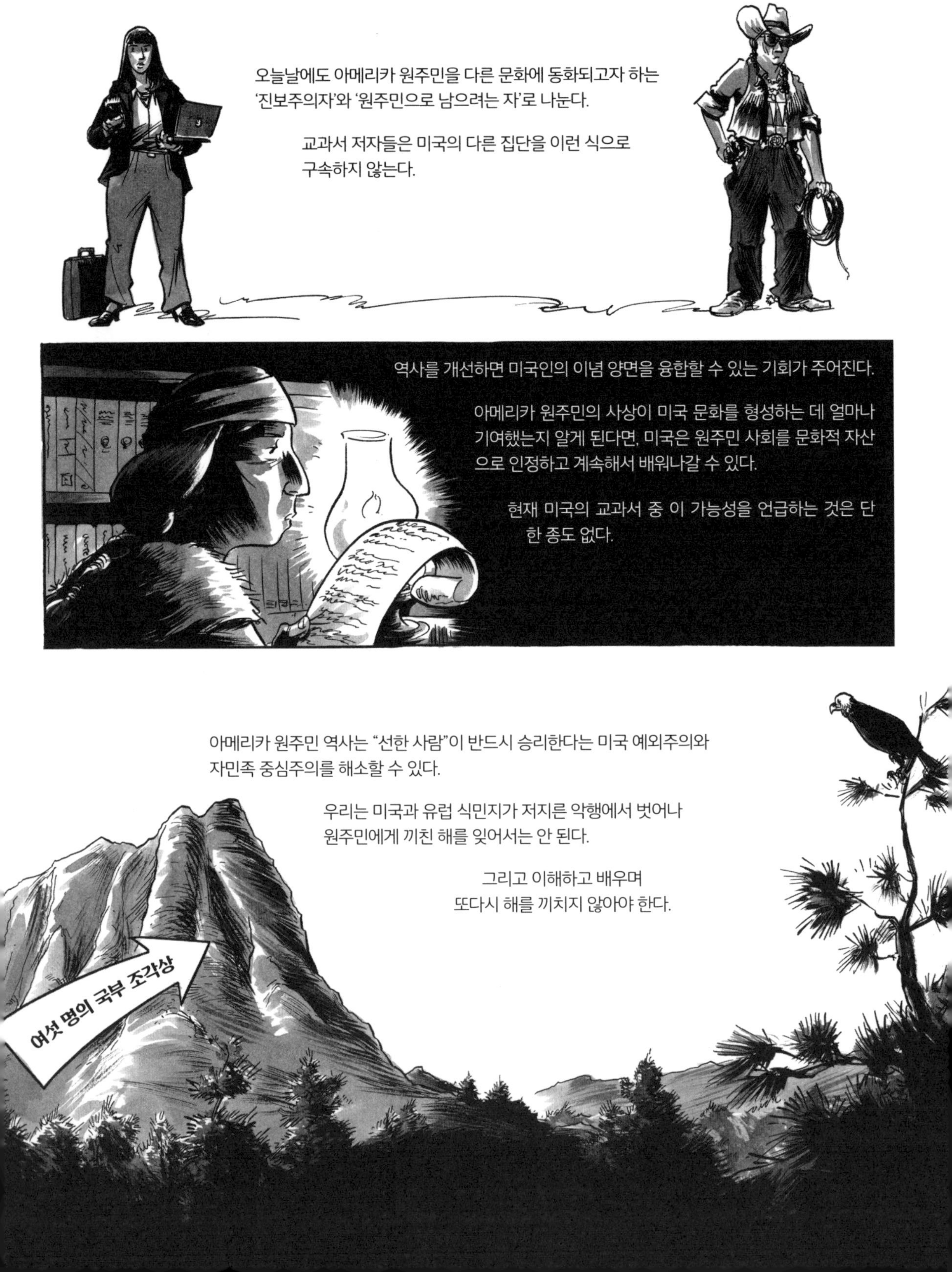

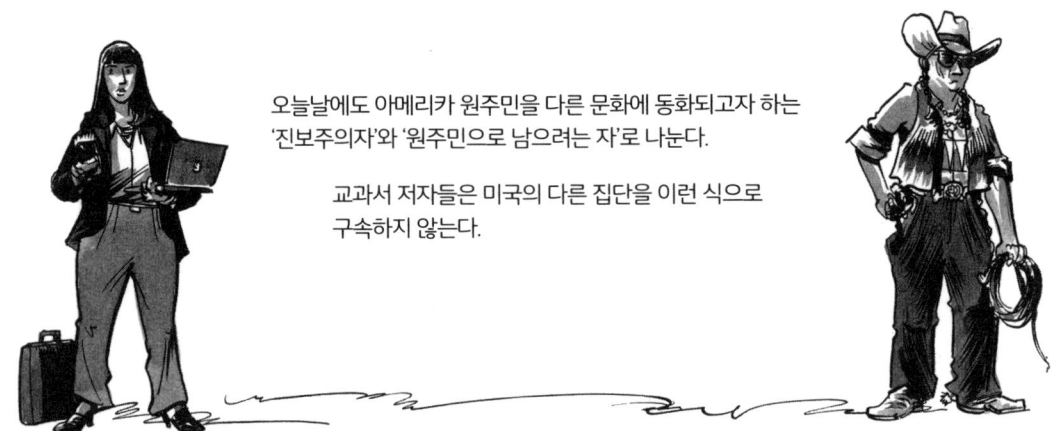

오늘날에도 아메리카 원주민을 다른 문화에 동화되고자 하는 '진보주의자'와 '원주민으로 남으려는 자'로 나눈다.

교과서 저자들은 미국의 다른 집단을 이런 식으로 구속하지 않는다.

역사를 개선하면 미국인의 이념 양면을 융합할 수 있는 기회가 주어진다.

아메리카 원주민의 사상이 미국 문화를 형성하는 데 얼마나 기여했는지 알게 된다면, 미국은 원주민 사회를 문화적 자산으로 인정하고 계속해서 배워나갈 수 있다.

현재 미국의 교과서 중 이 가능성을 언급하는 것은 단 한 종도 없다.

아메리카 원주민 역사는 "선한 사람"이 반드시 승리한다는 미국 예외주의와 자민족 중심주의를 해소할 수 있다.

우리는 미국과 유럽 식민지가 저지른 악행에서 벗어나 원주민에게 끼친 해를 잊어서는 안 된다.

그리고 이해하고 배우며 또다시 해를 끼치지 않아야 한다.

여섯 명의 국부 조각상

5장

바람과 함께 사라지다
미국 역사 교과서에서 사라진 인종주의

미국인들은 남부가 남북전쟁을 치르고 다시 일어선 과정을
이 시대의 수많은 책보다
마거릿 미첼의 《바람과 함께 사라지다》로 더 많이 배웠다.
— 워런 벡(미국 작가)·마일스 클로워스(미국 작가)

요점과 질문, 덧붙일 내용
(도서관에서 빌린 책이 아니라면 괜찮겠지?)

간단히 말해서.

미국의 역사는 대부분 백인의 미국이 흑인의 미국을 지배했다는 내용으로 점철되어 있다.

500년간 지속된 이 억압과 불평등의 근원은 무엇인가?

19세기 말까지 미국의 가장 중요한 수출 품목은 단연코 목화였다.

목화는 북부와 남부 경제 모두를 지탱하는 핵심이었고

흑인 노예의 노동력과 피로 제공되었다.

전쟁 이전에 지어져 대대로 이어져온 (남부와 북부의) 우아한 대저택은 노예들의 노동력과, 노예무역과 목화 무역으로 긁어모은 엄청난 이익으로 지어졌다.

흑인과 백인 관계는 남북전쟁과 그뒤로 오랫동안 이어진 재건 과정에서 중요한 문제다.

미국이 아메리카 흑인들에게 동등한 권리를 보장하지 못하자, 권리를 쟁취하기 위한 운동이 20세기에 광범위하게 일어났다.

그리고 인권 운동은 지금도 완료되지 못한 채 계속되고 있다.

미국 백인들은 수년에 걸쳐 흑인 노예제를 주제로 각기 다른 이야기를 전달했다. 20세기에 발표된 가장 인기가 많은 소설 두 편 모두 노예제를 다루고 있는데, 그 배경은 서로 완전히 다르다.

해리서 비처 스토가 지은 《톰 아저씨의 오두막》에서는 노예제를 철폐해야 할 악으로 다룬다.

그리고 마거릿 미첼의 《바람과 함께 사라지다》에서는 노예제가 이상적인 사회구조였으며, 없어져서 안타깝다고 내비친다.

인권 운동이 일어나기 전까지 20세기 미국의 역사 교과서에서는 대체로 미첼 편이었다. (내가 역사를 배웠던 1959년에도 그랬다.)

다행히 오늘날 교과서에서는 이제 그녀의 편을 들지 않는다.

현재 교과서들에서는 노예제가 19세기 초중반에 미국의 정치를 어떻게 지배했는지 보여준다. 그리고 조면기와 같은 발명품이 노예의 생산성을 향상시켰다는 점도 보여준다.

1830년대에 남부가 연방정부와 연합해 미시시피, 앨라배마, 조지아에 살던 아메리카 원주민을 몰아내고 노예를 부려 목화밭을 확장했다는 사실도 설명한다.

《미국의 승리》를 보면, 백인 권력자들은 노예제가 "노예 스스로에게도 긍정적인 가치"가 있다고 생각하기 시작했다고 나온다.

그리고 1830년에서 1860년 사이에 노예제를 정당화하고 강화하는 인종주의가 노골화되었다고 말한다. '필요악'이라는 변명도 더이상 하지 않았다면서 말이다.

일부 노예제가 성행하는 주에서는 노예제에 반대하는 인쇄물을 가지고 있으면 중범죄에 처했다. 수많은 주에서 백인 노예주가 노예를 해방시키지 못하도록 제한하는 법을 통과시켰다. 그러자 전국적으로 노예제가 더 공고해졌다.

1860년 분리독립주의 지도자들은 남부가 왜 분리 독립을 원하는지 명확히 밝혔다. 이들은 우선 이렇게 유감을 표했다.

"14개 주가 지난 수년 동안 법적 의무를 의도적으로 거부했다."

구체적으로 도망 노예에 관한 항목이었다.

이 항목은 1850년 도망노예법에서 나왔다. 사우스캐롤라이나에서 승인한 법으로, 백인이 흑인 노예를 자신의 합법 재산이라고 주장하면 자유주(Free state)의 법 집행관과 시민도 도망 노예를 잡는 데 협조해야 한다는 내용이었다.

일부 주는 이 법을 은근히 따르지 않으려 했다. 예를 들어 펜실베이니아는 도망 노예를 잡고 돌려보내는 데 시간을 쓰거나 법 집행관에게 비용을 지불하기를 거부했다.

그러자 사우스캐롤라이나는 노예제가 금지된 주에서 주장하는 '주의 권리'에 반대하는 입장을 내놨다.

역사적으로 미국에서 권력을 잃은 파벌은 주의 권리를 내세우고는 했다.

그리고 남부 백인들은 1850년대 주의 권리에 반대하는 연방을 모두 장악했다. 1857년 대법원이 '드레드 스콧 판결'을 내리자, 노예제에 찬성하는 사람들은 환호성을 질렀다. 흑인은 미국 전역에서 법적 권리가 없으며 백인은 어느 주나 영토 내에서든 흑인을 존중할 필요가 없다는 판결이었다.

노예 소유주들은 이듬해 또 '주의 권리'를 거부하고, 뷰캐넌 대통령에게 캔자스의 노예제를 합법화하라고 압박했다.

1860년 뷰캐넌이 권력에서 물러나자 노예 소유주들은 연방 권력을 제한하려고 나섰다.

그런 다음 사우스캐롤라이나의 지도자들은 다른 북부 주들이 흑인의 투표권을 허가했을 뿐만 아니라 뉴욕이 '노예를 수송할 권리'조차 거부했다며 비난에 나섰다.

남북전쟁이 일어나기 전 이러한 사안은 주의 권리였다. 그러나 사우스캐롤라이나는 다른 주에서 노예제를 금지하거나 시민권을 규정할 여부를 결정하는 권리가 자신들에게도 있다고 주장했다.

1860년 에이브러햄 링컨 선거가 이 문제의 도화선이 되었다. 그러나 분리 독립의 목적은 아메리카 흑인 노예제를 도입하고, 유지하며, 강화하는 것이었다.

이렇게 명백한 증거가 있는데도 1970년 이전 교과서들은 분리 독립을 초래한 원인을 노예제가 아닌 관세, 내수 산업 발전, 농업과 공업의 분리, 그리고 짐작했듯이 '주의 권리' 등 다른 곳에서 찾는다.

이것이 남부의 변명이었다.

이렇게 형편없는 학설을 내놓고도 사과한 이는 아무도 없었다. 그러나 인권 운동이 일어난 후 교과서들은 대부분 '전쟁의 원인'이 노예제였다는 에이브러햄 링컨의 연설에 동의했다.

충격적이게도, 더 최근에 나온 역사 교과서들은 이 문제에서 오히려 뒷걸음쳤다!

이틀테면 《미국의 여정》에서는 "남부는 '주의 권리' 이론을 내세워 분리 독립을 정당화했다. … [그러한 주들은] 헌법이 독립적인 주 사이에 맺은 계약이라고 규정했다.

이제 국가가 도망노예법 집행을 거부하고

남부 주의 동등한 권리를 부인해 그 계약을 위반했으므로,

우리 주는 연방을 탈퇴하는 것이 합당하다"고 서술했다.

사실이 아님
역시 사실이 아님

《미국이 걸어온 길》에서도 똑같이 아리송하다.

교과서에서는 남부와 북부의 목적을 각각 비교하면서 1861년 7월 25일 하원 결의를 인용한다. 미국은 '연방을 지키기 위해' 싸웠다는 것인데, 당시가 전쟁 중이었던 상황을 감안하면 정확한 말이기는 하다.

(노예제 폐지는 1863년까지 전쟁의 목적이 아니었다.)

그러나

《미국이 걸어온 길》에서는 남부의 전쟁 목적을 설명할 때 제퍼슨 데이비스의 남부 연합 대통령 취임 연설만 인용한다.

"우리는 평온을 얻고 우리에게 부여된 권리를 존중받기 위해 노력했지만 허사였습니다."

거듭되는 거짓말은 교과서를 혼란스럽게 만든다.

무슨 권리?

남부가 왜 분리 독립을 했다고?

《지금까지 온 길》에서는 침묵한다.

차라리 사우스캐롤라이나의 '선언'을 인용하지?

무엇보다도 사우스캐롤라이나는 '분리 독립의 정당성'을 구체적으로 말했다.

그러면 교과서에서는 일반적으로 미국의 노예제 항목을 개선했으면서도, 왜 분리 독립에 노예제가 결정적 역할을 했다는 사실은 외면할까?

스스로에게 물어보자.
누가 교과서를 썼는가?
뒤에 어떤 사정이 있었는가?
책의 독자는 누구인가?
언제 쓰였는가?

1960년대 이전 출판사들은 남부 백인들의 차지였다.
1920년대에 플로리다와 다른 남부 주들은 다음과 같은 법을 통과시켰다.

"남부 연합의 올바르고 진실한 역사를 포함해 미국의 올바른 역사를 확보한다."

많은 주들은 역사책에 남북전쟁을 이렇게 부르라고 요구한다.

"주들 사이에 벌어진 전쟁!"

(분리 독립으로 나라가 분열한 적이 없다는 듯이!)

나는 남북전쟁을 "주들 사이에 벌어진 전쟁"이라 부를 만한 실제 증거를 찾지 못했다.

하지만 1955년에서 1970년 사이에 일어난 인권 운동의 결과로, 미국의 공식 제도였던 인종 분리가 폐지되었다.

인권 운동은 미국의 인종 관계를 완전히 바꾸지는 못했지만, 흑인이 더 많은 힘을 얻는 데에는 일조했다.

결과적으로 오늘날 학교 운영회 및 위원회, 고등학교 역사 분과에는 미국 흑인, 백인우월주의에 반대하는 백인이 모두 포함되었다.

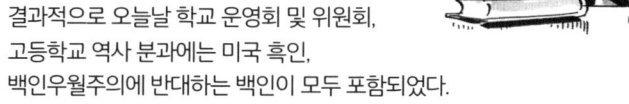

이렇듯 교과서가 쓰인 시기에 따라 내용이 어떻게 달라지는지 알 수 있다.

(백인) 미국인은 노예제의 실상을 보고 번번이 놀란다. 윌리엄스버그 식민지 역사지구를 방문한 사람들은 당시 노예제에 관한 해설사들의 설명을 듣고 놀라움을 감추지 못한다.

버지니아의 플랜테이션 중심지에서!

미국 사회가 노예제를 불법으로 간주한 시간보다 허가한 시간이 더 길다는 사실을 아는 사람은 많지 않다. 독립 전쟁 이후 북부에서도 노예제가 중요했다는 사실 또한 잘 모른다.

사실 매사추세츠는 노예제를 합법화한 최초의 식민지였다.

1720년 뉴욕시 인구의 약 4분의 1은 흑인이었다. 그리고 이들 대부분이 노예였다.

그러나 교과서 대부분은 노예제가 남부에 국한되었다는 인상을 준다. 역사가 제임스 올리버 호턴은 이를 지적한다.

흑인이 겪었던 일을 제대로 알리면 미국 역사를 새로운 관점에서 연구해야 합니다.

교과서 저자들은 새로운 관점을 제시하는 데 실패했다. 그보다 '항상 그랬듯이 케케묵은 진보적' 논리에 노예제를 끼워 맞추려 했다.

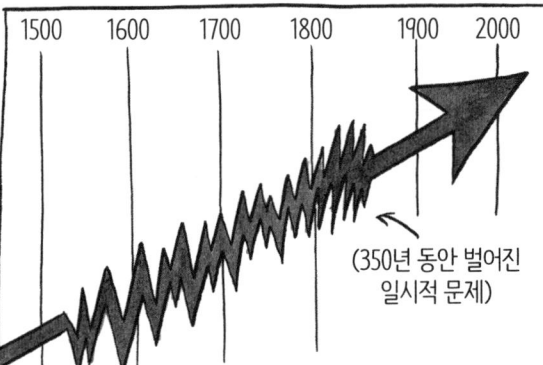

(350년 동안 벌어진 일시적 문제)

미국은 본질적으로 민주주의의 길을 걸어왔는데, 도중에 노예제로 잠시 탈선했다는 논리다. 전체의 한 축이 아니라 잠시 나타났던 문제일 뿐이라는 것이다.

역설적으로 교과서 저자들은 인권 운동의 성공을 근거로 이제 최소한 공식적으로는 인종주의가 해결되었음을 시사한다.

오늘날 시민 생활을 영위하려면 학생들은 인종주의의 원인을 배워야 한다.

맞다. 그 과정이 복잡하기는 하다. 그러나 미국의 인종주의에는 두 가지 역사적 과정이 얽혀 있다.

① 아메리카 원주민의 땅을 빼앗고 대학살한 과정과
② 아프리카인들을 납치해 노예로 만들고 원주민에게 빼앗은 땅에서 일하게 한 과정이다.

교과서에서는 학생들에게 (사회경제 체제로서) 노예제와 (이념으로서) 인종주의를 가르쳐야 한다.

그렇다. 노예제는 아프리카 노예무역 전후로 어느 사회와 시대마다 있었다.

그러나 유럽이 군사력과 앞선 기술을 빌미로 15세기부터 시작한 노예제는 성격이 다르다.

한 인종이 다른 인종을 노예로 삼았기 때문이다.

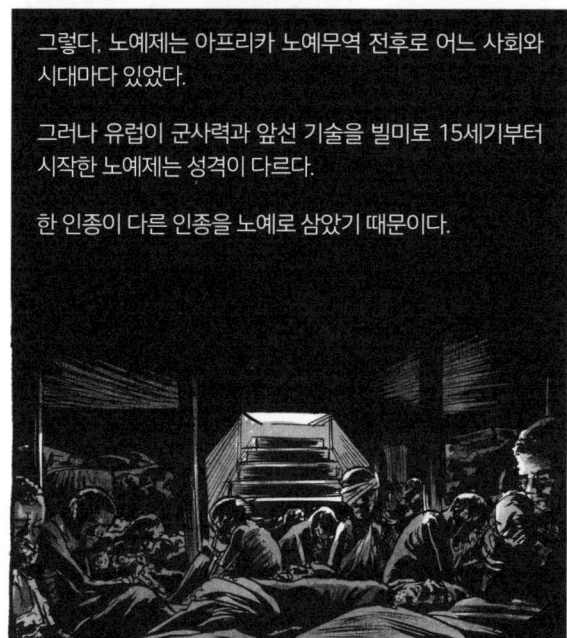

백인들은 점차 다른 백인을 노예로 삼는 행위를 불법으로 여긴 반면, 흑인 노예화는 받아들이기 시작했다.

이러한 변화의 합리화는 인종주의로 종결되었다.

1748년, 미국의 민주주의에 깊은 영향을 끼친 몽테스키외는 인종주의를 이렇게 논평했다.

우리는 이 생명체들을 사람이라 여길 수 없다. 그들을 사람으로 받아들이면 우리 스스로가 그리스도교가 아니라는 의심을 받을 것이기 때문이다.

미국의 노예제에서 물려받은 유산의 핵심은, 백인이 위에 있고 그 아래 흑인이 있는 인종적 서열이 적절하고 심지어 자연스럽다는 그릇된 사상이다.

오, 이거 좋은데.

내가 연구한 교과서 절반이 찾아보기 목록에 '인종주의'를 넣었지만, 정작 본문에는 나오지 않는 책이 몇 권 있다.

《지금까지 온 길》에서만 인종주의의 개념을 설명했고, 다른 세 권에서는 인종주의를 일으킨 원인을 다루었다.

가장 길게 다룬 책은 《미국의 모험》이다.

"[아프리카 흑인들은] 백인종과 다르게 생겼다. 이들은 피부색 때문에 주류 문화에 동화하기 어려웠다. 그래서 외부인에 머물렀다."

교과서에서는 다시 심리학을 바탕으로 말을 되풀이한다. 그러나 피부색 자체로는 인종주의를 설명하지 못한다.

그래도 역사적으로 일어난 사건은 인종주의를 설명한다. 그러나 《미국의 행진》에 서술된 문장 반 토막 외에("노예 소유주들은 상상 속 포위 상태에 둘러싸이기 시작했다"), 실제로 역사와 인종주의를 연관지어 설명한 교과서는 한 권도 없다.

심지어 위에서 인용한 《미국의 모험》의 구절은 피부색으로 다른 사람을 소외시켜도 된다는 의미까지 내포한다. 그러면 백인 학생들은 모든 사회구성원이 자연히 인종주의자가 되고 인종주의는 괜찮다는 결론을 내리게 된다.

그래서 지식과 무관한 개념이 서둘러 공백을 메운다.

(교과서의 사고방식이 초보적이고 결함이 많기는 하지만, 그 중에서도 최악인 것은 저 구절이 내가 조사한 모든 책 중에서 인종주의의 원인을 가장 충실히 밝혔다는 점이다.)

교과서에서는 인종주의를 분석하는 대신 교묘하게 예시만 든다.

《홀트 미국》을 뒤로, 뒤로 넘겨서 (1083쪽!) DNA 실험의 유용성을 극찬한 부분을 보자.

어디가?

"[토머스] 제퍼슨은 아들이 없었으므로, 과학자들은 제퍼슨의 친할아버지에게서 내려온 남성 후손의 DNA와 샐리 헤밍스의 아들인 이스턴 헤밍스의 것을 비교했다. 이들의 유전자는 일치했다.
일치할 가능성이 1퍼센트 이하였기 때문에 제퍼슨은 이스턴 헤밍스의 아버지일 가능성이 매우 높았다."

잠시만요, 말이 앞뒤가 맞지 않잖아요!

제퍼슨은 그럼 아들이 최소 한 명은 있었다는 말이네요, 이스턴 헤밍스 말이에요!

'백인 아들'이 없다는 말은 '진짜 아들이 없다'는 말처럼 들려요.

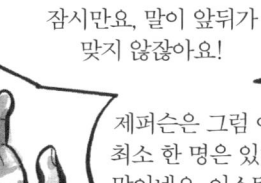

어이쿠!

샐리 헤밍스는 사실 제퍼슨의 노예였고 아들인 이스턴도 노예였다.

교과서 저자들은 백인이 노예제에 연루되었다는 사실을 축소하려 한다. 한 집단이 다른 집단에 지속적으로 나쁜 짓을 저지른 것이 아니라 이유를 알 수 없는 비극이라고 포장한다.

우리는 그걸 '강간'이라 부르기로 했어요.

《미국의 승리》와 같이 어떤 책들은 백인 노예가 플랜테이션에서 일을 했다는 소설까지 쓴다.

그냥 매일 같은 일이죠. 에헴, 그러니까 객식구들을 먹여 살리려고요.

"면화 농장은 언제나 할 일이 많았다. 그래서 농장주도 나서서 그의 가족과 노예들이 먹을 식량을 길러야 했다."

노예를 부려서 이익을 남기기도 물론 무척이나 힘들다. 남북전쟁이 끝나고 미시시피 백인 농장주가 자신의 상황을 한탄하는 이야기를 들어보면 진실이 더 잘 드러난다.

나는 평생 일이란 걸 해본 적이 없어. 그리고 어떻게 시작하는지도 몰라.

이 낡아빠진 옷을 봐. 전쟁 전에는 이런 옷을 입을 일이 없었다고.

교과서에서는 노예제가 분노가 아닌 슬픔을 일으켰다고 묘사한다.

어찌되었든 교과서 속 이야기에는 분노할 대상이 없기 때문이다.

어찌된 일인지 교과서에는 노예가 400만 명에 이르렀다고 나오지만 노예 소유주는 등장하지 않는다.

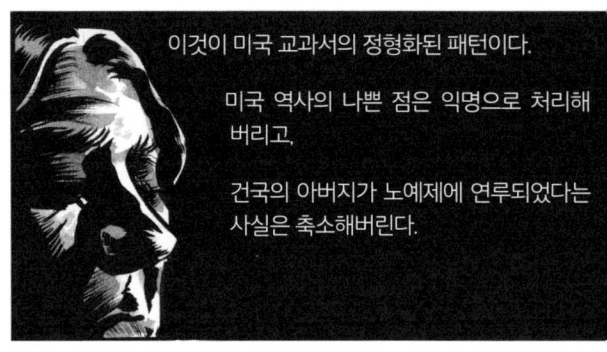

이것이 미국 교과서의 정형화된 패턴이다.

미국 역사의 나쁜 점은 익명으로 처리해 버리고,

건국의 아버지가 노예제에 연루되었다는 사실은 축소해버린다.

2003년에 일리노이주의 교사가 6학년 학생들에게 링컨 이전의 대통령들이 대부분 노예 소유주였다고 가르쳤다.

학생들은 분노했다.

분노의 대상은 대통령이 아니었다. 학생들은 선생님이 거짓말을 했다며 화를 냈다.

거짓말이에요, 아니면 책에 나왔을 거 아녜요!

그리고 진짜로 대통령들이 노예를 소유했다는 언급은 한마디도 나오지 않았다.

교과서에서는 "자유가 아니면 죽음을 달라"는 말로 유명한 패트릭 헨리를 성인으로 떠받든다. 하지만 그 말을 하고 8개월 후, 그가 버지니아의 노예들이 자유를 대가로 영국의 편에 서지 않도록 '부지런히 순찰'하라는 명을 내렸다는 사실을 언급하지 않는다.

관리자에게 말할 때까지 기다리라고 해.

《미국의 승리》에는 헨리가 노예제를 가리켜 이렇게 말했다고 분명히 실려 있다.

성서에 부합하지 않고 자유를 침해한다는 점에서 인간성에 위배된다.

하지만 패트릭 헨리 스스로가 노예를 소유했다는 사실은 언급하지 않는다.

건국의 아버지 토머스 제퍼슨의 경우는 더 당황스럽다.

제퍼슨은 모든 이들에게 '생명, 자유, 행복을 추구할' 권리가 있다고 주장했으면서도, 그가 그 말을 했던 당시 노예를 175명이나 거느리고 있었다는 사실은 명백한 모순이다. 교과서에서는 이 모순을 어떻게 맞춰야 할지 난항을 겪는다.

제퍼슨이 노예를 소유했다는 사실은 외교 정책과 내부 개선에 대한 반대까지 거의 모든 부분에 영향을 주었다.

《생활과 자유》 등 많은 교과서에서 그의 일생을 세세하게 소개한다.

그는 숫기가 없었다!
말을 더듬었다!
가발을 쓰지 않으려 했다는 사실을 알고 있나요?

하지만 그가 노예 소유주라는 말은 하지 않는다.

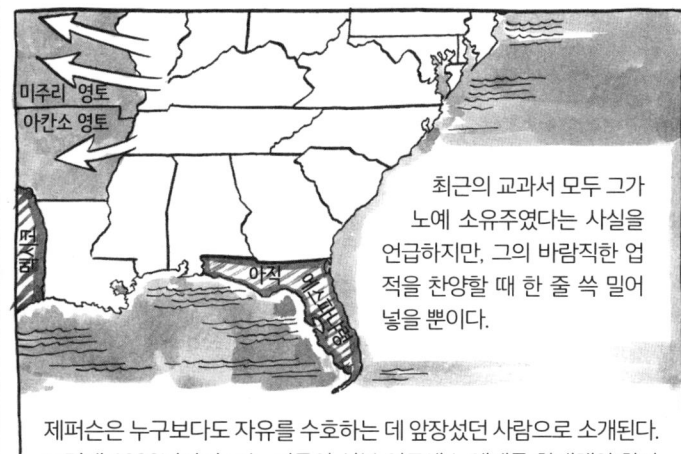

미주리 영토
아칸소 영토

최근의 교과서 모두 그가 노예 소유주였다는 사실을 언급하지만, 그의 바람직한 업적을 찬양할 때 한 줄 쓱 밀어 넣을 뿐이다.

제퍼슨은 누구보다도 자유를 수호하는 데 앞장섰던 사람으로 소개된다. 그런데 1820년까지 그는 미국의 서부 영토에 노예제를 확대해야 한다고 적극적으로 주장했다.

1822년 제퍼슨은 노예를 267명 거느렸다(자신의 아들을 포함해!).

그런데 말입니다.
그가 노예를 해방시켜주었다는 사실도 알고 있나요?

알고 있다.
그런데 그 내용은 이렇다.

그의 긴 인생 동안 수백 명의 노예 중 자유로 풀어준 사람은 단 3명이었고, 그의 사후 5명이 추가로 자유의 몸이 되었다.

그리고 그들은 모두 제퍼슨의 혈통이었다.

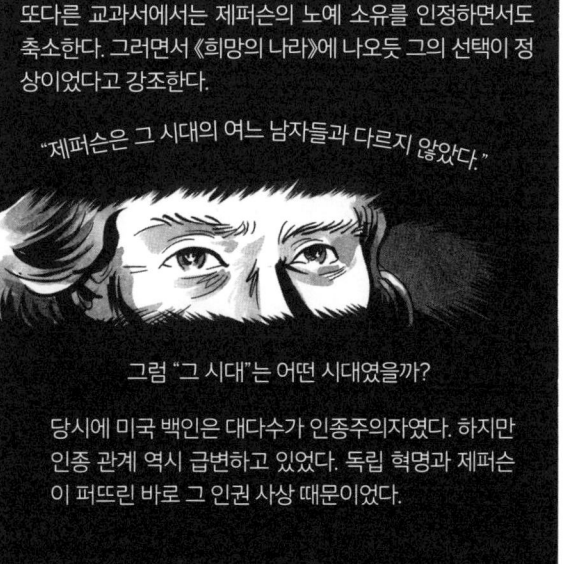

또다른 교과서에서는 제퍼슨의 노예 소유를 인정하면서도 축소한다. 그러면서 《희망의 나라》에 나오듯 그의 선택이 정상이었다고 강조한다.

"제퍼슨은 그 시대의 여느 남자들과 다르지 않았다."

그럼 "그 시대"는 어떤 시대였을까?

당시에 미국 백인은 대다수가 인종주의자였다. 하지만 인종 관계 역시 급변하고 있었다. 독립 혁명과 제퍼슨이 퍼뜨린 바로 그 인권 사상 때문이었다.

노예제에 대한 자기모순을 가만히 외면하는 것은 어디까지나 자신의 선택이었다. 하지만 다른 선택을 한 이들도 있다.

(조지 워싱턴을 포함한) 다른 이들은 노예를 완전히 풀어주거나 (최소한) 풀어주라는 유언을 남겼다.

흑인 남자들을 해방시켜 식민지 군대 편에서 싸우게 한 노예 소유주도 있었다.

그리고 독립 혁명 이후 버지니아에서 자유 신분이 된 흑인의 수는 1780년 2천 명에서 1800년 2만 명으로 10배나 늘었다!

따라서 제퍼슨은 당대 많은 백인 노예 소유주보다 더 뒤떨어진 셈이었다.

노예해방은 점차 시들해졌다. 그 이유는 제퍼슨처럼 노예를 소유한 남부 백인들이 꽤 부유해졌기 때문이다.

부자가 된 노예 소유주는 이웃에게 존경과 부러움을 받았다.

덕분에 상류층 백인우월주의가 모든 백인 계층 사이에 널리 퍼졌다.

미국 독립 혁명이 잦아들면서 상류층의 이념은 점차 노예제를 정당화했다.

열심히 일했더니 바로 이렇게.

(물론 내가 하지는 않았지만.)

노예제, 계급, 지배를 정당화하는 수많은 사상은 이제 막 태동한 미국의 혁명적 이상주의를 훼손했다.

그러나 교과서에서는 이러한 사상적 충돌이 다른 나라와 미국의 외교 정책에 끼친 영향은 고사하고 언급조차 하지 않는다.

미국 독립 혁명 이후 미국의 본보기는 다른 나라와 사람들에게 자극을 주었다.

우선 1790년대에 아이티가 프랑스를 상대로 저항에 나섰다.

미국 대통령의 노예 소유 여부는 아이티의 독립 정책에 영향을 미치지 않았을까 한다.

미국 2대 대통령 존 애덤스의 행정부는 아이티인들에게 지원을 상당히 많이 해 준 반면, 전임인 워싱턴과 후임인 제퍼슨은 흑인 공화국보다 프랑스 식민지를 선호했다.

실제로 제퍼슨 대통령은 대외 정책을 뒤집어 1801년 아이티에 등을 돌렸다. 그리고 프랑스가 아이티를 재탈환할 수 있도록 비밀리에 도와주었다.

이러한 미국의 정책은 이상적인 국가상을 배반했을 뿐만 아니라 자신의 이익에도 반하는 것이었다. 프랑스가 식민지를 차지하는 데 성공했다면 미국은 유럽의 힘에 눌려 사면초가에 처했을 것이다.

저런 독립 말고!

미국의 노예 소유주들은 아이티 혁명으로 노예들이 자극을 받을까 두려웠다. 그리고 실제로 노예들이 들고 일어났다!

미국의 입장이 바뀌었음에도 아이티는 독립을 쟁취했다. 하지만 미국은 아이티를 독립 국가로 인정하려 하지 않았다.

내가 조사한 교과서 중 절반이 아이티의 저항으로 프랑스가 루이지애나를 팔게 되었다고 언급했다.

그러나 미국이 아이티의 지원을 철회했다고 언급하는 교과서는 없었다.

노예제는 외교 정책에 다른 방식으로도 영향을 주었다.

사회에서 노예제를 유지할 때 필요한 첫 번째 요건은 안전한 국경을 구축하는 것이다.

미국인은 미국이 경찰국가라고 여기고 싶어하지 않는다.

동독이나 북한처럼 시민들이 달아나려 하는 국가라고 생각하지 않는다.

하지만 미국에서 노예를 소유한 주는 경찰국가를 자처했다.

저 사람 신상 좀 조사해봐

1850년 도망노예법이 제정된 이후 백인들은 흑인을 납치해 마음대로 사고팔았다. 자유 흑인 수천 명은 북부에서도 안전하지 못하다는 걸 깨달았다.

그래서 캐나다, 멕시코, 아이티로 달아났다.

1857년 '드레드 스콧 판결'은 이들의 공포를 잘 나타낸다.

"검둥이에게는 백인처럼 존중받을 권리가 없다."

권력이 막강한 노예 소유주들은 남북전쟁이 일어날 때까지 외교 정책을 좌우지했다. 이들은 아메리카 원주민 연합체와 조약을 맺어 모든 흑인을 양도하고 도망간 노예를 '되돌려' 받는 조항을 넣었다.

1812년 전쟁 뒤에서 가장 큰 압력을 넣은 집단은 노예 소유주들이었다. 이들은 원주민과 에스파냐의 땅을 호시탐탐 노렸고, 원주민을 서쪽으로 멀리 몰아내 노예들이 도망가지 못하게 막으려 했다.

에스파냐는 전쟁에서 별다른 역할을 하지 않았지만, 미국이 에스파냐로부터 플로리다를 획득하면서 노예 소유주들의 요구가 충족되었다.

실제로 앤드루 잭슨은 1816년 플로리다의 세미놀 요새를 공격했다. 도망쳐서 자유가 된 흑인 수백 명이 그곳에 숨어 있었기 때문이었다.

이 공격으로 1차 세미놀 전쟁이 시작되었다.

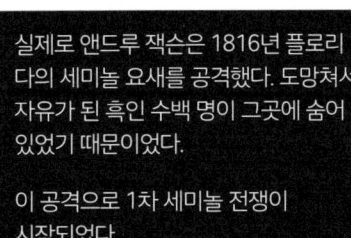

알다시피 세미놀족은 유럽인과 아프리카인이 오기 전, 부족이나 국가로 존재하지 않았다.

이곳에서는 크리크족 인디언의 소규모 부족 집단, 노예로 살다 도망친 아프리카 흑인, 원주민 사회에서 살기를 원하는 백인이 모여 3인종 고립 사회를 이루고 있었다.

세미놀족은 자유민이 된 흑인을 미국에 넘기라는 요구를 거부했다. 그리고 이로 인해 세미놀 전쟁(1816-1818/1835-1842)이 일어났다.

내가 조사한 개정 교과서 6종 중에서 단 한 종만 이 전쟁의 진짜 이유가 흑인의 자유를 얻기 위함이었다고 언급한다.

노예제는 텍사스 전쟁(1835-1836)에서도 중요한 요인이었다.

데이비 크로켓과 제임스 보위 등이 알라모에서 쟁취하고자 한 '자유'는 흑인 노예를 소유할 자유였다.

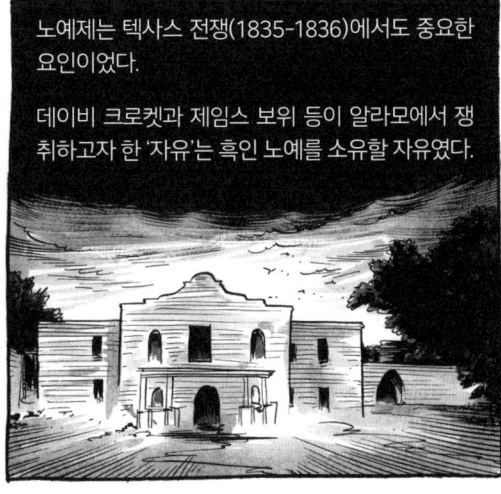

영국계 백인들이 텍사스 공화국을 설립했고, 텍사스 입법부는 즉시 모든 흑인을 공화국에서 내쫓았다.

남북전쟁이 일어나는 동안 우리는 남부 연합과 북부 연방의 외교 정책이 확연히 달랐다는 것을 알 수 있다.

북부 연방은 (마침내) 아이티의 독립을 인정했고, 혁명 이후 멕시코와 비슷한 이념을 공유했다.

반면에 남부 연합은 멕시코를 침공하겠다고 위협했으며, 프랑스가 멕시코를 식민지로 삼으려 하자 환영했다. (멕시코가 자유의 상징이자 자유가 된 노예의 은신처 역할을 더이상 못하게 될 수 있었다.)

또한 남부 연합이 전쟁에서 승리했다면 쿠바에도 눈독을 들였을 것이다.

추악한 진실 하나.
미국이 건국되고 70년 동안, 노예제는 미국의 외교 정책을 자결주의보다 제국주의로 가게끔 만들었다.

교과서들에서 (인종주의처럼) 백인을 나쁘게 볼 수 있는 (아니면 기분이 좋지 않거나!) 노예제를 제대로 다루지 않는다면, 노예제가 우리의 정책에 미친 영향을 제대로 설명할 수 없다.

일리노이의 상원의원이었던 더글러스는 노예제를 찬성하지도, 반대하지도 않았다. 그는 단지 캔자스와 네브래스카에 새로운 주를 세워, 철도 회사가 그곳까지 확장하기를 바랐다.

남부의 노예 소유주들은 더글러스에게 그곳에 노예 소유를 허가하는 조항을 넣으면, 그의 법안에 찬성하겠다고 말했다. 그래서 그는 '국민 주권'이라는 항목을 법안에 넣었다.

그 결과 캔자스에서 내전이 일어났다.

전시 A: 스티븐 A. 더글러스

교과서에서는 스티븐 더글러스와 에이브러햄 링컨 사이에 벌어진 대선 토론을 깊이 다룬다. 이 토론은 이후 수십 년 동안 정치적·이념적 분열의 빌미를 제공한다.

그러나 교과서에서는 대부분 후보자들의 화법에 관심을 둔다. 더글러스의 생각은 어땠는가? 그는 무슨 말을 했는가?

교과서 12종에서 그의 말은 고작 24단어만 인용되었다.

보다 최근의 교과서에서는 이 토론이 노예제와 어느 정도 관련이 있다고 말한다. 하지만 주제의 대부분이 노예제, 인종, 그리고 흑인이 미국 사회에서 가져야 할 지위였다.

그들은 정치적으로나 사회적으로, 또는 다른 모든 측면에서 우리와 평등해서는 안 됩니다.

친구들이여, 여러분은 이 문제에 명확히 선을 그어야 합니다.

그러나 학생들은 어떻게 선을 긋는다는 것인지 알 수 없다. 개정된 교과서마저 더글러스의 인종주의를 삭제해버렸기 때문이다.

여기에 아무것도 없어요.

왜일까?

영웅화가 여기에 또다시 작용한 것으로 보인다.
더글러스의 언행 이면에 비친 인종주의를 보면 학생들이 그를 나쁘다고 여기게 만들 수 있기 때문이다. 그래서 저자들은 그의 말을 빼버렸다.

더글러스와 비교해볼 때 링컨은 이상적인 평등주의자였다.

그러나 그 역시 토론에서 백인우월주의를 내비쳤다.

저는 지금도, 그리고 이전에도 백인과 흑인의 정치적·사회적 평등을 주장한 적이 없습니다.

저는 지금도, 그리고 이전에도 흑인을 배심원으로 뽑는 데 찬성하지 않습니다.

교과서 저자 대부분은 인종주의자 링컨을 감춰버린다.

그래서 이 사실을 모르는 학생들은 미국 사회를 지배했던 인종주의의 강력한 힘을 알 수 없다.

무엇보다도, 링컨이 인종주의자라면 우리도 그럴 수 있으니까요.

링컨이 인종주의를 초월했다면, 그리고 실제로 그랬다면 우리도 그럴 수 있겠지요.

아주 좋아, 양쪽 다 잘 맞는군.

남북전쟁 동안 공화당이 북부 민주당 측에 반란 지원의 책임을 물었을 때, 민주당은 자신들이 '백인의 정당'이라며 받아쳤다. 민주당은 북부 연방이 아이티를 승인하고, 컬럼비아 특별구에서 노예를 해방시켰으며, 흑인 신병을 받아들이고 군사 작전 선두에 보냈다고 항의했다.

1864년 선거 날 직전 토요일, 민주당 진영은 인종주의가 담긴 노래 가사 수천 부를 배포하고 선거 유세를 펼치며 이 노래를 불렀다. 나는 학생들에게 이 노래의 진정한 의미를 진지하게 바라보게 했다.

자, 여러분 〈두들 댄디!〉*를 부를 시간이에요! 선거 날에 가장 많이 불렸답니다. 부를 사람 없나요?

역사책에 완전히 제외된 노래를 통해 정치의 가장 추악한 면을 경험한 학생들은 무척 충격받았다.

* 양키 두들은 더이상 없다네. 그들은 이름과 지위를 빼앗겼네. 흑인 두들이 그 자릴 대신하고 인종 통합을 찬성한다네. …

교과서에서 인권 운동 이후 개선한 또다른 주제로는 전후 재건기 (1865-1877)가 있다.

이 기간에 쓰인 초기 기록을 보면 공화당 정부는 인종주의적인 전(前) 남부 연합의 폭력적인 저항 등 엄청난 문제와 맞부딪치며 고군분투했다.

그러나 1890년에서 1960년 사이에 쓰인 교과서에서는 전후 남부에 억압적인 태도를 보이던 공화당 정책을 비판적으로 그렸다. 흔히 남부의 재건 신화라 부르는 그림이다.

흑인 가문은 몇 세대에 걸쳐 재건기의 진실을 생생하게 간직했고, 1930년대 공공사업촉진국(WPA)에 기록을 남겼다. 노예였던 88세 남성의 이야기를 들어보자.

하지만 재건기를 직접 경험한 사람들은 세상을 떠나버렸고, 교과서에서는 그 신화가 계속 계승된다. 흑인 사회에서도 말이다.

1970년 나는 흑인 학생이 대다수인 미시시피의 투갈루 대학 신입생들에게 많은 질문을 했다. 이들이 재건기에 관해 무엇을 알고 있고, 그 시대 하면 어떤 이미지를 떠올리는지 궁금했다.

대답은 한결같았다.

미국 흑인들이 남부 주를 넘겨받은 시기였다. 그러나 노예제에 벗어난 지 얼마 되지 않았기 때문에 금세 엉망이 되고 부패로 얼룩졌다.

그래서 백인들이 다시 통제권을 가져와야 했다.

나는 깜짝 놀랐다.

이렇게 수많은 오해를 안고 있는데, 어디에서부터 반박해야 한담?

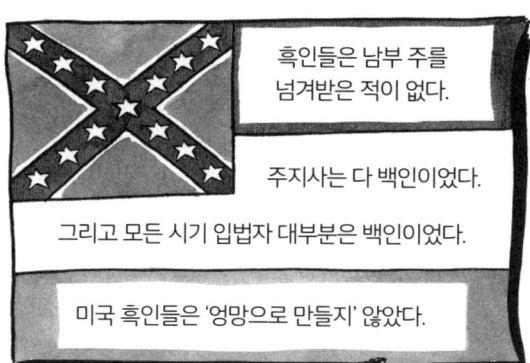

사실,

흑인들은 남부 주를 넘겨받은 적이 없다.

주지사는 다 백인이었다.

그리고 모든 시기 입법자 대부분은 백인이었다.

미국 흑인들은 '엉망으로 만들지' 않았다.

실제로 미시시피는 재건기 전후에 다른 주보다 상대적으로 덜 부패한 곳이었다. 가장 중요한 점은 '백인'이 주 정부로 돌아와 통제권을 돌려받지 않았다는 것이다.

일부 백인 민주당원이 무력과 속임수를 앞세워, 다인종 공화당 연립 정부로부터 통치권을 빼앗은 것이었다.

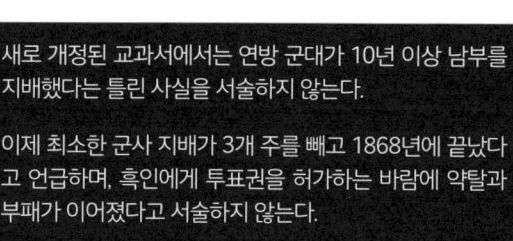

새로 개정된 교과서에서는 연방 군대가 10년 이상 남부를 지배했다는 틀린 사실을 서술하지 않는다.

이제 최소한 군사 지배가 3개 주를 빼고 1868년에 끝났다고 언급하며, 흑인에게 투표권을 허가하는 바람에 약탈과 부패가 이어졌다고 서술하지 않는다.

어이쿠

탁! 탁!

하지만 이러한 왜곡은 인권 운동이 일어났을 때에도 끝나지 않았다.

"노예제는 종식되었지만, 남부는 망가졌고 흑인들은 노동 계층으로 끌려 내려가야 했다."
—《미국의 길》

1980년대와 1990년대 교과서에서는 여전히 무의식적으로 백인우월주의 관점을 유지했다. 주요 사안이 흑인을 제도 안에 통합하는 것이었다고 가정하며 흑인을 '문제'라고 본 것이다.

당연히 흑인들은 여전히 일을 하고 있었지.

저자는 수백 년 동안 이어진 노예제에서 흑인들이 뭘 했을 거라 생각하는 거야?!

《미국의 승리》에서는 게으르고 대책 없는 흑인의 신화를 역사를 관통하는 예로 든다.

쾅!

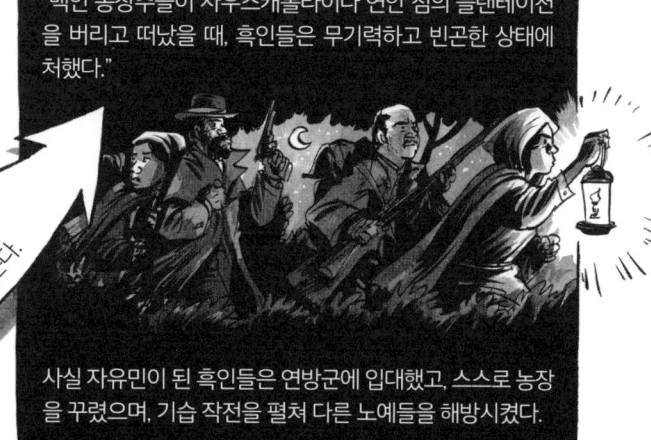

"백인 농장주들이 사우스캐롤라이나 연안 섬의 플랜테이션을 버리고 떠났을 때, 흑인들은 무기력하고 빈곤한 상태에 처했다."

사실 자유민이 된 흑인들은 연방군에 입대했고, 스스로 농장을 꾸렸으며, 기습 작전을 펼쳐 다른 노예들을 해방시켰다.

교과서 저자들은 여전히 재건기의 주요 문제를 소극적으로 다룬다.

백인들의 폭력

미국은 남부 연합 관리 중 겨우 한 명만 처형했다. 헨리 워즈, 앤더슨 교도소의 악명 높은 소장이었다.

한편, 전쟁에서 패한 남부 연합 출신들은 관리와 연방주의자 수백 명을 흑인과 백인 가리지 않고 살해했다. 미시시피의 힌즈 카운티에서는 백인우월주의 테러리스트들이 1865년에서 1877년 사이 재건기 동안 하루 평균 흑인 한 명을 살해했다.

1868년 여름과 가을 사이 루이지애나에서는 백인 민주당원들이 1081명을 죽였다. 희생자는 백인 공화당원과 흑인이 압도적으로 많았다.

그러나 물리적 폭력은 백인우월주의자들이 흑인의 발전을 방해하는 가장 눈에 띄는 행위에 불과했다.

교육을 공격하는 것이야말로 백인우월주의의 가장 중요한 단면이었다.

학교와 학교로 쓴 교회를 불태우고 교사를 구타하거나 밖으로 내몰았다.
그도 모자라 대놓고 교사를 살해하기도 했다.

모든 교과서에서 백인의 폭력을 서술하는 데 최소 한 단락은 할애하지만, 대체로 핵심은 빼놓고 있다.

재건기의 문제는 남부 연합을 통합하는 일이었지 흑인을 새로운 사회에 합류시키는 것이 아니었다.

한 대학생이 내게 이렇게 말했다.

제가 고등학교에서 재건기에 대해 얼마나 많이 배웠는지 모르실 거예요. 이를테면 뭐 그렇게 나쁘지 않았다, 학교 제도를 만들었다, 등등이요.

그러다 《바람과 함께 사라지다》를 보고 재건기의 진실을 알게 되었어요.

문제를 어떻게 정의하느냐에 따라 주어진 주제를 논의하고 생각하는 방식이 달라진다. 그리고 그 문제를 풀 해결책도 달라진다.

교과서에서는 여전히 위험한 남부 연합의 재건 신화를 그 힘에 맞먹는 강력한 역사적 분석으로 맞서기를 주저한다.

백인의 인종주의를 양지로 드러내는 일은 레이퍼드 로건이 '미국 인종 관계 최악의 시절(NADIR)'이라고 지칭했던 시기를 학생들이 이해하는 데 매우 중요하다.

1890년에서 1940년까지 북부 백인과 남부 백인은 똘똘 뭉쳐 흑인의 권리를 제한했다.

교과서 대부분이 이 시대를 어느 정도 자세히 다루지만, 보통 '명랑한 90년대', '격동의 20년대' 등 별로 중요하지 않은 문화적 시대로 구분할 뿐, 전체적인 틀과 그 영향을 알려주지는 않는다.

《미국사》에서는 "긴긴 밤이 시작되다"라고 부르는 구절에서 가장 포괄적으로 다룬다.

"1877년 타협 이후 북부 백인들은 남부 흑인들에게서 등을 돌렸다. 남부 주는 흑인을 동등하게 대하겠다는 약속을 조금씩 깨기 시작했다. 이들은 점차 흑인의 투표권을 박탈하고 흑인을 2등 시민으로 강등해버렸다."

이에 반해 《미국의 승리》에서는 최악의 시절을 밋밋하게 요약한다.

"재건은 주요 문제를 해결하지 못했고 비슷하게 시급한 문제를 낳았다. 북부와 남부 세력이 두 지역을 화합하려 많은 노력을 기울였지만 상황은 똑같았다."

이 문장은 완전 모호하고 알맹이는 쏙 빠져 있다!

역사가 프랜시스 피츠제럴드는 이 문장을 이용해 미국 역사에서 '문제'에 접근하는 법을 이렇게 공격한다.

이 '문제'는 어디에나 불쑥 나타납니다.

교과서에 나오는 역사는 '문제' 덩어리에요.

《미국의 승리》의 500쪽쯤에 인권 운동이 나오는데, 또다시 여기서 인종 관계는 '문제'가 된다. 그러나 저자들은 미국이 1877년 흑인의 인권을 보장하는 데 실패한 일과 20세기 인권 운동 필요성의 관계를 연결하지 않는다.

원인이 없으니 결과도 없다.

그냥 어쩌다가 일어난 것이다.

미국의 남부 백인의 기세를 올리기 위한 싸움과 제2차 세계대전 이후 독일의 재건기 역사에는 유사점이 많다.

독일의 재건기는 독일 국민의 영혼을 구하기 위한 싸움이었고, (바라건대) 나치를 패배로 이끈 싸움이었다.

그러나 미국에서는 인종주의가 승리했다.

1890년에서 1907년 사이, 남부와 국경에 인접한 모든 주는 '합법적으로' 흑인 투표권을 박탈해버렸다.

집단 구타가 절정에 달했다.

1896년 연방대법원은 '플레시 대 퍼거슨 판결'을 통해 공공장소의 인종 분리를 합법화했다.

불행히도 교과서에서는 대체로 인종 분리를 오해하고 있다. 그래서 1954년 대법원이 마침내 인종 분리를 종식시킨 '브라운 대 교육위원회 판결'(미국 대법원이 공립학교의 인종 분리 정책을 위헌이라고 내린 판결)도 잘못 해석하고 말았다.

부어스틴과 켈리 두 사람만이 브라운 사건을 제대로 짚었다.

"물론 문제는 두 인종의 시설을 '평등하게 분리하는' 일이 일어나지 않았다는 점이다.

두 인종이 분리되자 평등은 박탈되었다. 다른 모든 시민이 공평하게 대우받을 권리가 사라진 것이다."

교과서에서는 인종 분리의 사회학적 정의를 제시해야 한다.

일례로 《미국의 여정》에서는 이렇게 주장한다.
"그러나 문제는 시설만 분리되었지 결코 평등하지 않았다는 것이다."

억압받는 자와 억압하는 자가 서로 같은 작업을 할 때 (이를테면 수학 배우기 등) 서로를 분리하는 인종 간의 예의 제도다.

그러나 계층이 구분되는 업무(백인 고용주를 위해 요리하거나 청소하는 일 등)를 할 때에는 가까이 있어도 된다.

따라서 인종 분리를 하는 이유가 억압받는 사람들이 불결하고 열등한 하층민이기 때문이라고 은근히 말한다.

북부 백인들은 이른바 '미시시피 계획'을 저지하지 않았다. 1890년 주헌법이 '합법적'으로(그러나 미국 수정 헌법 14조와 15조에 위배된다) 미국 흑인의 시민권을 없애도 가만히 있었다.

결국 북부 백인도 인종 분리의 공모자가 되었으며 1907년 남부 주는 모두 이 계획을 채택했다.

미국의 대중문화도 백인이 흑인의 권리를 빼앗아가는 논리를 합리화했다.

《톰 아저씨의 오두막》은 그 최악의 시절 내내 극장에서 상영되었다.

소설은 인종주의가 고조되는 사회에서 노예제의 부당함을 고발하는 내용이었지만, 연극에서는 각색되었다.

톰 아저씨는 헌신적 순교자에서 친절한 주인에게 충성하는 얼간이로 바뀌었다.

그리고 이렇게 뒤바뀐 표현은 이후로도 계속되었다.

흑인의 열등함을 부각시킨 민스트럴 쇼는 전국적으로 큰 인기를 끌었다.

이들이 부르는 민스트럴 음악은 백인들에게 저자 해리엇 비처 스토가 《톰 아저씨의 오두막》을 잘못 이해했다고 말해 큰 호응을 얻었다.

흑인은 사실 노예제를 좋아했으며,

2등 시민은 흑인이라고 합리화한 것이다.

결국 교과서에서는 남부의 재건 신화를 받아들였다.

정계에서 백인 유권자의 인종주의는 절정으로 치달았고, 급기야 1892년 그로버 클리블랜드는 흑인 시민권을 지지하는 공화당원들을 공격해 대선에서 승리했다. 북부와 남부 백인 모두 '흑인이 지배하는 세상'이 올지 모른다는 두려움에 사로잡혔다.

대법원이 인종 분리가 합법이라는 판결을 내리고, 우드로 윌슨이 대통령에 당선되자

백인우월주의자들은 연방정부를 모두 장악했다.

1865년부터 1900년까지 시민권 법에 찬성표를 던진 민주당 의원은 단 한 명도 없었다.

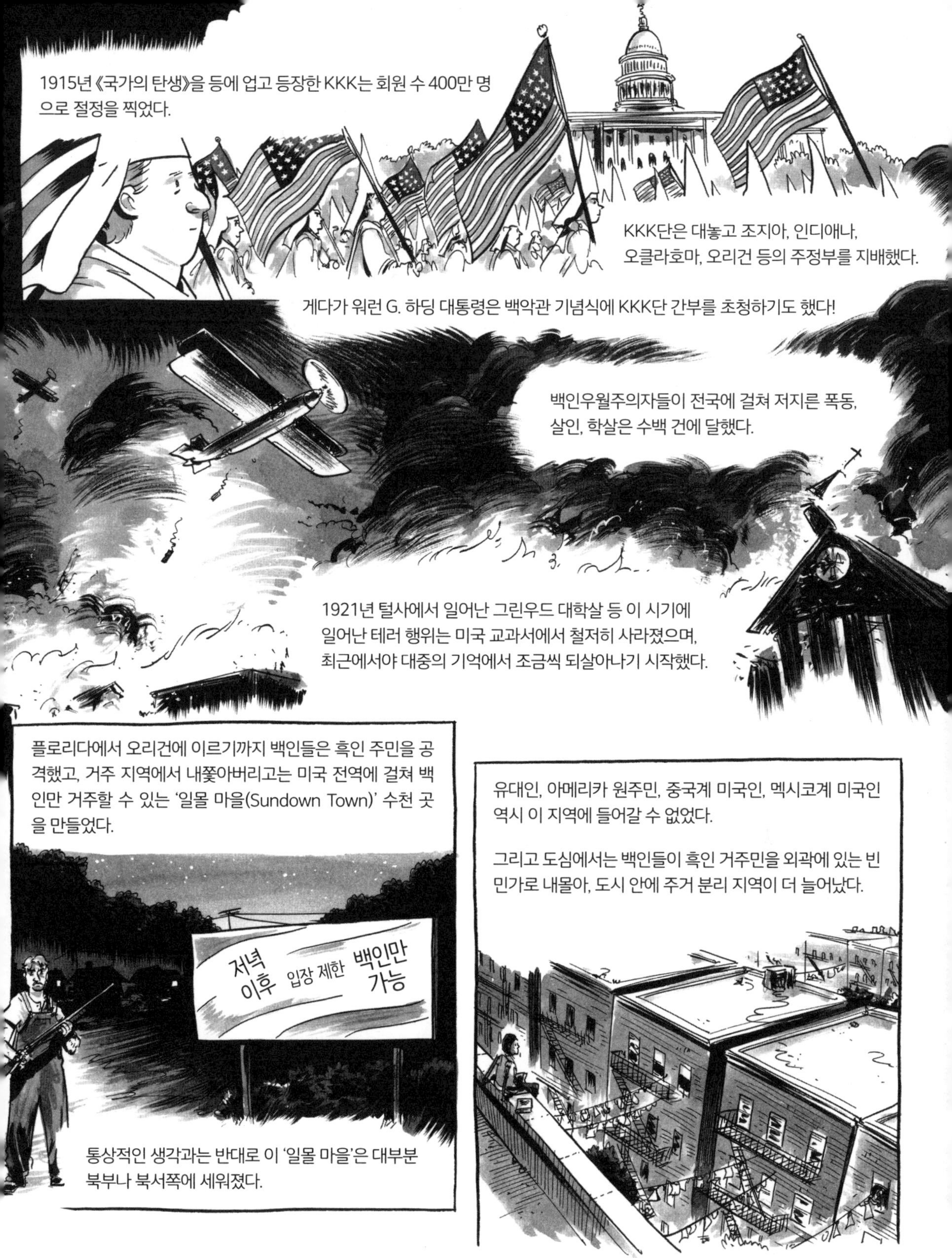

1915년 《국가의 탄생》을 등에 업고 등장한 KKK는 회원 수 400만 명으로 절정을 찍었다.

KKK단은 대놓고 조지아, 인디애나, 오클라호마, 오리건 등의 주정부를 지배했다.

게다가 워런 G. 하딩 대통령은 백악관 기념식에 KKK단 간부를 초청하기도 했다!

백인우월주의자들이 전국에 걸쳐 저지른 폭동, 살인, 학살은 수백 건에 달했다.

1921년 털사에서 일어난 그린우드 대학살 등 이 시기에 일어난 테러 행위는 미국 교과서에서 철저히 사라졌으며, 최근에서야 대중의 기억에서 조금씩 되살아나기 시작했다.

플로리다에서 오리건에 이르기까지 백인들은 흑인 주민을 공격했고, 거주 지역에서 내쫓아버리고는 미국 전역에 걸쳐 백인만 거주할 수 있는 '일몰 마을(Sundown Town)' 수천 곳을 만들었다.

유대인, 아메리카 원주민, 중국계 미국인, 멕시코계 미국인 역시 이 지역에 들어갈 수 없었다.

그리고 도심에서는 백인들이 흑인 거주민을 외곽에 있는 빈민가로 내몰아, 도시 안에 주거 분리 지역이 더 늘어났다.

통상적인 생각과는 반대로 이 '일몰 마을'은 대부분 북부나 북서쪽에 세워졌다.

흑인들은 전국 재판소의 배심원단에서도 배제되었다. 이 때문에 인종주의자들에게 공격을 받거나 절도, 방화를 당해도 정당한 보상을 받지 못했다.

집단 구타는 백인우월주의가 법을 얼마나 무시하는지 잘 보여주는 사례다.

공개적으로 벌어진 살인은 사진이 찍히고 구경거리가 되었으며 끔찍한 행위가 따라왔다. 모두가 살인 행위를 지켜봤고 사진으로 증거가 남았다.

그러나 이러한 범죄 행위는 처벌받지 않았다.

최악의 시절에 집단 구타는 멀리 북쪽 미네소타 덜루스까지 전국적으로 벌어졌다. "흑인은 백인처럼 존중받을 권리가 없다"는 '드레드 스콧 판결문'이 준 충격은 지금도 사람들의 뇌리에 남아 있다.

폭력과 살인 위협은 미국 흑인의 일상생활 바로 아래에 똬리를 틀고 있었다.

최악의 시절에 흑인들은 딜레마에 빠졌다. 북쪽이나 서부로 도망치더라도 자유를 보장받을 수 없었다.

또한 흑인 사회 안에서 생활 형편을 개선하려 해도 시민권이나 정치적 권리가 없다면 유지할 수 없었다.

뭘까? 이 대통령이 좋아한 간식은?

교과서에서는 나무를 더 보여줘 최악의 숲을 흐릿하게 가리고, 대통령과 행정부에 은근슬쩍 면죄부를 준다. 집단 구타가 몇몇 교과서에 언급되기는 했다. 하지만 사진은 없다.

한편, 교과서 10종에서는 재키 로빈슨이 '미국 메이저리그에서 활약한 최초의 흑인'이라고 소개한다. 하지만 사실이 아니다.

학생들은 최악의 시절에도 흑인 선수가 메이저리그에서 뛰었다는 사실을 결코 배우지 않는다. 이렇게 누락해버리니 끊임없는 진보라는 묘사를 당연하게 받아들이게 된다.

모지스 플리트우드 워커, 털리도 블루 스타킹스의 포수, 1884년

1908년 일리노이 스프링필드에서 벌어진 인종 폭동(백인 인종주의자들이 스프링필드에 살던 흑인 인구 3분의 2를 내쫓았던 사건)을 실은 교과서 3종 중, 공격의 목적이 말 그대로 흑인을 내쫓는 것이었다는 사실을 언급하는 교과서는 한 종도 없다.

'일몰 마을'을 언급한 교과서도 없다.

저자들은 리처드 라이트부터 아이다 B. 웰스, 빅 빌 브룬지까지 흑인들의 경험담을 담은 일차 사료를 애써 찾아볼 필요가 없다.

억압당한 사람들의 자료를 넣지 않으면 흑인들이 겪었던 고통의 깊이를 제대로 전달하기 어렵다.

그러나 내가 검토한 기존 교과서 중 흑인들이 맞닥뜨린 상황을 대변한 교과서는 없었다.

학생들은 차별이 남부에만 국한되지 않았다는 사실도 반드시 알아야 한다. 인종 차별은 전국적으로 일어났다.
하지만 이 사실을 알려주는 교과서는 많지 않다.

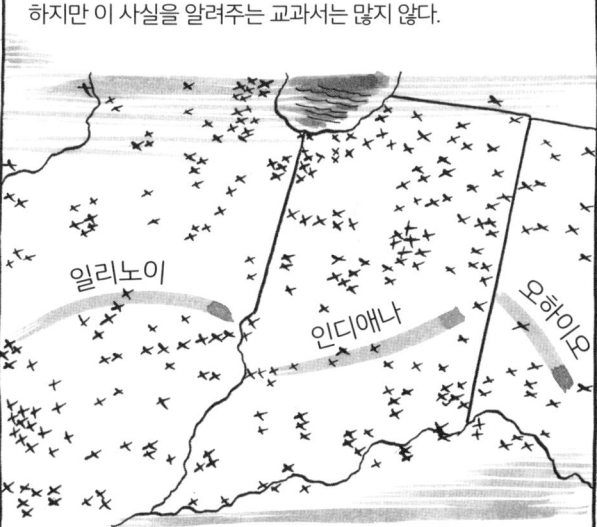

대학 신입생 대부분은 주거 문제부터 지속적인 폭력 위협까지 북부의 인종 차별이 얼마나 심했는지 잘 모른다. 그리고 일몰 마을이 오늘날까지 존재한다는 사실도 알지 못한다.

교과서에서 이렇게 사실을 빼버리니, 학생들은 이런 궁금증이 생길 수밖에 없다.

재건기 이후에, 신발 끈을 동여매고 열심히 일하면 되지 않았나요?

그러니까, 당시 많은 이민자들은 그랬잖아요.

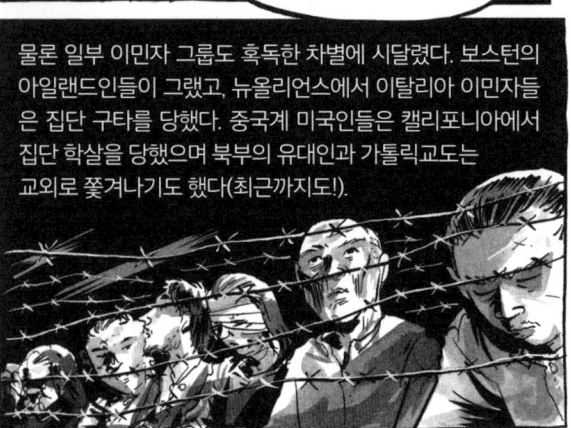

물론 일부 이민자 그룹도 혹독한 차별에 시달렸다. 보스턴의 아일랜드인들이 그랬고, 뉴올리언스에서 이탈리아 이민자들은 집단 구타를 당했다. 중국계 미국인들은 캘리포니아에서 집단 학살을 당했으며 북부의 유대인과 가톨릭교도는 교외로 쫓겨나기도 했다(최근까지도!).

그러나 흑인에 대한 인종 분리와 폭력은 언제나 수위가 더 높았다.

최악의 시절 흑인이 백인의 무관심만 경험했다면 (《미국의 모험》에서 말한 것처럼) 흑인은 실제로 참여할 수 없었던 일을 계속할 수 있었을 것이다. 어떤 특정한 일을 하거나 집배원으로 일할 수 있었을 것이고, 운동선수로 활약하거나 백인 주거 지역에 집을 구매할 수 있었을지도 모른다.

하지만 그건 무관심이 아니었어요.

폭력과 인종주의였죠.

최악의 시절 이후 (특히 인권 운동 이후) 약간 개선되기는 했으나 집단 분리주의는 지금도 남아 있고, 수많은 학생 사이에서도 이 점은 명확해 보인다.

같은 인종끼리 친구를 사귀며 대학교의 식당 자리를 가르고, 공개적인 혐오 범죄가 급격하게 늘어나고 있으며 집단행동과 시위에 경찰이 차별 대응을 하고 있다.

현대 보수 정치에서는 백인우월주의와 무장 민병대가 부활해 전면에 나서고 있다.

2000년에 흑인, 히스패닉, 아메리카 원주민 가정의 평균 소득은 백인 가정의 3분의 2에 지나지 않았다.

돈이 있으면 높은 SAT(미국 대학 입학시험) 점수를 얻을 수 있고, 수영 강습을 받을 수 있으며, 보다 건강하게 살고 영양이 좋은 음식을 먹을 수 있다. 위험과 스트레스에서도 벗어날 수 있다.

돈은 안전과 생명을 보장해준다.

교과서에서 미국사의 인종주의를 감추자, 미국인은 현대에 여전히 존재하는 인종주의를 제대로 깨달을 수 없게 되었다.

인종주의를 그나마 언급하는 교과서에서도 낙관적인 느낌투성이다.
어쩔 수 없는 진보의 한 과정이라는 식이다.

예전에는 노예제가 있었지요. 하지만 지금은 사라지고 없어요.

집단 구타도 있었어요. 하지만 지금은 하지 않아요.

아, 야구가 백인의 전유물이기는 했지요. 지금은 아니랍니다!

이렇게 진보 위주의 설명은 인종 관계가 저절로 개선되었다는 뜻을 내비치지만, 오히려 문제를 악화시킬 뿐이다.

백인 학생들은 인종주의가 끝났다고 생각할 수 있다. (실제로 그렇게 생각하는 학생도 있다.)

《미국의 전통》에서는 "미국은 역사상 그 어떤 나라보다도 만인에게 평등한 권리를 제공했다"고 서술한다.

그러나 저자들은 오늘이나 1800년 그 어딘가에서 인권 수준이 어떠했는지 제대로 고려하지 않았다.

그 이유는 본인들부터가 진지한 진술이라고 여기지 않기 때문이다.

이는 그저 자민족 중심주의를 응원하는 발언에 지나지 않는다.

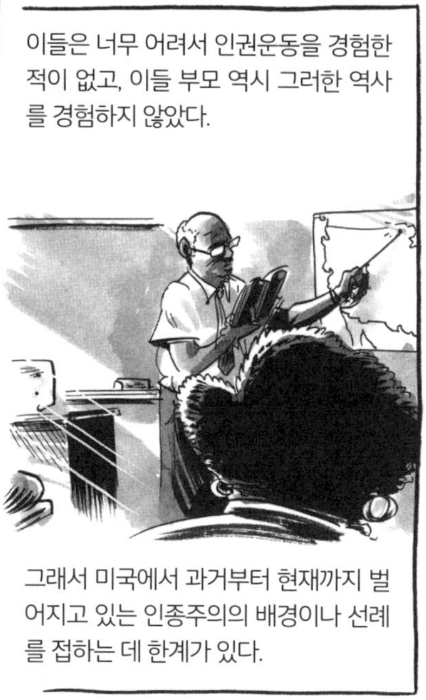

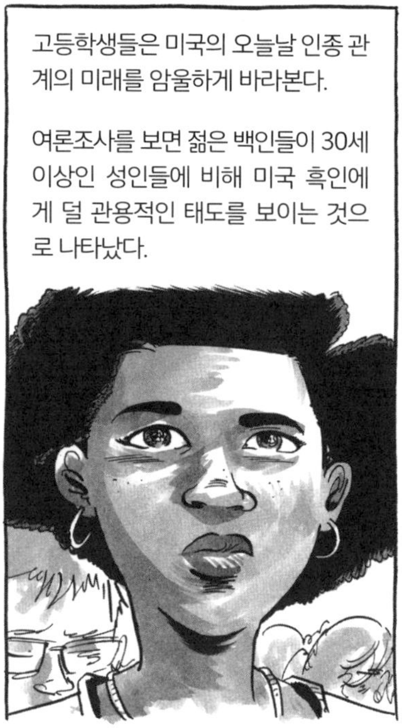

고등학생들은 미국의 오늘날 인종 관계의 미래를 암울하게 바라본다.

여론조사를 보면 젊은 백인들이 30세 이상인 성인들에 비해 미국 흑인에게 덜 관용적인 태도를 보이는 것으로 나타났다.

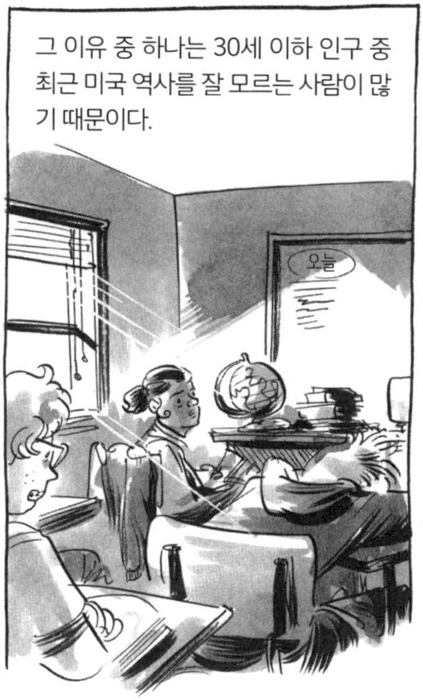

그 이유 중 하나는 30세 이하 인구 중 최근 미국 역사를 잘 모르는 사람이 많기 때문이다.

이들은 너무 어려서 인권운동을 경험한 적이 없고, 이들 부모 역시 그러한 역사를 경험하지 않았다.

그래서 미국에서 과거부터 현재까지 벌어지고 있는 인종주의의 배경이나 선례를 접하는 데 한계가 있다.

저자들이 미국 역사에서 전후 맥락을 설명해야 하는 현안을 하나만 꼽아야 한다면 그것은 인종주의다.

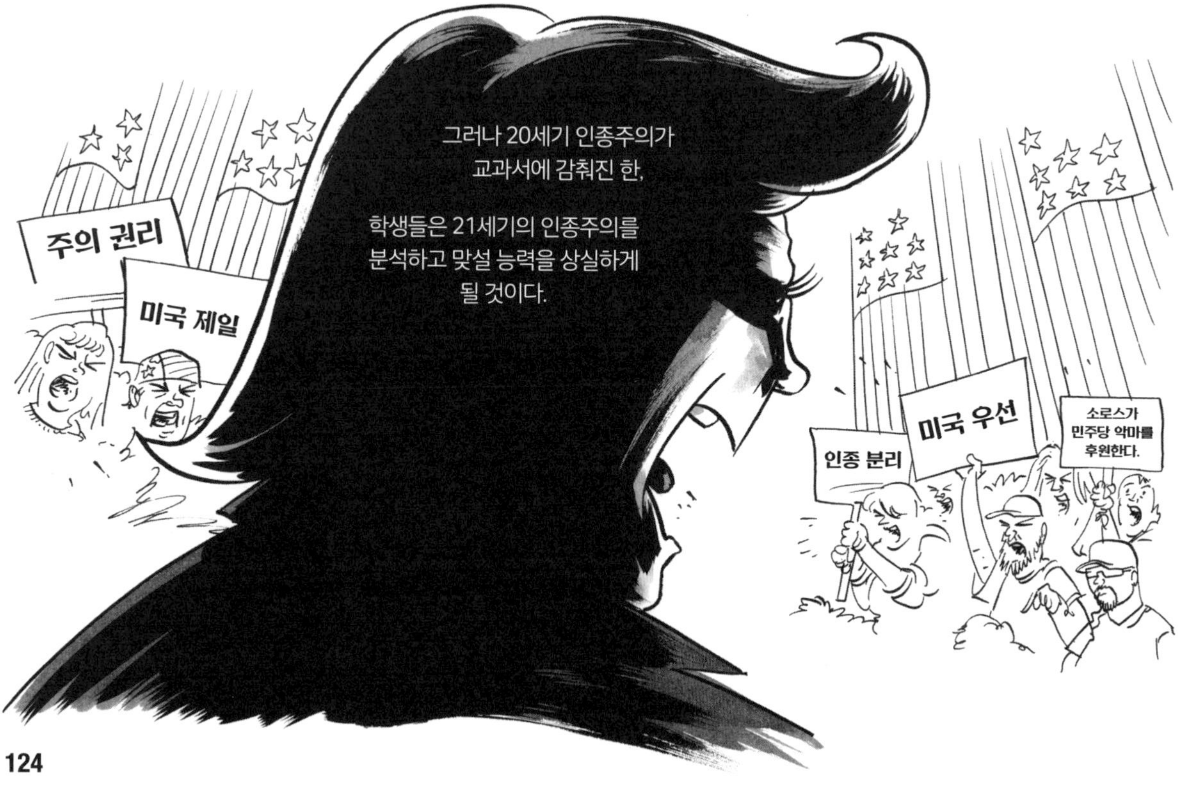

그러나 20세기 인종주의가 교과서에 감춰진 한,

학생들은 21세기의 인종주의를 분석하고 맞설 능력을 상실하게 될 것이다.

6장

존 브라운과 에이브러햄 링컨
미국 역사 교과서에서 사라진 반인종주의

> 당신들은 나를 손쉽게 처리해버리고 싶겠지.
> 이제 나는 거의 버려진 것이나 다름없소.
> 하지만 이 의문은 여전히 남아 있소.
> 흑인 문제 말이오. 이 문제는 아직도 끝나지 않았소.
> ― 존 브라운(미국 노예해방론자), 1859년

요점과 질문, 덧붙일 내용

(그게 바로 중요한 점이야!)

역사적 사건과 인물에 이념이 들어가면, 사회적 진보가 우연에 따라 달라질 수도 있다는 것을 알게 된다.

'옳은' 사람들의 '옳은' 이념이 항상 이기지는 않았다.

양쪽 어느 방향이든 갈 수 있었다.

백인 중 가장 과격한 노예해방론자였던 존 브라운에 대해 알아보자.

(이 책 맨 앞에 실렸던) 미국 사회 인종주의의 미래를 바라본 존 브라운이 1859년에 했던

"이 문제는 아직도 끝나지 않았소"라는 발언은

오늘날에도 의미가 있으며, 그때처럼 불길하게 들린다.

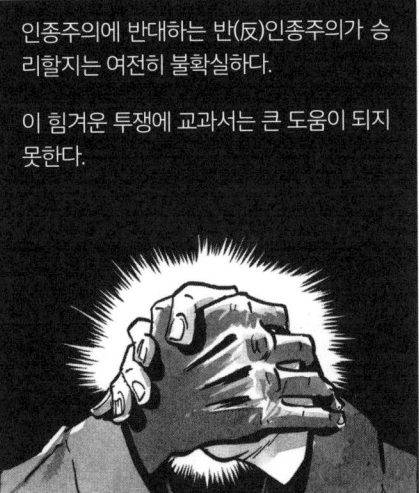

인종주의에 반대하는 반(反)인종주의가 승리할지는 여전히 불확실하다.

이 힘겨운 투쟁에 교과서는 큰 도움이 되지 못한다.

교과서에서는 백인 인종주의를 심각하게 드러내지 않았듯이, 급진적 이상주의도 소홀히 다룬다.

교과서에서는 노예제에서 인종주의를 삭제했듯이, 노예해방론에서 이상주의를 삭제한다.

교과서에서 존 브라운을 다루는 방식은 노예제와 재건기처럼 시대에 따라 달라졌다.

1890년에서 약 1970년까지 존 브라운은 미치광이로 그려졌다.

이상하게도, 위 시대 전과 후로 역사책에서 그는 완전히 분별 있는 사람으로 묘사되었다. (다만 1970년 이후에는 천천히 이성적이라는 지위를 되찾았다.)

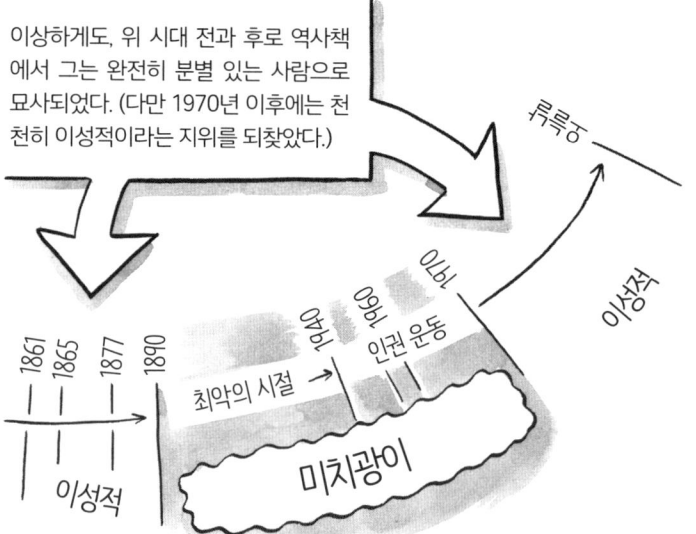

그가 사후에 달라진 것이 없으므로, 역사책에 그려진 그의 정신 상태는 당시 사회의 백인 인종주의의 수위를 알려주는 이정표가 된다.

이 렌즈를 통해서 보면, 미국의 새 교과서들에서는 2021년의 인종 관계가 1987년 이후에도 별로 나아지지 않았다는 점을 시사한다.

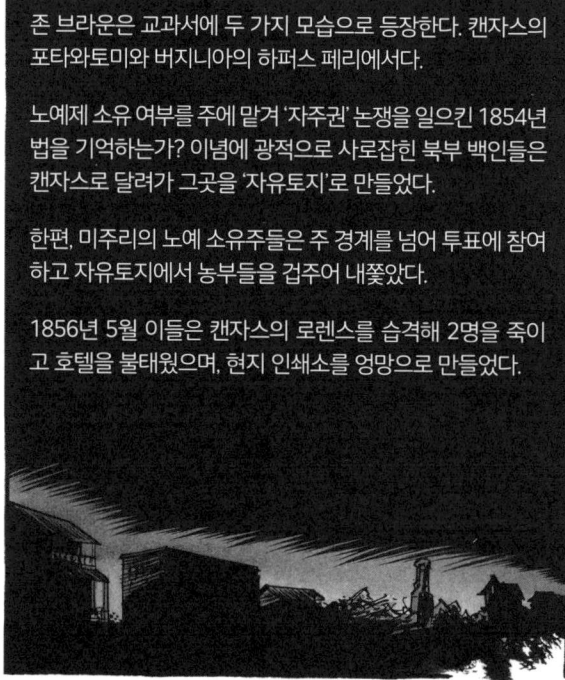

존 브라운은 교과서에 두 가지 모습으로 등장한다. 캔자스의 포타와토미와 버지니아의 하퍼스 페리에서다.

노예제 소유 여부를 주에 맡겨 '자주권' 논쟁을 일으킨 1854년 법을 기억하는가? 이념에 광적으로 사로잡힌 북부 백인들은 캔자스로 달려가 그곳을 '자유토지'로 만들었다.

한편, 미주리의 노예 소유주들은 주 경계를 넘어 투표에 참여하고 자유토지에서 농부들을 겁주어 내쫓았다.

1856년 5월 이들은 캔자스의 로렌스를 습격해 2명을 죽이고 호텔을 불태웠으며, 현지 인쇄소를 엉망으로 만들었다.

이전 교과서 《미국의 전통》에서는 존 브라운의 반응을 무미건조하게 서술한다.

"그에 대한 보복으로, 존 브라운이라는 무장 노예해방론자는 한밤중에 포타와토미에 있는 노예제 지지자들의 주거지를 공격했다. 5명이 브라운과 그의 추종자들에게 살해당했다."

《미국의 행진》에서는 더 자세히 설명하지만 중립과는 거리가 멀다.

존 브라운의 광기가 캔자스의 싸움터를 활보했다. … 그의 반짝이는 회색 눈빛은 너무나 강렬해서 개나 고양이도 그를 보면 슬그머니 자리를 피할 정도였다.

그는 말 도둑질 같은 수상쩍은 거래에 손을 대다가 오하이오에서 캔자스로 이주했다. …
그곳에서 노예제 지지자로 추정되는 남자 5명을 난도질해 죽였다.
이렇게 사악하고 잔혹한 살육으로 자유토지의 취지가 손상되었고, 노예 지지자들의 악독한 보복이 따라왔다.

1890년에서 1940년까지 최악의 시절에는 책에 이런 식으로 흔히 묘사되었다. 그래서 21세기의 독자에게는 다소 충격적으로 다가온다.

당시에 흑인의 평등을 위해 싸운 사람은 생각이 잘못되었다고 여겨졌다.

(그도 그럴 것이, 교과서의 초판이 출간된 시기는 이제 막 인권 운동이 태동하기 시작한 1956년이었다.)

언어의 선택도 문제다.
수상쩍은 거래를 하는 광인, 곳곳을 활보하며 벌이는 극악무도한 학살극!
하지만 무엇이 빠졌는지 주목하자.

남부 노예 지지자들이 초반에 저질렀던 살인과 폭력을 쏙 빼놓고 북부 주민들이 맨 처음 공격을 저질렀다는 양 설명한다. 사실은 북부 주민들이 합법적으로 캔자스를 자유토지로 만들려 노력했지만, 노예 지지자들의 폭력과 위협으로 물러서고 말았다.

다른 교과서 8종 역시 존 브라운에게 부정적인 입장을 취한다. 그가 미쳤다고까지 말하지는 않지만 말이다. 나머지 교과서 9종은 대놓고 적대적이다.

그리고 브라운의 투쟁에 가담한 노예는 없었다고 한다.

부어스틴과 켈리는 1859년 하퍼스 페리 습격을 이렇게 설명한다.
"브라운 일당은 노예 30명을 강제로 '해방'시켰다. 브라운과 그의 추종자들은 망설이는 사람들을 데리고 가 무기고에 숨겼다. 역설적이게도 이 일로 (존 브라운과 그의 일당들에게) 가장 먼저 목숨을 잃은 사람은 이미 자유민이 된 흑인이었다. 그는 이 '해방가들'의 총에 쓰러진 것이다."

'미국 남부 여성 연합(UDC)'은 이러한 설명이 마음에 들 것이다. 흑인들이 자유에 관심이 없다는 뜻을 담고 있기 때문이다.

이들은 부어스틴과 켈리가 말한 흑인 사망자, 즉 헤이우드 셰퍼드의 동상을 하퍼스 페리에 세우며 그가 '참여하지 않은 이웃의 흑인'을 대표한다고 주장했다.

하지만 이것은 나쁜 역사다.

해너 게퍼트와 진 리비는 존 브라운이 하퍼스 페리 인근의 흑인 노예들에게 상당히 많은 지지를 받았다고 말한다.

위에서 언급된 30명 중에는 습격조차 당하지 않고 근처 플랜테이션에서 온 사람들도 있었다. 이 사람들은 브라운 일당의 안전을 지키고 습격을 도왔다.

하퍼스 페리 습격 이후 현지 흑인들은 그 지역에서 반(反)노예 저항운동을 계속했다. 리비는 1860년 인구조사에서 그곳에 있던 수많은 노예가 '도망 노예' 명단에 올랐으며, "존 브라운 재판을 담당한 배심원들의 농장이 모두 불탔다. 이는 혁명의 유서 깊은 신호탄이 된 것이다"라고 썼다.

교과서에 나온 UDC의 해석은 완전히 오류였다.

교과서 4종에서는 여전히 존 브라운의 행동이 미친 짓이었다는 최악의 시절 사고방식을 고수하고 있다.

"존 브라운은 미친 것이나 다름없었다."
—《미국의 역사》

"후에 브라운은 정신적으로 문제가 있다고 판명되었다."
(거짓말!) —《미국의 길》

"그의 가까운 친척 중 13명이 정신 이상이라고 알려졌다."
—《미국의 행진》

구판 신판 모두 브라운을 좋게 보지 않았다.

"나 역시 브라운이 미치거나 정신 나간 인물이었다고 배웠지요."

"그럼 정말 그런지 증거를 살펴봅시다."

그렇다. 브라운의 변호사 일부는 그의 목숨을 구하기 위해 그가 미쳤다는 주장을 펼쳤다. 그러나 브라운을 아는 사람들은 그가 정말로 미쳤다고 생각하지 않았다.

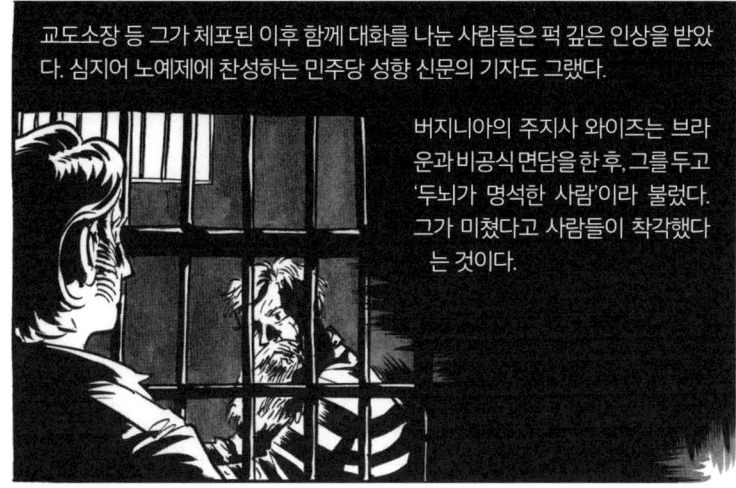
교도소장 등 그가 체포된 이후 함께 대화를 나눈 사람들은 퍽 깊은 인상을 받았다. 심지어 노예제에 찬성하는 민주당 성향 신문의 기자도 그랬다.

버지니아의 주지사 와이즈는 브라운과 비공식 면담을 한 후, 그를 두고 '두뇌가 명석한 사람'이라 불렀다. 그가 미쳤다고 사람들이 착각했다는 것이다.

맞다. 그의 계획은 솔직히 무모했다.

그러나 존 브라운은 습격에 앞서, 노예제 반대론자인 프레더릭 더글러스에게 실패하더라도 큰 충격을 줄 것이라 말했다.

역사가가 그에게 낙인찍은 광기는 심리적인 것이 아니다.

이념적인 것이었다.

브라운의 반인종주의 행동은 1890년에서 1970년 사이의 교과서 저자들이 보기에 말도 안 되는 일이었다.

현대에 와서는 존 브라운을 미쳤다고 여기지 않는다. 그의 이념적 영향력은 그가 사형당하기 전과 후 모두 어마어마했다.

그는 노예제와 흑인의 자유에 관한 사상과 행위의 수용 범위를 넓혔다.

하퍼스 페리 사건 전에는 노예해방을 입에 올리기만 해도 이념의 영역을 넘어선다고 여겨졌다.

그러던 중 살인 등 무장 폭동이 일어나자,

존 브라운은 말로 노예해방을 하는 편이 차라리 더 낫다고 여기게 만들었다.

브라운은 수감되기 직전, 판사에게 이렇게 주장했다.

"내가 부자와 권력자를 도우려고 나섰다면 아무런 문제가 되지 않았을 것입니다."

그는 법정에 있는 성서를 가리키며 말했다.

"성경에 이렇게 나와 있습니다. … '속박된 자들과 함께 속박되었다는 것을 기억하라.' 나는 항상 그런 가르침을 따르려고 노력했습니다.

늘 그래왔듯이, 그리고 매번 거리낌 없이 인정했듯이, 나는 멸시받고 가난한 자들을 돕기 위해 행동했습니다.

나는 잘못이 아닌 올바른 일을 했습니다."

브라운은 자신의 죽음을 받아들이고 무거운 불의를 겨누었다.

그가 옳다고 생각하는 바를 위해 교수대에 오른 의지는 도덕적 힘을 이끌어냈다.

존 브라운이 처형당한 날 (그는 이날 반역죄로 사형을 선고받은 최초의 미국인이 되었다)

북부의 도시 곳곳에서는 그를 애도하는 교회의 종소리가 울려 퍼졌다.

남부의 노예 소유주들은 브라운에게 공감대를 보낸 북부인들을 보고 간담이 서늘해졌다. 그래서 어떻게든 노예제를 유지해야겠다고 다짐했다.

그 일환으로 이들은 1860년 선거에서 패배할 경우 연방에서 탈퇴하려고 했다.

(스포일러이지만, 남부인들은 둘 다 실패했다.)

남북전쟁이 발발하자, 수많은 미국인이 브라운처럼 죽음과 맞서 싸웠다. 그의 본보기가 보여준 힘은 새로운 본보기를 낳았다.

그래서 군인들이 전장으로 행군하며 〈존 브라운의 시체〉를 부른 것이다.

이것이 기존의 존 브라운의 정점이었다.

1900년이 되자 백인들은 그가 보여준 급진적 이상주의를 외면했다. 그리고 당시 역사적 관점은 그러한 백인우월주의를 반영했다. 1923년 역사책을 보면 이러한 분위기를 잘 알 수 있다.

"우리가 1859년의 흥분에서 멀어질수록, 이 비범한 사람을 정신 질환의 희생자로 여기게 된다."

마이클 슈워너

1960년대 인권운동이 시작되고 나서야 미국 백인은 인종주의에서 어느 정도 벗어났고, 흑인의 평등과 다문화 민주주의를 위해 목숨을 바치는 백인이 미쳤다는 인식에서 벗어나게 되었다.

앤드루 굿먼

비올라 리우조

존 브라운의 이상주의를 지우는 것은 백인우월주의자뿐만이 아니었다. 흑인 인권 운동이 절정에 이르던 시기, 나는 어떤 흑인 과격주의자가 브라운까지도 비난하는 말을 들었다.

흑인에게 진심으로 관심을 가진 백인은 단 한 명도 없습니다.

여러분은 "존 브라운은 다르다"고 말하고 싶으시겠죠.

하지만 기억하십시오, 그는 미친 인간이었어요.

뉴욕에서 세상을 떠난 존 브라운을 기억하며

존 브라운
1800년 5월 9일 출생
1859년 12월 21일 사형당함.

존 브라운은 이러한 공격에 기꺼이 맞서겠지만, 미국의 역사책은 그를 '쓸 만한 인물'이라고 쓰지 못하고 지워버렸다.

존 브라운을 만났던 흑인이 그가 미쳤다고 생각했는지는 알 수 없다. 증거가 없기 때문이다.

많은 흑인 지도자들은 그를 잘 알고 존경했다. 마틴 딜레이니, 헨리 하이랜드 가넷, 프레더릭 더글러스가 그랬고, 오직 해리엇 터브먼만 병 때문에 하퍼스 페리에 동참하지 못했다!

그렇다, 역사책은 이 살인자를 영웅으로 그려서는 안 된다.

그러나 콜럼버스부터 냇 터너까지

다른 살인자들은 영웅 대접을 받고 있다는 사실에 주목해야 한다.

교과서에서는 브라운에게 공감할 만한 대목을 모조리 빼버렸다.
브라운을 설명하는 어조도 다른 이들에 비해서 무미건조하다.

특히 그의 종교적 신념을 다룰 때 이 점이 뚜렷이 보인다.

《지금까지 온 길》을 제외한 모든 교과서에서 그의 신앙을 부정하고 비난한다.

《미국인》에서는 이렇게 (두 번) 말한다.
"브라운은 신에게서 노예제와 싸우라는 부름을 받았다고 믿었다."

그러나 브라운은 신이 그에게 명령을 내리거나 행동에 나서라는 지침을 받았다고 믿지 않았다. 그리고 부어스틴과 켈리가 말한 것과 달리 스스로를 '반노예제의 구세주'라고 결코 여기지 않았다.

그보다 그는 해리엇 터브먼과 프레더릭 더글러스를 끌어들이려 노력했다. 흑인 노예들이 자신보다 그들을 더 따르리라 보았기 때문이다.

1831년 건국 이래 가장 중요한 노예 반란을 이끈 냇 터너를 생각해보자.

브라운과 터너는 둘 다 냉혹하게 백인들을 살해했다.

두 사람 모두 신앙심이 깊었다. 그러나 브라운과 달리 냇 터너는 실제로 신의 모습을 보고 목소리를 들었다.

몇몇 교과서에서는 터너를 두고 '신앙심이 깊고' '능력이 뛰어난 전도사'라고 서술했다. 그러나 그를 '종교에 미쳤다'라고 서술하는 교과서는 없다.

이런 묘사는 브라운에게만 쓰였다.

교과서에서는 터너의 행동에 사회정치적 의미를 강조할 뿐, 미심쩍은 정신 상태를 보고 심리적인 원인을 찾으려 하지 않는다.

교과서들에서는 존 브라운의 이념적 기원이 하퍼스 페리 이전에 만들어졌다고 말하며 논점을 흐린다. 《미국의 모험》에서도 이렇게 말한다. "1840년대에 그는 어쩌다가 흑인 노예를 돕는 데 관심을 보이기 시작했다."

그러나 브라운의 동기는 수수께끼가 아니었다. 그는 오벌린 대학의 이사였던 아버지에게서 배웠다. 그곳은 노예해방주의의 중심지였다.

하지만 위의 묘사는 흐리멍덩하게 들린다.

교과서 저자들은 또한 그가 포타와토미에서 저지른 살인에 별다른 동기가 없었다고 말하며, 이전에 캔자스에서 일어난 폭력과 위협이 거의 대부분 노예 소유 찬성론자가 저질렀다는 사실을 빼버린다. 그리고 캔자스 오사와토미에서 노예제 찬성론자 수백 명의 공격에 대항해 자유토지 주민 35명을 도왔던 항쟁도 넣지 않았다.

견본 교과서 12종 모두 존 브라운에 대해 단 한 줄도 넣지 않았다.

그렇다 보니 온 나라를 움직였던 그의 말은 오늘날 학생들의 마음을 움직일 수 없게 되었다.

알고 있었나요?

이념에는 힘이 있다.
게다가 이념적 모순은 역사에서 매우 중요하다.

하지만 교과서들에서는 과거에 이념이 어떤 역할을 했는지, 모순을 극복하기 위해 어떤 노력을 했는지 이해할 방법을 알려주지 않는다.

교과서에서 존 브라운의 이념을 무시하는 이유는, 저자의 눈에 그의 폭력적인 행동은 공감을 자아낼 수 없기 때문이다.

반대로 우리 교과서들은 에이브러햄 링컨에게 자연스럽게 공감한다.
그러나 역시 그의 이념, 그중에서도 인종에 관한 이념을 축소하고 만다.

현실에서 링컨은 다른 어떤 대통령(아마 제퍼슨은 예외일지도)보다도 인종, 권력, 인종주의를 두고 갈등했다.

그래도 링컨은 실제로 말과 행동이 대체로 일치했다.

교과서에서 그의 내적 갈등을 보여주었다면, 훌륭한 교육 자료가 되었을 것이다!

학생들은 연사가 각기 다른 청중의 관심을 끌기 위해 자신의 생각을 어떻게 수정하는지 알 수 있다.

책이 링컨의 인종주의를 인정했다면, 학생들은 인종주의가 KKK단에만 있었던 것이 아니라 역사 전반에 걸쳐 존재했다는 사실을 알게 되었을 것이다.

링컨이 미국의 민주주의 원칙을 피부색에 관계없이 적용하고자 고군분투했다는 사실을 배웠다면 이념이 어떻게 발전하는지, 그리고 한 인간이 어떻게 성장하는지 알 수 있었을 것이다.

링컨은 당시 19세기 백인이 대부분 그랬듯, 대화를 할 때 검둥이라는 말을 쓰고 백인우월주의를 드러내놓고 옹호했다. (111쪽의 링컨과 더글러스의 토론을 보면 알 수 있다.)

그러나 인종에 대한 그의 생각은 더글러스보다 복잡했다. 그는 더글러스가 백인우월주의를 외칠 때 이렇게 대답했다.

"모든 사람은 평등하다는 옛 독립 선언을 받아들이고 여기에 예외를 둔다면, 어디에 예외를 둔다는 말입니까?

누군가가 흑인은 예외라고 한다면, 또다른 이는 다른 사람이 예외라고 말하지 않을 이유가 없지요?

선언이 사실이 아니라면, 찢어버립시다!

싫소!
안 돼!

그럼 그대로 내버려둡시다. 그렇다면 독립선언서를 굳게 지지합시다."

링컨은 어린 시절의 경험을 통해 흑인도 근본적으로 똑같다는 것을 깨달았다. 아버지가 켄터키의 노예 소유에 반대했기 때문이다.

그러나 유감스럽게도 교과서에는 링컨의 생각을 알 수 있는 그의 말이나 자료가 수록되지 않았다.

1835년 초 링컨은 일리노이 하원의원이었던 당시 반(反)노예폐지 결의안에 반대하는 다섯 표 중 한 표를 던졌다.

1863년 그는 백악관 직원에 대한 인종 차별 정책을 철폐하고 연방정부 전체의 인종 평등도 실시했다. 그리고 이 정책은 우드로 윌슨 정부까지 이어졌다.
하지만 그는 내면의 인종주의와 계속해서 싸웠다.

흑인을 아프리카나 라틴아메리카로 강제 추방할 수 있는지 조사해보라고 요청하기도 했다.

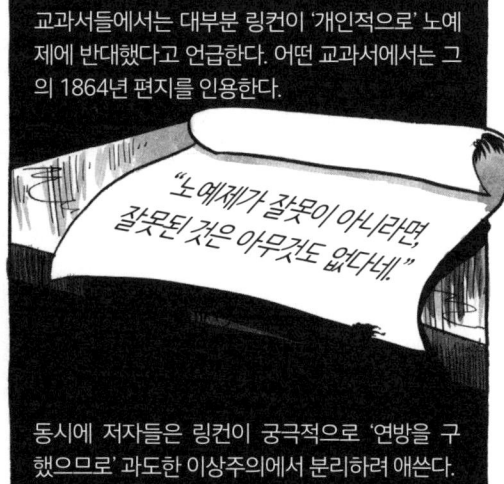

교과서들에서는 대부분 링컨이 '개인적으로' 노예제에 반대했다고 언급한다. 어떤 교과서에서는 그의 1864년 편지를 인용한다.

"노예제가 잘못이 아니라면, 잘못된 것은 아무것도 없다네."

동시에 저자들은 링컨이 궁극적으로 '연방을 구했으므로' 과도한 이상주의에서 분리하려 애쓴다.

미국 노예제에 관해 현재까지 교과서에서 가장 좋아하는 링컨의 발언은 (지금까지 18종 중 15종에서 인용했다) 1862년 8월 《뉴욕 트리뷴》에 보낸 편지다.

"이 투쟁에서 내게 다른 무엇보다 중요한 목적은 연방을 구하는 일이지, 노예제를 유지하거나 망가뜨리는 것이 아닙니다.

노예를 해방하지 않고 연방을 구할 수 있다면 그렇게 할 것입니다.

그리고 노예를 모두 해방해야 연방을 구할 수 있다면 그렇게 할 테고요."

교과서에서는 이 발언을 강조해 링컨이 노예제에 도덕적으로 썩 적극적인 태도는 아니었으며, 흑인에게 특별히 관심이 없었다는 인상을 심어준다.

《지금까지 온 길》에서는 다음과 같은 설명을 삽입한다. "링컨은 노예제 폐지를 전쟁을 종식하는 전략 중 하나 정도로 여겼다."

교과서에서는 링컨의 이러한 인상을 전달하고자 모든 맥락을 삭제한다. 가장 먼저 뺀 것이 그가 뒤이어 한 말이다.

"여기서 나는 공적 의무에 따른 내 목적을 말했습니다. 다만 제가 자주 밝혔듯이, 개인적인 바람을 바꿀 생각은 없습니다. 어디에서나 모든 이들이 자유로워야 한다는 바람입니다."

그다음, 교과서에서는 정치적 맥락도 삭제한다.

링컨의 1862년 편지는 뉴욕 주민들의 지지를 얻기 위해 쓴 것이다. 뉴욕은 북부 도시 중 민주당 성향이 가장 강한 곳이었다. (따라서 19세기에 백인우월주의가 가장 극성인 곳이었다.)

그는 전쟁으로 노예제가 종식하리라고 주장하면 지지를 얻을 수 없다고 생각했다. 그래서 이렇게 호소해야 했다.

"전쟁 물자를 지원해주십시오, 그러면 우리나라는 하나로 똘똘 뭉칠 것입니다."

이 호소문은 《뉴욕 트리뷴》이 아닌(여기 편집자는 이미 노예제를 반대하고 있었다), 전쟁에 반대하는 민주당원과 흑인을 싫어하는 아일랜드계 미국인, 경계주의 주지사들, 그리고 노예해방에 반대하는 수많은 북부인을 겨냥한 것이었다.

링컨이 이 편지를 보낸 정치적 배경을 알려주는 교과서는 한 권도 없다. 그해 여름 유니테리언 교도*의 목사들을 독려했다는 언급도 넣지 않았다.

"고향으로 가서 여러분의 의견을 밝혀주십시오. 우리는 전국적으로 노예제에 반대한다는 분위기를 만들어야 합니다."

교과서에서 위의 발언을 실었다면, 학생들은 링컨이 노예제에 무관심하지 않았다는 사실을 알게 될 것이다.

* 삼위일체를 거부하는 기독교의 한 종파

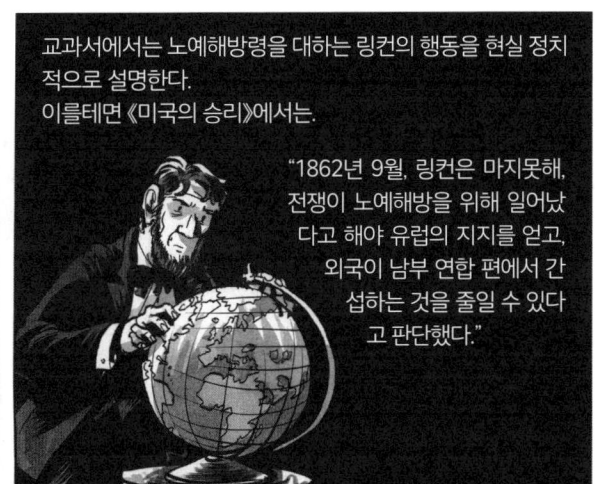

교과서에서는 노예해방령을 대하는 링컨의 행동을 현실 정치적으로 설명한다.
이를테면 《미국의 승리》에서는.

"1862년 9월, 링컨은 마지못해, 전쟁이 노예해방을 위해 일어났다고 해야 유럽의 지지를 얻고, 외국이 남부 연합 편에서 간섭하는 것을 줄일 수 있다고 판단했다."

이런 방식으로 저자들은 링컨이 최소한 옳은 일을 했다고 생각했을 가능성을 억눌러버린다.

인디언 전쟁부터 노예제와 베트남 전쟁에 이르기까지, 교과서 저자들은 과거의 옳고 그름을 묻는 문제를 회피해버리고,

미국인들이 당시에 이러한 도덕적 의문을 제기했다는 사실도 알리지 않는다.

교과서에 전문이 수록된 그의 연설이나 편지는 1863년 게티즈버그 연설이 유일하다. 세 단락밖에 안 되지만 미국에서 가장 유명한 연설로 손꼽힌다.

약간 있음 · 거의 없음 · 아예 없음

이 연설은 교과서에 겨우 4분의 1쪽 정도만 들어간다.

그나마 5종은 아예 넣지도 않았다. 다른 5종은 마지막 구절인 "국민의, 국민에 의한, 국민을 위한 정부"만 넣었다.

이 연설에 담긴 말은 중요하므로, 학생들에게 연설에 대해 생각해볼 기회를 제공할 필요가 있다.

링컨은 진정한 자유를 위해 싸우는 것이 도덕적으로 중립적인 연방을 유지하기 위해 싸우는 것보다 이념적으로 낫다고 생각했다.

따라서 그는 국가의 독립 선언문을 근거로, 연방이 싸워야 하는 이유를 에둘러 말했다.
인종에 상관없이 모든 미국인에게는 동등한 권리가 있다고 주장해, 연방이 전쟁에 참여하는 이유를 재정립했다.

링컨은 수많은 사람이 목숨을 잃은 원인을 분명히 밝히며 연설을 마무리했다.

이 나라는 하나님의 가호를 받아 자유의 나라로 재탄생할 것입니다.

무슨 자유?
당연히 흑인의 자유를 말한다.

중요한 점은 당시 시민들이 그의 말에 담긴 의미를 아주 잘 알고 있었다는 것이다.

남북전쟁이 일어난 지 4년째 접어드는 해, 링컨은 두 번째 취임 연설에서 운명 예정설을 꺼냈다(지금보다 더 근본적인 미국의 신념 체계였다).

우리는 이 전쟁의 재앙이 빠르게 지나가기를 간절히 기도합니다.

그러나 노예들이 지난 250년 동안 아무도 알아주지 않는 일을 하며 쌓아온 모든 부가 빠져나간다면, 그리고 채찍으로 흘린 모든 피를 또다른 이가 휘두른 칼로 앙갚음하는 것이 신의 뜻이라면

3천 년 전에 했던 말을 지금도 해야 합니다. "신의 심판은 진실이며 모두 당연합니다."

연설의 마지막 구절은 실로 놀랍다. 학생이 이 구절을 큰 소리로 천천히 또박또박 읽으면, 미국이 흑인을 상대로 자행한 죄를 고발하는 내용임을 알게 된다.

남북전쟁은 미국 역사상 가장 끔찍하고 충격적인 경험이었다. 그리고 링컨이 말했듯이, 미국이 그 일을 자초했다.

링컨의 발언은 존 브라운의 마지막 말을 떠올리게끔 한다.

나, 존 브라운은 이 죄 많은 땅이 저지른 범죄는 피로 씻지 않는다면 영원히 씻지 못하리라 확신한다.

링컨의 두 번째 취임식 연설은 사람들에게 큰 인상을 남겼다. 그래서 그가 한 달 후 암살을 당하자, 뉴욕과 오하이오의 농부들은 그의 발언을 담은 플래카드를 들고 장례 기차를 맞았다.

계급과 사회적 불공정에 관심을 가졌던 헬렌 켈러처럼, 링컨이 인종주의 범죄에 관심을 가졌던 일은 교과서 저자들에게 어색하거나 불편할 수 있다.

그리고 역사에서 이 사실을 빼버리면 1964년 디즈니 세계 박람회나 디즈니 월드 '대통령의 전당'의 링컨이 되어 버린다. 이곳에서 움직이는 링컨 조각상은 몇 분 동안 연설을 하는데, 노예제에 대해서는 한마디도 하지 않는다.

87. 년. 전. 에…

연방을 구하기 위해 남부 연합을 상대로 전투에 나섰던 미군은 게티즈버그 연설에 담긴 그 거대한 신념을 위해서 싸운 것이기도 했다.

우리는 충직하고 진실하며 용감한 자들을 환영한다네. 자유의 함성을 외쳐라!

가난할지라도 노예는 되지 않으리. 자유의 함성을 외쳐라!

교과서에서는 이 노래의 힘을 빼버렸다. 하지만 실제로 중요한 신념이었다.

당연하게도 오늘날처럼 흑인은 백인 인종주의를 물리치는 데 지대한 역할을 했다.

그리고 흑인들이 연방군에 합류해 공을 세우자, 백인들은 모두가 근본적으로 같은 인간이라는 사실을 부정하기 더 어려워졌다.

오늘날 교과서 저자들은 남북전쟁에서 흑인들의 활약을 빼버리면 나쁜 역사가 된다는 것을 깨달았다.

내가 조사한 교과서 18종 모두 연방군과 해군에서 18만 명 이상의 흑인이 참전했다는 사실을 언급한다.

남북전쟁이 남긴 반인종주의 영향을 가장 뚜렷하게 받은 곳은 경계주였다. 노예해방령은 남부 연합에만 적용되었다.

델라웨어, 메릴랜드, 켄터키, 미주리에는 여전히 노예제가 남아 있었다.

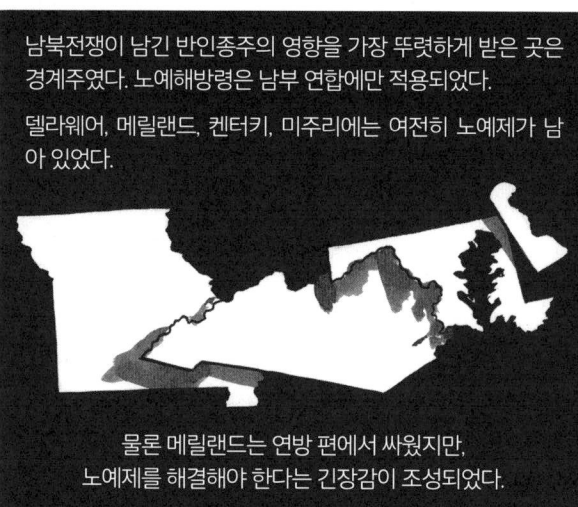

물론 메릴랜드는 연방 편에서 싸웠지만, 노예제를 해결해야 한다는 긴장감이 조성되었다.

1864년 메릴랜드에서 노예해방론자들이 점점 늘어나자, 이들은 투표로 결정하자고 설득했다.

투표 결과, 기권표가 어마어마하게 많이 나온 끝에 큰 차이로 해방을 찬성하는 쪽이 이겼다. (익숙한 모습 아닌가?)

그럼 이 기권표의 주인은 누구였을까? 물론 육군과 해군 병사들이었다!

〈존 브라운의 시체〉를 부르며 전장에 나갔던 군인들은 전투에 임하는 사이, 자유를 지지하는 쪽으로 바뀌었다.

민주당은 1864년 선거에서 백인우월주의를 수용했다. 그렇다면 공화당은 백인들의 투표에 어떻게 대응했을까?

일부는 반인종주의를 내세웠다.

전쟁에서 승리하자 이 전략은 제대로 먹혔다. 그리고 대놓고 인종주의를 표방한 민주당은 투표에서 패배했다. 공화당은 거의 모든 곳에서 승리를 가져갔다.

뉴욕의 공화당원은 이렇게 기록했다.

"노예제에 대해 견해가 이렇게 바뀌었다니 … 대단하면서도 역사적인 일이다. 누가 예상했겠는가. … 이 위대하고 축복받은 혁명을?"

전 세계 사람들은 이 이념 때문에 북부 연방을 지지했다.

캐나다인 4만 명이 연방군에 자원했는데, 이중에는 흑인도 있었다.

이념은 남부 연합에 정반대의 충격을 주었다. 연합의 모순된 이념이 특히 더 그랬다. 존 브라운은 노예 소유주들의 두려움을 잘 알고 있었다. 남부 연합은 해방론자들에게 노예들이 노예제를 좋아한다고 장담했지만, 사실 언제 반란을 일으킬까 두려워했다.

이념적으로 이렇게 약점이 있으니 하퍼스 페리 습격의 충격이 더 클 수밖에 없었다.

노예 소유주들은 존 브라운과 그에게 자금을 지원한 '흑인 공화당원'을 비난했지만 북부 중도파를 설득하지는 못했다.

오히려 노예해방론자에게 더 바짝 다가가게 만들었다.

무엇보다 (노예 소유주들이 주장한 대로) 존 브라운이 정말로 위험한 인물이라면, 노예제 역시 정말 부당한 것이다.

'행복한 노예'는 결코 반란을 일으키지 않을 테니까.

최근 교과서에서는 남부 연합이 주의 권리에 간섭했다는 사실을 분명히 서술한다.
그러나 남부의 이념이 했던 역할은 무시한다.

인종주의 이념은 남부의 전쟁 노선에도 부담이 되었다. 노예가 대규모로 봉기할까 두려워, 연합군 3분의 1은 최전선에서 물러났다.

이들은 노예 봉기를 막기 위해 노예 인구가 많은 지역으로 흩어졌다.

북부 연방은 흑인 입대를 허용했지만, 남부 연합은 흑인이 백인처럼 싸울 수 없다는 그들만의 이념 탓에 구석에 몰렸다.

하지만 매사추세츠 54연대와 여러 흑인 연대가 용감히 싸우는 모습을 보여주자 흑인이 열등하다는 미신은 틀렸음이 증명되었다.

게다가 남부 연합은 흑인 포로를 상대로 비인간적인 만행을 저지르기도 했다. 그중에서도 필로 요새에서 벌어진 대학살이 악명 높은데, 훗날 KKK단을 조직한 네이선 베드퍼드 포레스트의 지휘 아래 흑인들을 텐트 기둥에 묶어놓고 산 채로 불태워버렸다.

빅스버그가 함락되자, 제퍼슨 데이비스는 노예들에게 연합군에 입대하면 자유를 주겠다고 약속했다.
하지만 백인우월주의자들은 이렇게 항의했다.

노예 상태가 노예에게 가장 좋고 자연스럽다면, 어떻게 자유가 보상이 될 수 있단 말인가?

교과서 저자들은 노예의 자유와 변절의 결과로 노예 소유주들 사이에서 이념적 혼란과 모순이 일어났다는 점을 놓치고 말았다.

외국의 인정을 필사적으로 바랐던 남부 연합의 지도자들은 노예해방을 제안했고, 전쟁 막바지에는 흑인 입대까지 허가했다.

그렇다면 (가상의) 흑인 남부 연합군은 무엇을 위해 싸워야 할까?

노예제?
미 연방 탈퇴?

아니면 고문, 납치, 아이들을 사고파는 행위를 막기 위해?

조지아의 하웰 코브는 이렇게 말했다.

노예를 훌륭한 군사로 만들 수 있다면, 노예제라는 이론 자체가 잘못된 셈이 된다.

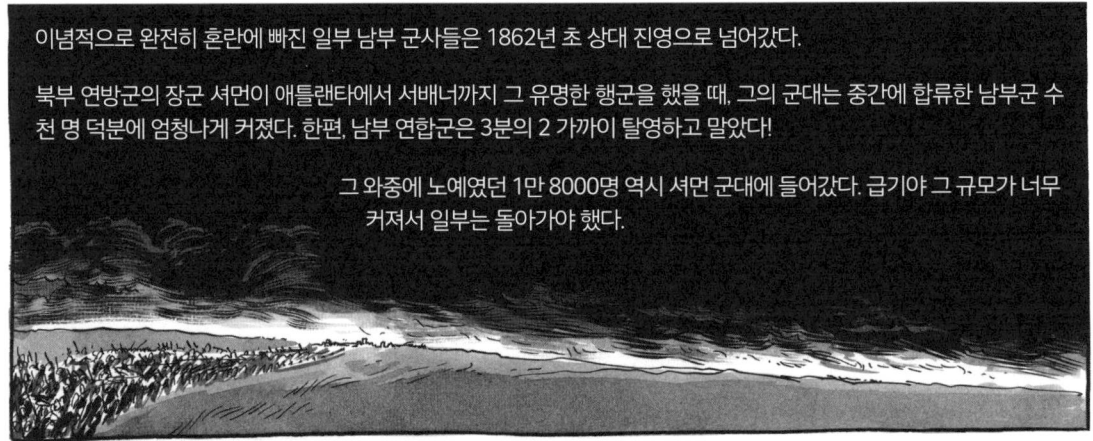

이념적으로 완전히 혼란에 빠진 일부 남부 군사들은 1862년 초 상대 진영으로 넘어갔다.

북부 연방군의 장군 셔먼이 애틀랜타에서 서배너까지 그 유명한 행군을 했을 때, 그의 군대는 중간에 합류한 남부군 수천 명 덕분에 엄청나게 커졌다. 한편, 남부 연합군은 3분의 2 가까이 탈영하고 말았다!

그 와중에 노예였던 1만 8000명 역시 셔먼 군대에 들어갔다. 급기야 그 규모가 너무 커져서 일부는 돌아가야 했다.

이러한 사실을 셔먼의 군대가 남부 연합으로 가는 길에 약탈을 일삼았다고 흔히 묘사하는 교과서와 비교해보자.

칼턴 빈스는 "남부는 끝까지 온갖 어려움을 겪었으나, 여전히 자원과 화력이 충분히 남아 있었다"고 적었다. 그리고 뿌리 깊은 이념적 모순과 혼란은 남부 연합에 크나큰 짐이 되었고, 결국 패배로 이어졌다고 생각한다.

그렇다면 교과서에서는 왜 남부 이념의 약점에 침묵할까?

이 침묵에는 역사가 있다.

20세기 내내 교과서에서는 남북전쟁을 '사실상 같은 사람들'끼리 벌어진 전쟁이라 말했다.

이러한 관념은 최악의 시절(1890-1940) 동안에 암묵적으로 동의된 것으로, 남부 백인은 북부 백인과 다를 바 없다는 논리였다.

당시 두 백인 진영은 흑인의 뒤에서 화해했다. 그러자 노예해방론자들은 '나쁜 녀석들'이 되었다.

최악의 시절이 시작되자 노쇠한 남부 연합의 대령 존 S. 모스비는 역사가들이 남북전쟁을 분명히 규명하지 못하는 모습을 보고 절망했다.

1907년 기록을 찾던 그는 다음과 같이 썼다.

남부는 노예제 때문에 전쟁에 나갔다. … 사우스캐롤라이나는 분리 독립의 원인을 알아야 한다.

타 탁 탁

UDC는 교과서에 막강한 영향력을 발휘해 남부 연합의 참전 동기를 독자들이 공감할 수 있도록 만들었고,

심지어 위스콘신주에 남부군 전사자를 위한 기념물까지 세우며 북부에서 '찬양받지 못한 영웅'이라고 불렀다!

UDC는 이 군인들이 '막무가내로 쳐들어온 침략자를 내쫓고 인간의 권리를 보호하기 위해, 그리고 주의 자주권을 영속시키려 싸우다 죽은' 사람들이라고 주장했다.

노예제나 연방 탈퇴에 대해서는 일언반구도 하지 않았다.

(기념물 일부는 2019년에 제거되었으며, 전시용이 아닌 박물관 소장품으로 들어갔다.)

남부 연합군 잠들다

147

오늘날 교과서에서는 여전히 북부 연방과 남부 연합이 똑같이 이상주의적이었다고 말한다. 북부는 연방의 단결을 위해 싸운 반면, 남부는 《미국의 길》에 따르면,

"스스로 결정할 권리와 자유를 지키기 위해 싸웠다."

뭐?!

아무도 노예제를 보존하려 싸웠다 말하지 않는다. 아무도 노예제를 종식하려 싸웠다 말하지 않는다.

그 결과 중 하나로, 부끄러움 속에 사라진 나치 문양과는 달리 심지어 북부의 백인들조차도 집, 자동차, 셔츠, 고등학교 로고에 남부 연합 깃발을 자랑스레 드러낸다. 게다가 불법 무장 단체의 상징도 점점 더 많이 보인다.

미시간을 '해방'하라!

이런 의미에서 보면, 애퍼매톡스 전투(북부가 남부로부터 최종적으로 항복 선언을 받아낸 전투)가 끝나고 한참 뒤 결국 승리한 쪽은 남부였다.

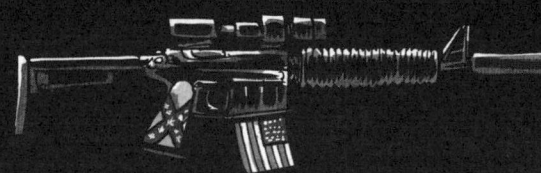

링컨 대통령은 애퍼매톡스 이후 겨우 닷새 째 되는 날 암살당했다. 그리고 그의 순교는 북부 연방의 이념을 한 걸음 더 전진시켰다.

노예해방에 반대하던 백인들도 이제 링컨을 '위대한 해방주의자'라고 부르며 동참했다.

공화당의 지도 아래 국가는 재건기에 들어섰다. 이념적 대립이 지속되던 시대였다. 우선 패배한 남부 연합은 '흑인 단속법'이라는 법을 미시시피에서 처음으로 통과시켜 전쟁 전의 상황을 유지하려 했다.

하지만 당시에 이 새로운 법은 효력을 발휘하지 못했다.

남북전쟁은 미국의 이념을 바꿔놓았고, 반인종주의의 물결이 10년간 북부의 사고방식을 지배했다.

흑인 인권은 1866년 의회 선거에서 또다시 핵심 문제로 떠올랐다. 그리고 백인우월주의 민주당원의 수도 두 배로 늘어났다.

그리고 다시, 북부의 유권자들은 이를 받아들이지 않았다.

'급진적 공화당원들'은 앤드루 존슨 대통령이 옛 남부 연합을 받아들이자, 의회로 돌아가 거부 의사를 밝혔다.

1864년에는 더 강하게 반대했다.

1866년 유권자 대다수는 반인종주의를 국가 정책으로 채택하는 데 동의했다.

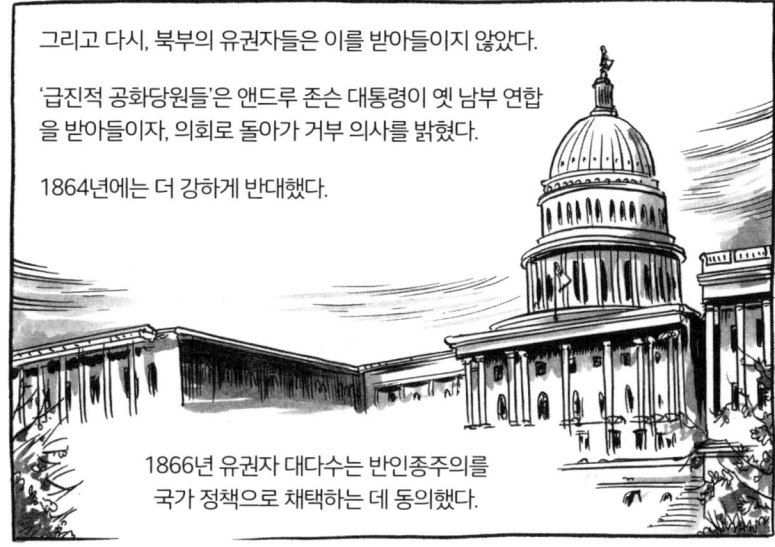

존슨 대통령의 반대에도 불구하고 의회와 주정부는 수정헌법 14조를 통과시켰다.

모든 사람을 시민으로 받아들이고, 이들이 '법의 이름으로 똑같은 보호를 받도록' 보장한 것이다.

의회가 만든 이 빛나는 보석은 19세기 공화당의 이상주의를 보여준다.

특히 현재 공화당이 인권 보호를 확장하는 데 지속적으로 반대한다는 점에서 비교되는 대목이다.

또한 여성 인권에 관한 비슷한 법안이 오늘날 여전히 통과되지 못하는 것도 사실이다.

이 시기에 일부 연방 군인들은 전쟁 후에도 남부에 남기를 택했다.

장차 정치인이 되고자 하는 공화당원들도 남부로 이주해 정당을 조직했다. 이곳은 전쟁 전에 정치가 그다지 힘을 쓰지 못했던 곳이었다.

수많은 노예해방론자가 해방노예국 등 다양한 조직에서 일을 하며 자유민이 된 흑인들이 시민권과 정치적 권리를 얻도록 도왔다.

정치적 측면에서 해방론자 대부분은 공화당이었다. 하지만 이들 말고도 다양한 집단이 있었다.

그러나 단 한 종을 제외한 모든 교과서들은 이들에게 '출세에 목말라 남부로 간 북부인'이라는 철 지난 별명을 붙이며 평가 절하한다.

용어에 따옴표도 붙이지 않고 편견이 담겼다는 귀띔도 하지 않은 채, 재건기에 남부에 살았던 북부 백인 공화당원들을 모호하게 묘사한다.

중요한 점은

남부 백인 대다수 역시 재건을 지지했다는 사실이다. 남부 주마다 연방군에 자원 입대한 시민들이 있었듯이 말이다!

연합 출신 남부인 중에 공화당원이 된 경우도 있었다. 이들은 흑인도 동등한 권리가 있다는 것이 도덕적으로 옳다고 확신했다.

그중에는 게티즈버그에서 로버트 리의 부사령관이었던 롱스트리트 장군도 있었다.

숫자로 보면 113명이 남부를 대표한 백인 공화당 의원이었으며, 그중 53명은 남부 출신이었다. 그리고 그중 일부는 (노예를 거느렸던) 꽤 부유한 가문 출신이었다!

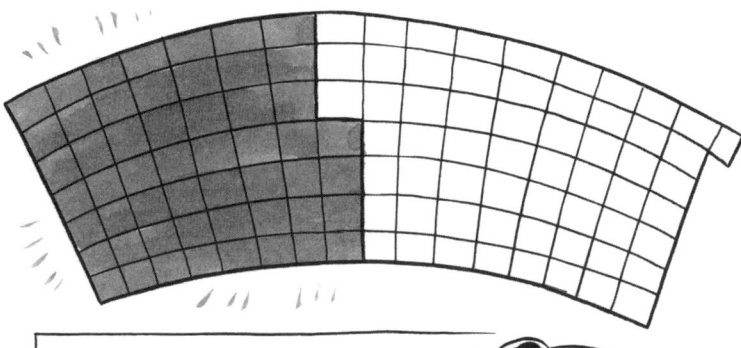

이들은 백인 인구 중 25퍼센트에서 33퍼센트 사이를 차지하는 또다른 집단이었으며, 일부 자치구에서는 이들이 대다수를 차지했다.

이러한 관점과 바뀐 통계에도 불구하고 교과서에서는 여전히 이들을 '스칼라웨그(scalawags)'라 부르며 비하한다.

백인 남부 민주당원들이 상대방을 깎아내리려 쓰던 멸칭이다.

선동이나 일으키고 말이야. 배신자들 같으니.

'스칼라웨그'는 '비열한 악당'이라는 뜻이다.

최악의 시절, 남부와 북부의 백인 대다수는 북부 백인들이 별다른 의도 없이 흑인을 도우러 남부로 갔다고 생각하지 않았다.

저자들이 이 용어가 언제 그리고 왜 인기가 많아졌는지 설명한다면, 학생들은 재건기와 최악의 시절, 그리고 역사를 쓸 때 중요한 점을 배울 것이다.

우선 《미국의 전통》에 나온 구절을 보자.

"남부 백인들의 주장과는 달리, 급진적 정권은 흑인이 아닌 악당들과 기회주의자들이 지배했다."

사실 '악당'은 남부인이었다. 그곳이 그들의 터전이었으니까!

그러나 보수적인 남부 연합이 원했었는지, 위의 서술에서 남부 백인은 쏙 빠져 있다. 게다가 완전히 합법적인 정부를 '정권'이라고 표현해 이들이 불법 점거했다는 뜻을 내비친다. 《미국의 전통》에서는 다른 정부를 이런 식으로 표현하지 않는다. 1836년 텍사스 공화국도 이렇게까지 매도하지는 않았다.

인권 운동은 우리 역사를 다시 생각하게 만들었다.

북부의 흑인과 백인이 1960년대 남부로 가서 인권 운동으로 흑인을 도와주는 모습을 본 덕분에, 교과서 저자들은 재건기에 남부로 간 북부인들에게 보다 공감을 하게 되었다.

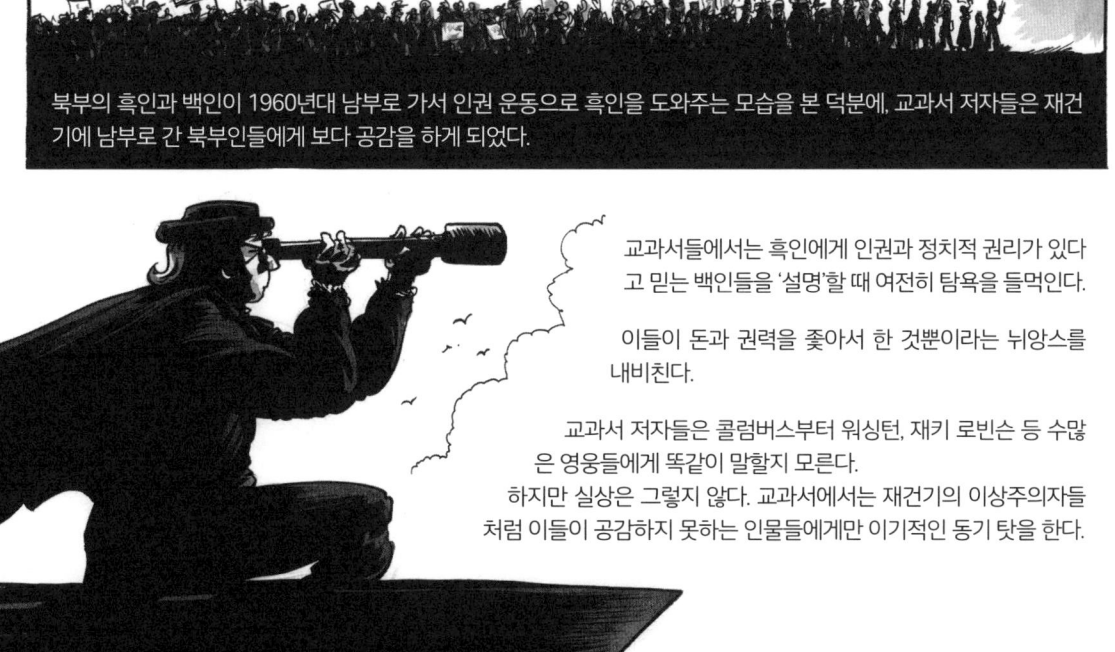

교과서들에서는 흑인에게 인권과 정치적 권리가 있다고 믿는 백인들을 '설명'할 때 여전히 탐욕을 들먹인다.

이들이 돈과 권력을 좇아서 한 것뿐이라는 뉘앙스를 내비친다.

교과서 저자들은 콜럼버스부터 워싱턴, 재키 로빈슨 등 수많은 영웅들에게 똑같이 말할지 모른다.

하지만 실상은 그렇지 않다. 교과서에서는 재건기의 이상주의자들처럼 이들이 공감하지 못하는 인물들에게만 이기적인 동기 탓을 한다.

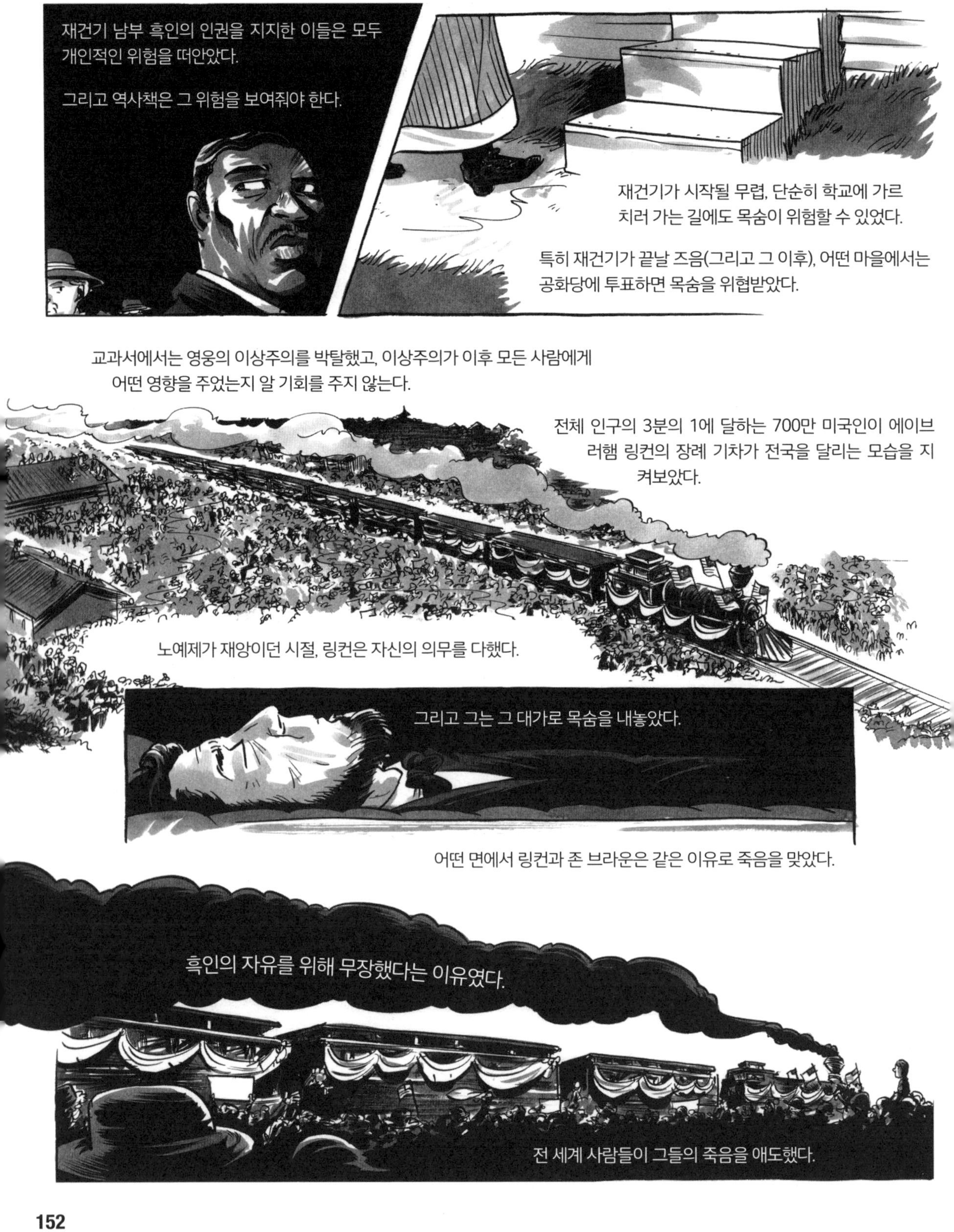

재건기 남부 흑인의 인권을 지지한 이들은 모두 개인적인 위험을 떠안았다.

그리고 역사책은 그 위험을 보여줘야 한다.

재건기가 시작될 무렵, 단순히 학교에 가르치러 가는 길에도 목숨이 위험할 수 있었다.

특히 재건기가 끝날 즈음(그리고 그 이후), 어떤 마을에서는 공화당에 투표하면 목숨을 위협받았다.

교과서에서는 영웅의 이상주의를 박탈했고, 이상주의가 이후 모든 사람에게 어떤 영향을 주었는지 알 기회를 주지 않는다.

전체 인구의 3분의 1에 달하는 700만 미국인이 에이브러햄 링컨의 장례 기차가 전국을 달리는 모습을 지켜보았다.

노예제가 재앙이던 시절, 링컨은 자신의 의무를 다했다.

그리고 그는 그 대가로 목숨을 내놓았다.

어떤 면에서 링컨과 존 브라운은 같은 이유로 죽음을 맞았다.

흑인의 자유를 위해 무장했다는 이유였다.

전 세계 사람들이 그들의 죽음을 애도했다.

수업 첫날, 학생들에게 미국 역사의 영웅이 누구인지 물었지요.
백 명 중 한두 명만이 에이브러햄 링컨을 꼽았어요.

교과서에서 링컨을 제대로 다루지 않으니 그런 대답이 나올 만도 하다.

존 브라운을 택한 학생은 없었다.

백인 노예해방론자, 재건기 공화당원, 백인 인권 순교자의 이름을 아는 학생은 더더욱 없었다.

그러나 이 학생들은 인종주의에 대항하는 미국의 투쟁에 공감한다.

흑인의 목숨은 소중하다!

존 브라운이 재판을 받고 있을 때, 해방론자였던 웬델 필립스는 브라운의 역사적 위치에 대해 말한 적이 있다. 필립스는 노예제 시대가 끝나리라고 예견했으며, 노예제가 사라진 20세기에 사는 미래의 미국인들에게 다음과 같은 질문을 던졌다.

그날이 오면, 이 최초의 순교자를 어떻게 생각할까, 어떻게 살고 죽을지 누가 가르쳐줄까?

1859년의 필립스는 20세기 미국인들이 노예제 폐지를 도운 사람들을 별로 자랑스럽게 여기지 않을 거라고는 상상조차 하지 못했다.

아니면 교과서에서 존 브라운과 그의 동료들을 한 광인이 이끈 그릇된 광신도로 묘사할 줄은 꿈에도 몰랐을 것이다.

반인종주의 운동은 미국이 세계에 선사한 위대한 선물이다.
반인종주의 운동의 영향력은 미국 흑인뿐만 아니라 인종 관계를 넘어섰다.

19세기와 20세기에 한 차례씩 일어났던 흑인 인권 운동은 여성 인권 운동을 일으키는 도화선이 되었다.

셜리 치점 하원의원

(안타깝게도 남북전쟁 이후 여성 운동은 분열되었고, 운동에 가담했던 3분의 2는 흑인 투표권에 반대했다.)

남북전쟁과 인권 운동은 위축되었던 미국의 민주주의 정신을 되살렸다.

전 세계 억압받은 민중은 미국의 노예해방 운동과 인권 운동에서 나온 전략과 발언을 차용하고 있다.

그러나 정작 반인종주의를 전 세계에 전파한 미국은 이상주의자들을 영웅으로 대우하지 않는 것 같다.

교과서는 이 영웅들을 알려서 미국 이상주의의 가치를 되찾아야 한다.

7장

기회의 땅

우리나라의 10명은 세계를 모두 살 수 있지만,
1천만 명은 먹을거리도 살 수 없다.
— 윌 로저스(미국 정치인), 1931년

불행하게도 국가의 역사는
지배계급의 입맛에 맞게 쓰이곤 한다.
— 콰메 은크루마(가나 정치인)

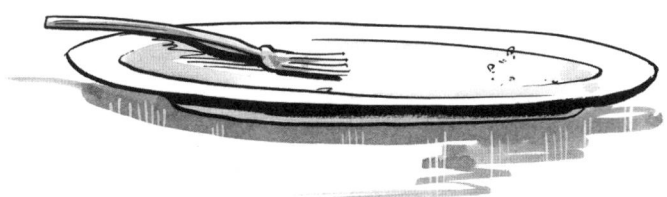

고등학생은 외부와 단절된 채 살지 않는다.

이들은 자기 가족의 사회적 지위를 다른 가족과 비교하고,

자기 공동체를 다른 지역의 공동체와 비교한다.

중산층 학생들은 특히, 노동자 계층이 어떤 삶을 사는지 거의 알지 못한다.

게다가 사회적 지위가 시간에 따라 어떻게 변했는지는 아예 모른다.

나는 종종 대학 신입생에게 이렇게 묻고는 한다.

사람들은 왜 가난할까요?

부유한 학생에게는 이렇게 묻기도 한다.

여러분 가족은 왜 부유한가요?

학생들의 대답은 (너그럽게 말해서) 모호하고 순진하다.

학생들은 가난한 이유를 성공하지 못한 사람들 탓으로 돌린다.

이들은 미국이 기회가 불평등하다는 사실을 잘 모르며,

사회계급이 사람들의 생각과 생활 방식에 영향을 준다는 개념도 이해하지 못한다.

여러분도 예상했다시피, 이 책임은 고등학교 역사 교과서에 있다. 굳이 따지자면 일부 교과서에서 노동사의 중요한 사건을 다루고는 있다. 이를테면 1894년 시카고의 풀먼 파업과 146명 노동자의 목숨을 앗아간 1911년 뉴욕 트라이앵글 의류 공장 화재 사건 등이다. 특히 뉴욕 사건에서는 여성과 여자아이가 123명이나 희생당했다.

그런데 교과서에 언급된 가장 최근 사건은 1947년 태프트-하틀리 법이다.

노동 문제는 여전히 진행 중이지만 교과서 대부분에서는 다루지 않는다. 다국적 기업이나 해외 인력 유출 등에 맞서 싸우다 협상력을 상실한 현대 노동 운동은 교과서에서 빠져 있다.

이렇다 보니 노동사는 미국 노예제처럼 먼 옛날에 일어난 일처럼 그려진다.

또한 노예제를 잘못 해석했듯이, 노동 문제도 한참 전에 바로잡혔으므로 현재의 노동조합이나 조직을 시대착오적으로 보이게 만든다.

그러나 교과서에서 노동사를 장대하게 다루는 데 비해 사회계급에 관한 내용은 빈약하다.

교과서에서는 파업은 물론이거니와 사회계급 분석을 전혀 다루지 않는다.

내가 살펴본 교과서 18종 중 절반이나 사회계급, 사회 계층화, 계급 구조, 소득 분포, 불평등, 여타 이와 관련된 항목이 들어 있지 않았다.

상류층이나 하류층 항목이 있는 책은 단 한 권도 없었다.

3종은 미국이 중산층의 나라라고 확언하며 '중산층' 항목을 넣었다. 이와 함께 학생들에게 미국의 '중산층 가치'에 대해 많은 질문을 던진다.

거듭 강조하는 '중산층'은 해가 갈수록 문제가 되고 있다. 중산층 소득이 1967년 이후 꾸준히 감소하고 있기 때문이다(구매력도 마찬가지다).

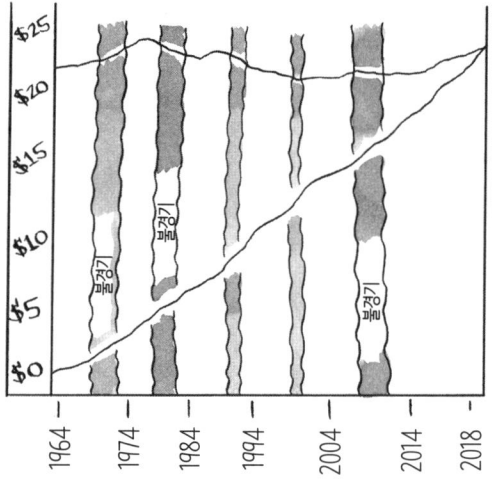

1970년대 후반 미국의 가구 소득은 캐나다보다 약간 불평등한 수준이었다.

2000년에 미국의 불평등 지수는 캐나다를 훨씬 앞섰고 멕시코와 비슷해졌다.

여러분은 이러한 시대 변화가 역사책의 적절한 주제라고 생각할 것이다. 하지만 교과서 18종 중 5종만 미국의 사회 계층화를 분석한다. 그리고 이 분석도 식민지 시대 아메리카에 한정되어 있다.

여전히 교과서에서는 식민지 사회가 계급을 엄격하게 구분하지 않았으며 상위 계급으로 자유롭게 올라갈 수 있었다고 말한다. 게다가 그 이후로 상황이 더욱 좋아졌다고 강조한다.

예를 들어《자유의 도전》에서는 1815년에 이르러 두 사회계급이 사라졌다고 주장한다. 그리고 이렇게 말한다.

"미국은 중산층과, 중산층이 목표인 사람들로 이루어진 나라다."

같은 책에서, 50쪽마다 미국은 기회가 얼마나 활짝 열려 있(었)는지를 다룬다.

《약속의 땅》에서는 이렇게 묻는다.
"어떤 환경이었기에 가난한 백인 이주민들이 식민지에서 부자가 될 수 있었을까?"

"어떤 환경이었기에 상위 계층으로 이동이 어려워졌는가?"
라고 묻는 교과서는 없다.

사회계급은 사회에서 가장 중요한 단일 변수라고 본다. 심지어 태어나면서부터 다른 모든 사회적 요인과 특성에 연관된다.

산전 관리부터 의료 검진, 일반적인 건강과 운동, 영양 수준이 결정된다.

부유한 가정의 아기는 건강하게 태어나고, 더 안전한 환경에서 부모와 많은 시간을 보내며 말을 배우고 수준 높은 양육 관리를 받는다.

유치원에 들어가면 부유한 집의 아이들은 가난한 지역의 학생들보다 두세 배 더 많은 학비를 지출한다. 반면 가난한 지역의 학급 규모는 부유한 지역의 학교보다 50% 더 크다.

교사들은 부유한 집안 학생의 성적이 더 높을 거라 기대한다. 그래서 관심을 더 많이 보여주고 기회도 많이 준다.

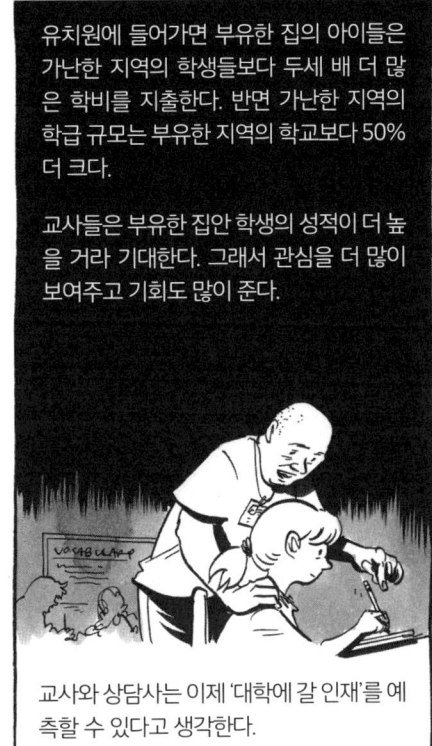

교사와 상담사는 이제 '대학에 갈 인재'를 예측할 수 있다고 생각한다.

학교는 사실상 우드로 윌슨의 제안을 실천한다.

우리는 한 학급에 교양 교육을 제공하고, 규모가 훨씬 큰 다른 학급에는 모든 사회에 필요한 교육을 하길 바랍니다.

교양 교육을 받을 특권을 기하고 특정 신체적 과제를 수행하기 위함입니다.

가장 중요한 점은
부유한 가정은 돈을 저축할 형편이 되고,
가난한 가정은 버는 족족 써야 한다는 것이다.

그 결과 미국 가정의 부의 격차는 소득 격차보다 열 배나 차이가 나게 되었다.

가난한 노동자 계층은 집을 구매할 계약금을 모을 수 없기 때문에, 주택 담보 대출의 이자를 갚아서 받을 수 있는 가장 중요한 세금 공제 혜택을 누리지 못한다.

노동자 계층은 고급 주택가에 살지 못하고 아이를 돌볼 비용도 지불하지 못하기 때문에, 교육 불평등은 미래 아이들 세대에도 계속된다.

결국 부유한 미국인은 건강관리에 더 신경을 쓸 수 있으므로 기대 수명도 점점 높아진다. 헬렌 켈러가 맹인을 연구한 결과를 보면, 의료 혜택을 제대로 받지 못한 사람들은 저소득 계층에 몰려 있는 것으로 나타났고,

미국인 전체가 사회 보장에 지불한 돈은 수명이 길고 부유한 미국인에게 불공평하게 돌아간다.

사회계급은 우리가 계급을 생각하는 방식을 결정하고, 불평등이 존재하는지조차 의문을 갖게 만든다.

계급에 대해 미국의 두 다수당이 생각하는 가장 큰 차이는 다음과 같다.

조사 결과, 공화당원은 55퍼센트가 가난한 사람들의 탓이라 답했고, 13퍼센트만 제도의 잘못을 지적했다.

반면 민주당원 68퍼센트는 제도의 잘못을 지적했으며, 5퍼센트만이 가난한 사람들의 환경 탓이라고 답했다.

그다지 새로운 일은 아니다.
다만 고등학생 대부분은 이러한 내용을 잘 모르거나 이해하지 못한다. 그리고 미국의 계급 구조는 식민지 시대는 고사하고 1890년대와도 다르다.

그러나 많은 교사들이 21세기 미국의 계급에 대해 말하기를 꺼린다.

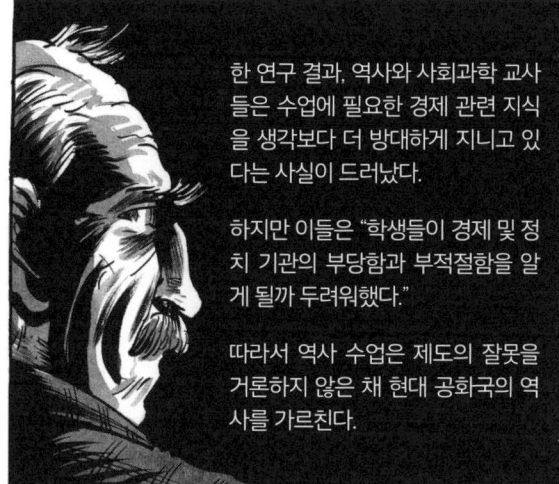

한 연구 결과, 역사와 사회과학 교사들은 수업에 필요한 경제 관련 지식을 생각보다 더 방대하게 지니고 있다는 사실이 드러났다.

하지만 이들은 "학생들이 경제 및 정치 기관의 부당함과 부적절함을 알게 될까 두려워했다."

따라서 역사 수업은 제도의 잘못을 거론하지 않은 채 현대 공화국의 역사를 가르친다.

역사가 에드워드 페센은 로널드 레이건까지 미국의 모든 대통령의 사회 배경을 조사했는데,

40퍼센트 이상이 상류층 출신이었으며(대부분 부가 가장 많은 쪽 출신이었다),

다른 15퍼센트는 중상층에서 상류층 사이의 가문 출신이었다.

25퍼센트 이상은 안정적인 중상층 출신이었고,

나머지 15퍼센트만 중간과 중하층 계급 출신이었다.

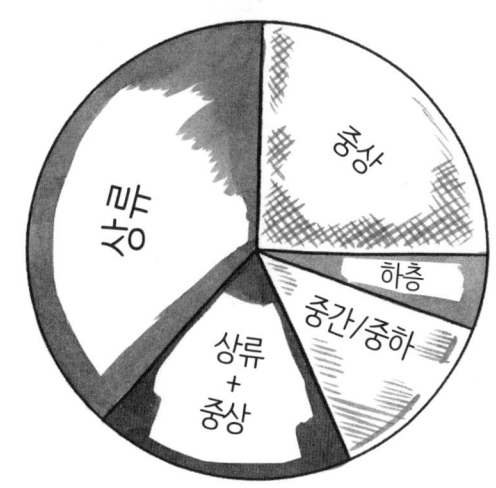

앤드루 존슨만 유일하게 하층 계급 출신이었고
최근 대통령 빌 클린턴과 버락 오바마도 노동 계급 출신이므로 다 합해봐야 세 명만 하층 계급 출신이라고 할 수 있다.

미국인 대부분은 태어나서 죽을 때까지 같은 사회계급에 속한다.
그리고 위아래로 이동하더라도 결국 같은 계급 안에서 움직일 뿐이다.

사회계급은 위험한 상황에서 목숨을 살 수도 있다. 타이타닉호의 침몰은 하층 계급에게 가장 비극적인 사건이었다.

성인 여성과 여자아이 중에,

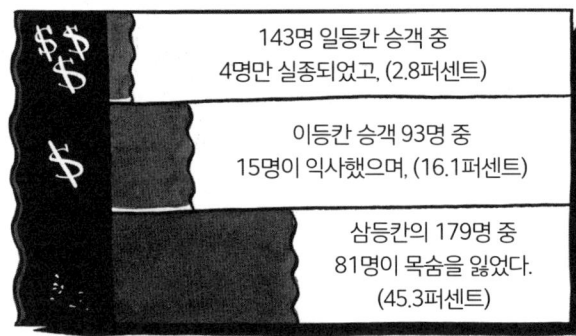

143명 일등칸 승객 중 4명만 실종되었고, (2.8퍼센트)

이등칸 승객 93명 중 15명이 익사했으며, (16.1퍼센트)

삼등칸의 179명 중 81명이 목숨을 잃었다. (45.3퍼센트)

선원들은 배가 가라앉고 있는데도, 삼등칸 승객들에게 총구를 겨누며 갑판 아래에 남아 있으라고 명령했다.

베트남 전쟁에 부잣집 자식들은 교육과 건강 문제를 핑계로 입대를 연기했다. (트럼프는 뼈 가장자리에 돌기가 자라는 골극을 이유로 입영 면제 판정을 받았다.)

"아이고, 내 뼈가 그만."

징병제는 1972년에 끝났지만, 현대의 모병제는 하층 계급 출신의 지원자에게 점점 더 의지하고 있는 추세다. 군대에 들어가야 가난에서 벗어날 수 있기 때문이다.

어이, 친구. 국방의 의무를 다하지 않겠는가?

그리고 또다시, 교과서와 교사는 이 사실을 무시한다.

내가 가르치던 학생 중 부유하지 않은 가정 출신들은 계급 제도를 배우고 해방감을 느꼈다고 했다. 그리고 가난한 가정에서 자라며 생긴 부정적인 자아상을 버릴 수 있었다.

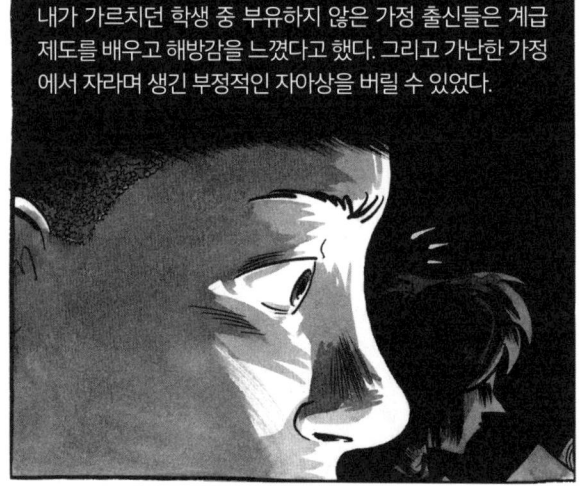

학생들은 상류층이 의회의 에너지 법안부터 마을의 구획 정리까지 모든 사안에서 공정하지 못한 권력을 휘두른다는 것을 알고 신기해한다.

버몬트의 중산층 마을에서 9학년(미국 고등학교의 첫 학년) 백인 학생이 어떻게 역사를 배우는지 알아보자.

학생의 아버지는 석고보드 묶는 일을 하고, 어머니는 세 아이를 키우며 아르바이트로 학교 버스 기사를 한다.

이 아이는 가족의 상황과 가난으로 인한 한계를 어떻게 이해할까?

아이는 백인 노동 계급 공동체의 선생님과 친척, 또는 교회 관계자를 찾아간다. 그곳에서 아마 같은 배경에서 투쟁하고 한계를 이긴 영웅에 대한 이야기를 듣게 될 것이다.

하지만 계급 충돌이 끊임없이 이어지는 경우를 제외하고 노동 계급은 자신의 역사를 잊을 때가 많다.

게다가 그 이면에는 뿌리 깊은 수치심이 하위문화로 자리잡는다.

사회학자 리처드 세넷과 조너선 코브는 이를 두고 '계급의 숨겨진 상처'라 부른다.

내가 가르치는 학생 두 명이 버몬트 벌링턴에서 실험을 했다. 이들은 값비싼 신형 자동차와 낡고 오래된 소형 자동차를 교대로 타며 신호등이 초록색이 되기를 기다렸다가, 뒤차가 경적을 울리고 나서야 출발했다.
낡은 소형차를 탔을 때에는 7초도 되지 않아 경적이 울렸고, 고급차를 탔을 때에는 평균 13.2초 만에 경적이 울렸다.

미국인은 무의식적으로 상류층을 더 많이 존중한다. 그리고 이 실험을 통해 운전자들은 모든 사회계급에 관계없이 고급 차를 더 많이 기다려준다는 것이 밝혀졌다.

교육 불평등과 계급 차이를 분석하는 교과서는 한 권도 없다.

경제적으로 궁핍한 저소득 지역은 교육운동가 조너선 코졸이 '야만적 불평등'이라고 말할 정도로 충격적이지만 교과서에는 보이지 않는다.

학생들에게 자기가 속한 학교와 지역 사회를 조사해보라고 권하지도 않는다.

《자유의 도전》처럼 계급과 교육의 관계를 알려주는 유일한 교과서에서도, 학교 교육을 "전후 미국에서 상류층으로 가는 열쇠"라며 치료법으로 간주한다.

얘들아 미안하다. 장비가 너무 적어서 나눠 쓰도록.

지속적인 불평등으로 가는 열쇠이기도 한데 말이다.

교과서에서는 미국의 이민사를 설명할 때 조지프 퓰리처와 앤드루 카네기처럼 엄청나게 성공한 백인 이민자만 강조한다.

어떤 교과서에서는 이런 이민사를 "무일푼에서 부자로" 또는 "기회의 나라"라는 말로 꾸민다.

몇 가지 예외일 뿐이다.

실제로 20세기 기업체 임원과 금융인 중 95퍼센트는 상류층과 중상층 출신이었다. 그리고 가난한 이민자 가정에서 성공한 경우는 3퍼센트도 되지 않았다. 19세기 전반에 걸쳐 미국 경영주 가운데 단 2퍼센트만 노동 계급 출신이었다.

이렇게 교과서에서는 이민사에 감동을 주는 예외에만 집중해, 미국이 그 어디에도 견줄 수 없는 기회의 나라라고 확신시켜준다.

여러분이 일만 열심히 한다면.

여기서 다시, 교과서에서는 미국이 유럽과 달리 계급 계층화가 적고 경제적·사회적 이동이 더 자유롭다고 강조한다.

이는 미국 예외주의의 전형적인 서술 중 하나다. '미국 사회는 유일무이하게 공정하다.'

미국 사회를 이렇게 다룬다면 학생들이 현실에 제대로 대비할 수 있을까?

이러한 서술은 오늘날 미국을 정확하게 묘사하지 못한다.

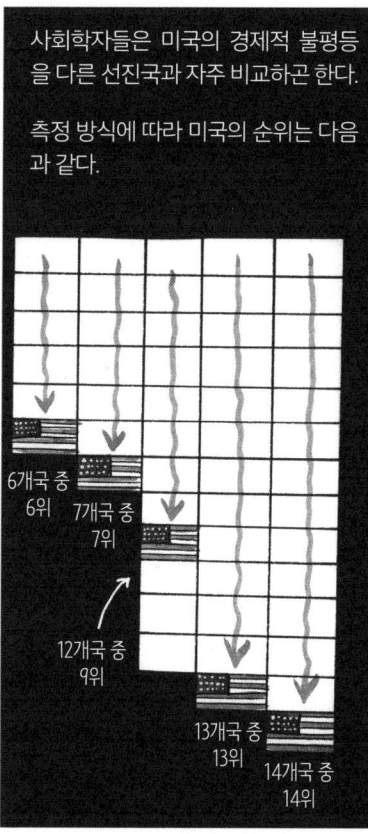

사회학자들은 미국의 경제적 불평등을 다른 선진국과 자주 비교하곤 한다.

측정 방식에 따라 미국의 순위는 다음과 같다.

6개국 중 6위
7개국 중 7위
12개국 중 9위
13개국 중 13위
14개국 중 14위

1965년 미국 임원의 평균 소득은 노동자 평균보다 26배 더 높았다.

2004년 임원의 평균 소득은 노동자 평균보다 431배나 더 높았다!

교과서에서는 식민지 아메리카가 유럽보다 계층화가 덜했다고 주장하므로, 불평등이 언제 시작되었는지 알려주어야 한다.

물론 그 시기는 최근이 아니다.

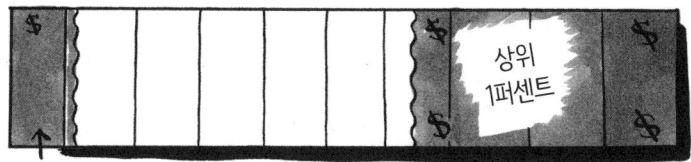

상위 1퍼센트

하위 20퍼센트

1910년 미국 상위 계층 1퍼센트는 총 개인 소득의 3분의 1이상을 차지했다. 반면에 하위 20퍼센트의 소득은 8분의 1이하이였다.

일부 역사가는 (백인 사이에서) 식민지 아메리카의 부가 지금보다 공평하게 분배되었다며, 불평등이 앤드루 잭슨 대통령 시절(1829-1837)에 심화되었다고 주장한다. 그런데 이 시기는 공교롭게도 이렇게 불렸다.

'보통 사람의 시대'

정치학자 월터 딘 버넘은 1896년 공화당의 윌리엄 매킨리 대통령부터 '공평한 민주 정권에서 과두제에 기반을 두고 다소 느슨하게' 정치 개편이 시작되었다고 주장했다.

1920년에 이르러 거대 기업이 공공 정책에 입김을 불어넣기 시작했고, '최악의 시절'에는 인종 불평등과 더불어 경제 불평등이 심화되었다.

하지만 경제 대공황(1929-1939)과 제2차 세계대전 사이(1939-1945)에는 미국의 소득과 부가 점차 평등해졌다.

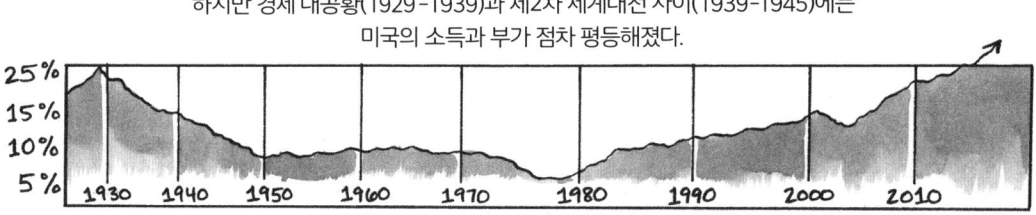

그뒤 경제 불평등 비율은 로널드 레이건이 정권을 잡은 1981년까지 유지되다가, 이후 다시 증가하기 시작했다.

여전히 독립 혁명 이후 큰 변화가 없다고 생각하는 학자도 있다.

(물론, 미국 흑인의 경험을 철저히 무시한 관점이다.)

이 모두가 미국사의 일부다.

그러나 미국 고등학교에서 가르치는 역사의 일부는 아니다.

교과서에는 이러한 내용을 왜 넣지 않을까?

무엇보다도 출판사가 저자들을 검열하기 때문이다.

대형 출판사의 사회·역사 과목 편집자는 내게 이렇게 말했다.

"사회계급을 다루면 '마르크스주의자'라는 꼬리표가 달릴 수 있어요."

이 편집자는 함께 일하는 모든 저자에게 이 금기 사항을 말했으며, 대부분의 편집자가 이를 따른다고 넌지시 말했다.

출판사는 학교 위원회가 교과서를 채택할 때에도 압력을 받는다. 위원회도 조직 단체와 로비 그룹의 압력에 민감하다.

텍사스의 힘이 특히 막강한데(여기서 채택한 교과서는 다른 주의 교과서 채택에도 영향을 준다), 출판사들은 텍사스에서 자신들의 책을 선택하지 않을까봐 두려워할 정도다. 그 이유로 《생활과 자유》에서는 계급 분석을 영국의 식민지 시대만 다룬다.

일부 텍사스 단체는 여전히 만족하지 않는다. 보수파 교육 연구 분석 모임의 데보라 L 브래지나는 《생활과 자유》에 미국이 "저소득 계층에게 불공정한 사회인 것처럼" 서술되었다며 불만을 나타냈다.

미국사에서 특권 계층의 논리를 가장 잘 설명해주는 것은 사회진화론이며, 이러한 상위 계층 위주의 관점은 여전히 큰 영향력을 행사하고 있다. 적자생존의 원칙에 따라 사람들이 계층을 오르내린다는 이 관념은 불평등과 계급 이동의 자료에 맞지 않지만, 여전히 미국 역사 교과서의 한 부분을 차지한다.

여기서 또, 관념에 들어맞지 않은 사실은 그냥 빼고 만다.

저자들은 출판사나 우익 단체의 압력만 받는 것이 아니다.

영웅화의 일환으로, 저자들은 미국 자체를 영웅으로 다룬다. 그래서 미국의 나쁜 점은 삭제한다.

비판적으로 보일 수 있는 사실을 실어도 문제가 된다.

사실을 보여주면, 상위 1퍼센트가 부의 40퍼센트를 좌지우지하는 이 거대한 불평등을 설명하기 어려워지기 때문이다.

나머지 99퍼센트는 게으르거나 부자가 될 자격이 없다는 말인가?

이러한 이유로 교과서에서는 사회적 계층화를 최소화한다. 그리고 다소 이해하기 힘든 설명을 집어넣는다.

이들은 자유 기업의 유익한 점을 설명하지 못한다.

'자본주의'와 '자유 기업'을 설명하지 못한 채, 그저 말과 구호로만 외치고 만다.

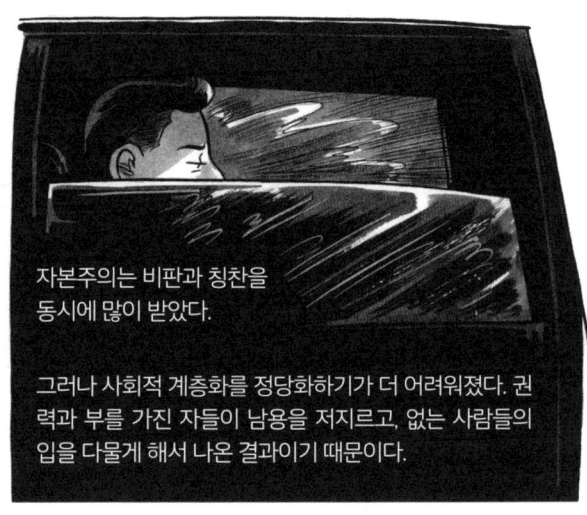

자본주의는 비판과 칭찬을 동시에 많이 받았다.

그러나 사회적 계층화를 정당화하기가 더 어려워졌다. 권력과 부를 가진 자들이 남용을 저지르고, 없는 사람들의 입을 다물게 해서 나온 결과이기 때문이다.

좋게 말해서 미국은 많은 사람에게 기회의 땅이다.

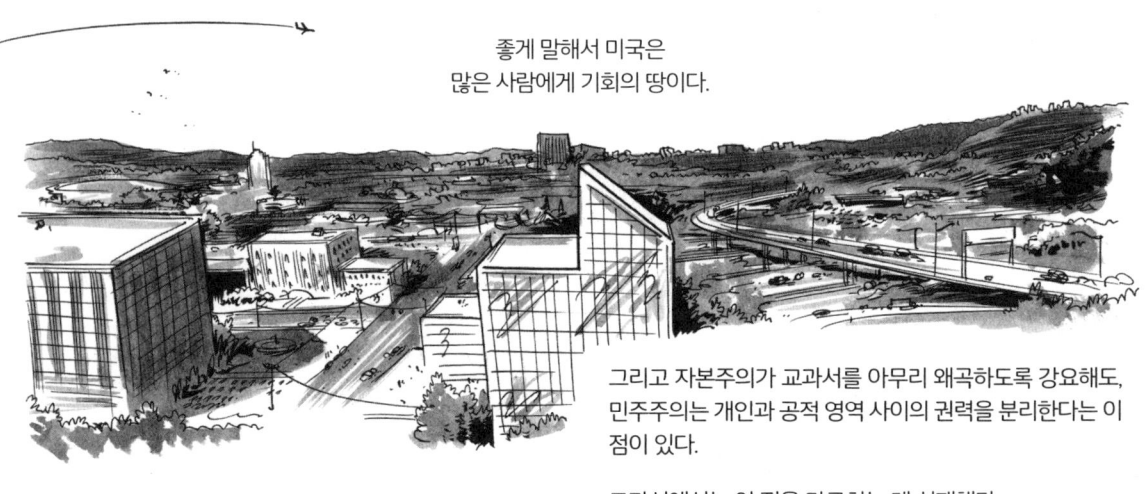

그리고 자본주의가 교과서를 아무리 왜곡하도록 강요해도, 민주주의는 개인과 공적 영역 사이의 권력을 분리한다는 이점이 있다.

교과서에서는 이 점을 가르치는 데 실패했다.

하지만 미국이 평등의 나라라고 믿는 것도 좋지 않을까?

교과서에서 고등학교 여학생들에게 여성이 평등, 상위 계층으로의 이동, 정치적 참여를 보장받았다고 가르친다면, 이들은 미국사에서 여성의 역할을 어떻게 이해할까?

지금까지 여성이 대통령이 된 적이 없다는 사실을 어떻게 설명할 것인가?(여자라서 대통령이 되지 못했다고?)

뭐라고요?

교과서에서는 1920년까지 여성에게 투표권이 없었고, 계층 상승을 가로막는 장벽이 수없이 많았다고 설명한다.

하지만 오늘날 백인 하위 계층과 노동자 계층에게는 현재에도 기회가 동등하지 않을지 모른다는 말은 그 어디에도 없다.

교과서에서 말한 대로, 부유한 미국인들은 인종주의 때문에 흑인과 원주민의 빈곤이 생겼고 성차별 탓에 여성 불평등이 일어났다고 기꺼이 생각한다.

그러나 전반적인 가난이 계급 차별 때문이라는 것은 모른다.

어휴, 취직하면 되잖아.

미국사를 통해 젊은이들에게 이들과 이들의 부모, 지역 사회, 나아가 사회가 어떻게 지금의 모습이 되었는지 충분히 설명할 수 있다.

그러나 교과서에서는 그저 외면한다. 특히 가난한 노동자 계층의 학생에게 알 기회를 제공하지 않는다.

원인을 설명하기보다 현재를 정당화하기 때문이다.

그 결과, 이들이 기회를 받지 못하고 불평등한 상태에서 계층 상승을 할 수 없는 이유를 정당화하는 데 이용된다.

결국 미국사에서 사회계급 분석이 부족한 것은 교육이 가난한 노동 계층에 불리하게 적용되는 또다른 방식이 되고 말았다.

8장

빅 브라더를 보다
교과서에서는 연방정부를 어떻게 가르치는가

우리는 우리 국가의 이야기와
인간으로서 우리의 이야기를 비롯해,
인류의 긍정적인 면뿐만 아니라
불쾌한 면도 마주해야 한다.
추한 사실을 받아들일 줄 알아야
공식적인 현실관에서 우리를 보호할 수 있다.
— 빌 모이어스(미국 정치평론가)

스스로 아무것도 하지 않았다고 믿는다면,
정말 아무것도 할 수 없게 된다.
— 맬컴 엑스(미국 흑인 인권 운동가)

요점과 질문, 덧붙일 내용
(질문은 또다른 질문을 낳는다)

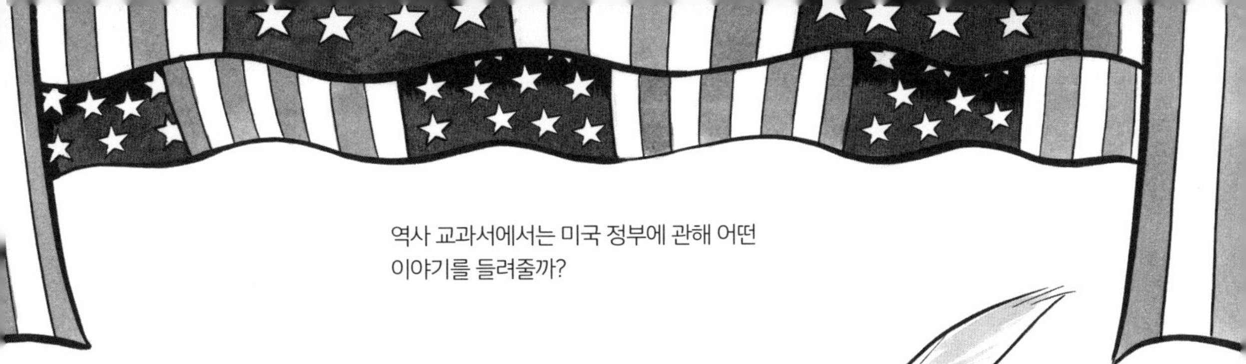

역사 교과서에서는 미국 정부에 관해 어떤 이야기를 들려줄까?

일단, 오늘날의 미국은 1789년에 세워진 나라 그대로라고 말한다.

미국 헌법이 세워진 이래 권력의 균형(주와 개인뿐만 아니라 각 정부 기관 사이에 나뉜 권력)이 지난 200여 년 사이에 확연히 변했을지 모른다는 가능성은 무시한다.

교과서에서는 정부가 여전히 국민을 따르는 공복이라고 말하지만, 시민과 비정부 기관이 사회 발전과 변화에 어떤 역할을 했는지는 제대로 기술하지 않는다.

저자들은 미국을 영웅적 국가로 묘사하는 경향이 있다. 역사 교과서가 반시민적 설명서 또는 침묵의 지침서로 뒤바뀌는 순간이다.

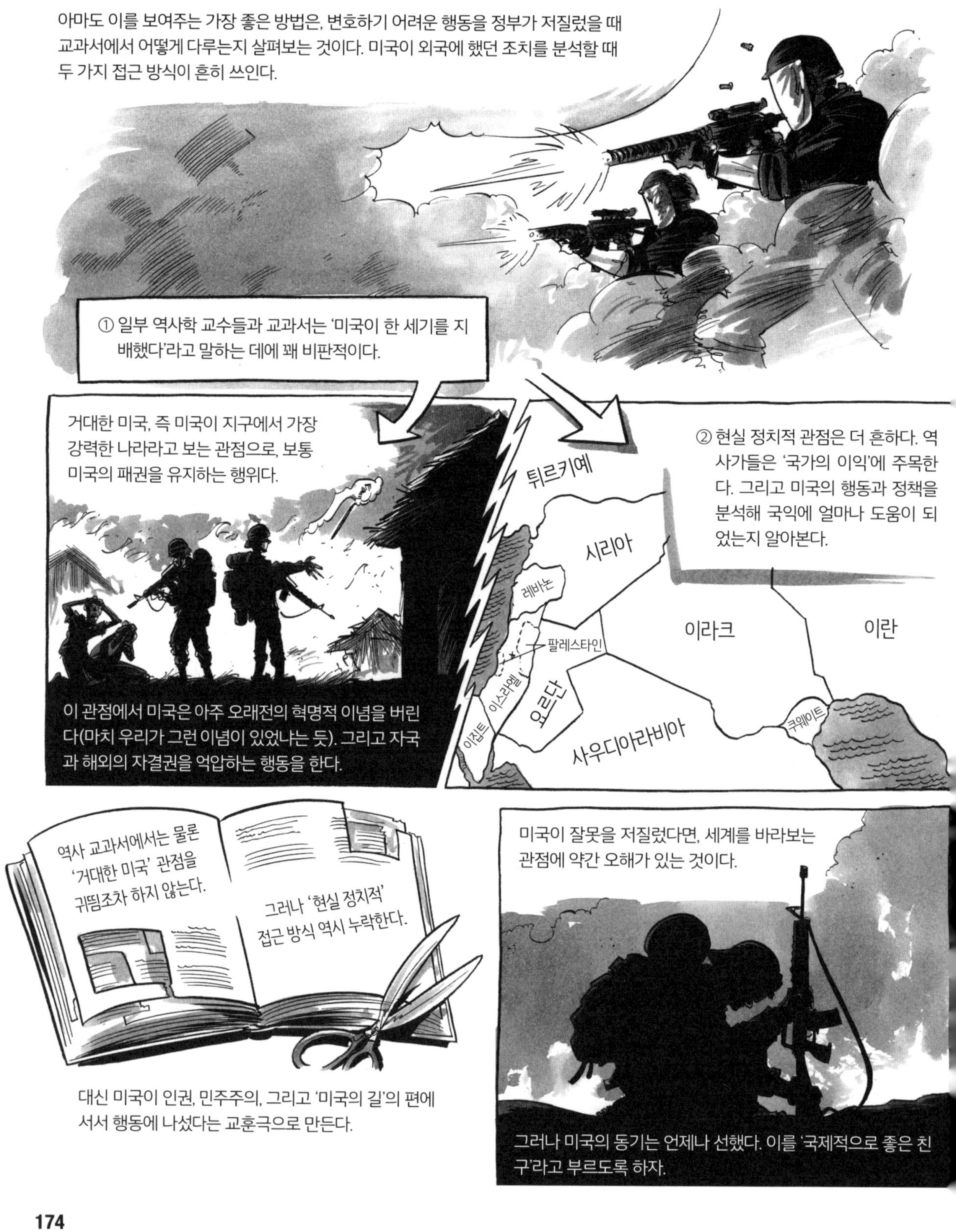

아마도 이를 보여주는 가장 좋은 방법은, 변호하기 어려운 행동을 정부가 저질렀을 때 교과서에서 어떻게 다루는지 살펴보는 것이다. 미국이 외국에 했던 조치를 분석할 때 두 가지 접근 방식이 흔히 쓰인다.

① 일부 역사학 교수들과 교과서는 '미국이 한 세기를 지배했다'라고 말하는 데에 꽤 비판적이다.

거대한 미국, 즉 미국이 지구에서 가장 강력한 나라라고 보는 관점으로, 보통 미국의 패권을 유지하는 행위다.

이 관점에서 미국은 아주 오래전의 혁명적 이념을 버린다(마치 우리가 그런 이념이 있었냐는 듯). 그리고 자국과 해외의 자결권을 억압하는 행동을 한다.

② 현실 정치적 관점은 더 흔하다. 역사가들은 '국가의 이익'에 주목한다. 그리고 미국의 행동과 정책을 분석해 국익에 얼마나 도움이 되었는지 알아본다.

역사 교과서에서는 물론 '거대한 미국' 관점을 귀띔조차 하지 않는다.

그러나 '현실 정치적' 접근 방식 역시 누락한다.

대신 미국이 인권, 민주주의, 그리고 '미국의 길'의 편에 서서 행동에 나섰다는 교훈극으로 만든다.

미국이 잘못을 저질렀다면, 세계를 바라보는 관점에 약간 오해가 있는 것이다.

그러나 미국의 동기는 언제나 선했다. 이를 '국제적으로 좋은 친구'라고 부르도록 하자.

존 F. 케네디는 1961년 미국이 전 세계의 평화를 수호할 '의무'를 언급하며 이렇게 말했다.

다른 나라들은 자신의 이익만 생각합니다.

전 세계 인구의 6퍼센트에 불과한 미국만이 이러한 짐을 기꺼이 짊어집니다.

이렇게 '국제적으로 좋은 친구'라는 해석 아래 미국이 해외에 보내는 대규모 군대는 패권보다 이타주의의 상징이 되었다.

지난 100년 동안, 교과서 저자들은 미국이 해외 원조를 제공하므로 그 어떤 나라보다도 너그럽다고 주장한다.

이는 결코 사실이 아니다.
오늘날 최소 20개의 유럽과 아랍 국가들은 미국보다 국내총생산(GDP)의 더 많은 부분을 해외 원조에 지출한다.

교과서에서는 미국의 주요 수출품으로서 평화 단체와 여타 비슷한 단체의 사진을 수없이 보여준다.

하지만 미국의 주요 수출품은 사실 다국적 기업이다.

이는 특히 군인으로 파병 나갈지 모르는 학생들과 관련이 깊다. 미국의 정책이 이 다국적 기업의 입김에 강하게 영향을 받기 때문이다.

직장을 찾는 학생들과도 연관이 있다. 이들은 저임금 노동자를 찾아 해외로 눈을 돌리는 다국적 기업의 선택을 받지 못한다.

이 문제의 답을 구하고자 하는 미국인에게 미국사 수업은 별 도움이 되지 않을 것 같다.

교과서에서는 대부분 다국적 기업을 아예 언급조차 하지 않는다. 다국적 기업이 '국제적으로 좋은 친구'의 기준에 맞지 않기 때문이다.

다국적 기업은 빈곤한 개발도상국의 엘리트에게 뇌물을 주고 자신들이 원하는 사업과 정치적 결과물을 얻어간다.

예를 들어 적도기니에서는 석유 기업이 당시 정권을 잡고 있던 정부에 수백만 달러를 지불하고 석유를 채굴해 갔다. 그 와중에 권력자의 아이들에게 호화 여행을 보내주고 건물 임대를 하도록 재정 지원을 해주었다. (매우 흔한 자금 세탁 방식이다.)

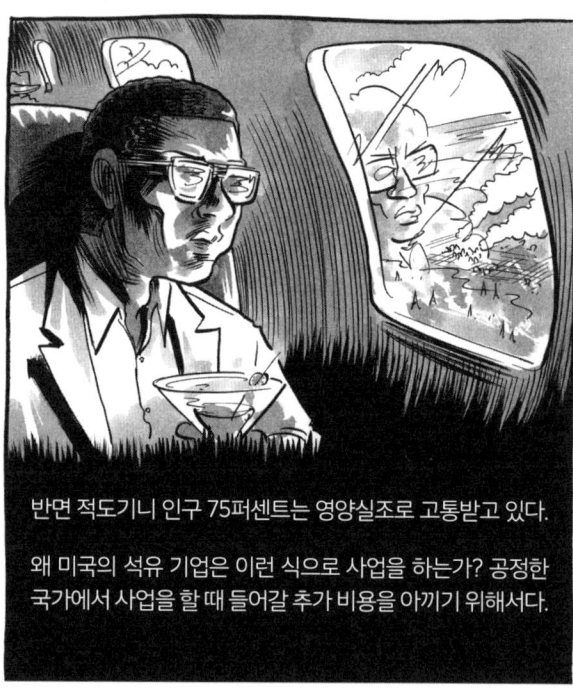

반면 적도기니 인구 75퍼센트는 영양실조로 고통받고 있다.

왜 미국의 석유 기업은 이런 식으로 사업을 하는가? 공정한 국가에서 사업을 할 때 들어갈 추가 비용을 아끼기 위해서다.

다국적 기업은 반민주적 세력을 만들어 국가의 엘리트 계층이 국민들을 더욱 확고히 지배하도록 돕는다.

이란의 경우로 보듯이, 미국이 적도기니와 같은 정권에 개입하면 결국 그 결과가 부메랑이 되어 돌아온다.

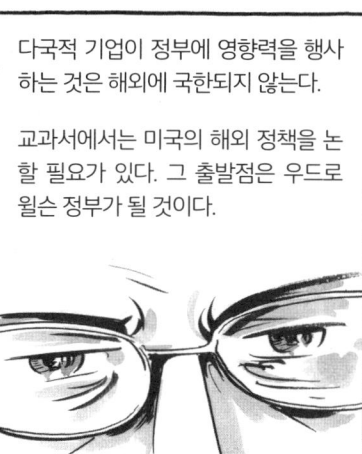

다국적 기업이 정부에 영향력을 행사하는 것은 해외에 국한되지 않는다.

교과서에서는 미국의 해외 정책을 논할 필요가 있다. 그 출발점은 우드로 윌슨 정부가 될 것이다.

예를 들어 뉴욕의 퍼스트 내셔널 은행은 1915년 윌슨 대통령이 아이티 문제에 개입하도록 압력을 넣었다.

그리고 역사가 배리 와이스버그에 따르면, 소련 정권이 석유 산업을 국유화한 후, 뉴저지의 스탠더드 오일은 1918년 미국이 러시아를 침공했을 때 '주요 추진 동력'이 되었다.

(1장에 나왔는데 기억하는가?)

1931년에 미 해병대 장군 스메들리 D. 버틀러는 이렇게 분명히 밝혔다.

"나는 1914년 미국의 정유 회사들을 위해 멕시코를 안전하게 만들었소."

"아이티와 쿠바를 온건한 곳으로 만들어 내셔널 시티 은행이 수익을 올리도록 해주었지. 니카라과를 정화해 국제 은행가 브라운 브라더스가 활동할 수 있게 도왔소. …"

"1916년에는 도미니카공화국의 문제를 밝혀 미국 설탕 회사들의 사업을 도왔다오. 1903년 온두라스에서도 미국의 과일 회사가 '온당하게' 활동할 수 있게 만들어주었지."

"돌이켜 보면 나는 여러 면에서 알 카포네와 닮았다고 볼 수 있소."

실제로 1953년에서 1977년 사이에 미국의 대외 정책과 관련된 사람들은 모두 록펠러 가문에서 봉급을 받았다.

1961년부터 1977년까지 대외 정책을 이끌던 러스크와 헨리 키신저는 록펠러의 재정 지원에 의존했다!

그런데도 다국적 기업이 미국의 대외 정책에 영향을 주었다고 언급하는 교과서는 한 권도 없다.

그 대신 미국 정부가 설명한 것을 액면 그대로 받아들이며, 도움을 요청한 나라에 응답한 합리적이고 인도주의적인 정책이었다고 못 박는다.

다른 나라가 이런 식의 행동에 나서면 미국 정부는 "나라가 테러를 지원한다"고 말한다.

무엇보다도 미국은 러시아나 사우디아라비아가 정치에 영향력을 행사하거나 경제를 불안정하게 만든다면 분개할 것이다.

1993년 미국 정부는 이라크의 사담 후세인이 미국 전 대통령 조지 H. W. 부시를 암살하려 한 것을 보고 분노를 금치 못했다. 그리고 바그다드에 폭탄을 퍼부어 보복했다.

그러나 미국은 거듭 비슷한 암살 시도를 모의했다.

옛 교과서 12종 중 8종에서는 1953년 CIA가 샤를 권력에 올린 이란 쿠데타를 빼버렸다. 하지만 개정된 교과서 6종에서는 그 사건을 다루었다.

1995년 이전   1995년 이후

《미국의 행진》에서는 이 사건을 이렇게 다루었다.

"이란 정부는 크렘린(소련 정부)의 영향을 받았다고 추정되었으며, 이란의 석유를 지배하려는 거대 서구 기업의 힘에 대항하기 시작했다.

그에 대한 응답으로 CIA는 1953년 쿠데타를 꾀해 이란의 젊은 샤 모하마드 레자 팔레비를 사실상 독재자로 만들었다.

서구 기업은 단기적으로 이란의 석유를 확보하는 데 성공했지만, 미국의 개입은 수많은 이란인 사이에 거센 저항이라는 쓰디쓴 유산을 남겼다."

위의 서술을 통해 왜 이란인들이 1979년 미국 대사관을 점거하고 1년 넘게 직원들을 감금했는지 납득할 수 있다.

이란은 미국 정부의 중동 정책에 끊임없이 적대감을 보였다. 이를 통해서도 지금 교과서에서 1953년 미국의 조치를 왜 더 자세히 설명하는지 이해할 수 있다.

하지만 교과서에서는 이라크를 제외하고 다른 나라와의 복잡한 관계를 다루는 데 나아진 점이 없다.

1944년 과테말라로 이동해보자. 대학생, 도시 노동자, 중산층이 독재자를 몰아내고 민주주의를 이제 막 세우던 시기였다.

그후 10년 동안 선출 정부는 투표권을 원주민, 여성, 빈민에게로 확대했고 커피 플랜테이션 농장의 강제 노동을 폐지했으며, 여러 개혁을 단행했다.

하지만 개혁은 1954년 CIA가 무력 침공으로 하코보 아르벤스 정부를 위협하며 끝이 나고 말았다. 아르벤스가 토지 개혁을 제안하고 고속도로와 철도를 놓아 무역 독점을 깨뜨리려다 미국 기업 유나이티드프루트의 반대에 부딪혔기 때문이다.

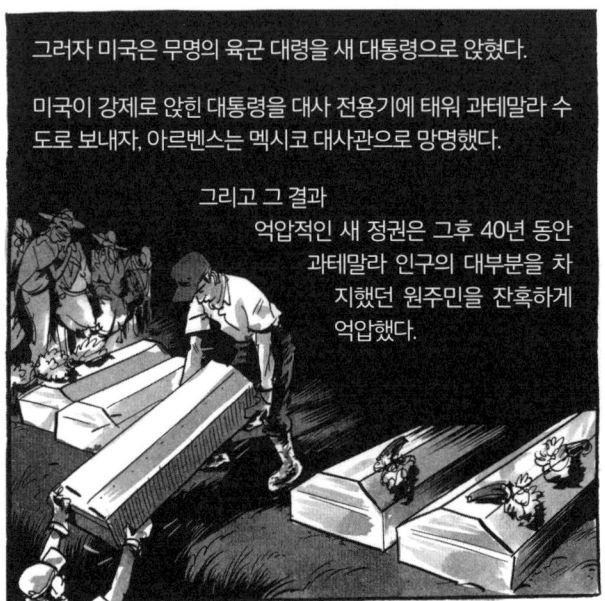

그러자 미국은 무명의 육군 대령을 새 대통령으로 앉혔다.

미국이 강제로 앉힌 대통령을 대사 전용기에 태워 과테말라 수도로 보내자, 아르벤스는 멕시코 대사관으로 망명했다.

그리고 그 결과 억압적인 새 정권은 그후 40년 동안 과테말라 인구의 대부분을 차지했던 원주민을 잔혹하게 억압했다.

《미국의 여정》에서는 이 사건을 일반적인 수준으로 다룬다. 그저 반공주의가 유일한 정권 타도의 동기였다고 이름 붙인다.

70년이 지난 지금도 교과서에서는 매카시즘 논리를 여전히 유지하고 있다. 다른 책에서도 과테말라를 언급할 때 마찬가지 태도를 보인다.

역사 교과서에서는 정반대의 행동을 설명할 때 대개 '공산주의' 아니면 '혼란'을 이유로 든다.

이것이 교과서의 일반적인 논조다.

혼란 때문이야!

혼란은 터지거나 금방이라도 터질 것 같은 일이라고!

모두 알다시피 미국은 그저 어쩔 수 없이 개입하는 거야.

Mr. 교과서

교과서 저자들은 미국 정부를 비판하는 데 소극적이므로, 미국의 반대편을 이해하기 힘들다고 설명한다.

이유가 있었다고!

중요한 요소야!

혼란을 잠재워야지!

이는 학생들이 오해하고 헷갈리게 만든다.

《희망의 나라》에서는 미국이 1957년 레바논 선거에 역개입해서 행복한 결말을 낳았다고 말한다. 다소 분개하고 있던 무장 무슬림 세력에 맞서, 미국이 해군을 미리 보내 부정선거를 바로잡았다는 것이다.

"레바논에 공산주의 위협이 바로 들이닥치지는 않았지만, 아이젠하워는 미국이 즉각 행동에 나섰다고 말했다.

그 결과 긴장이 완화되었다."

그러나 1975년 레바논 내전이 또 터지고 말았다. 이어서 1983년에는 혼란이 가속화되었고, 결국 레이건 대통령은 다시 해군을 보냈다.

트럭 폭탄 테러로 막사에 머물던 미 해군 241명이 사망하자, 레이건은 바로 나머지 병력을 철수시켰다.

몇몇 교과서에서는 이 사건을 서술하지만, 레바논에서 끊임없이 갈등이 일어나는 근본적인 이유는 단 한 권도 언급하지 않는다.

CIA가 1961년 콩고 지도자 파트리스 루뭄바의 암살을 촉발했다는 내용을 조사해보았는데, 자이르 또는 콩고를 찾아보기에 수록한 옛 교과서는 2종에 불과했다. 《미국의 승리》에 다음과 같이 서술되어 있다.

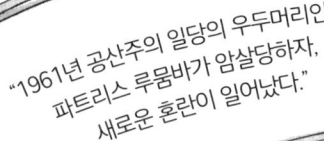

"1961년 공산주의 일당의 우두머리인 파트리스 루뭄바가 암살당하자, 새로운 혼란이 일어났다."

여러분도 짐작했겠지만, 이 암살에 미국이 연루되었다는 언급은 어떤 책에도 없다.

《미국의 승리》에서는 행복한 결말도 덧붙인다.

"1960년대 후반 내전의 상처는 대부분 치유된 듯 보였다. 콩고(자이르)는 아프리카에서 가장 부유한 나라 중 하나가 되었다."

그렇게 되었다면 좋았겠지만!

실제로 CIA는 전직 군인인 조셉 모부투를 권력에 올려놓았고, 모부투가 지배하던 1960년대에 이르러 자이르는 아프리카에서 경제적으로나 정치적으로 가장 뒤떨어진 나라가 되었지요.

미국이 쿠바의 피델 카스트로를 여러 번 암살하려 했다는 사실은 어떤 교과서에서도 다루지 않는다.

음!

미국 상원의원의 설명에 따르면 1965년까지 암살 기도가 8번 있었고, 쿠바는 1975년까지 총 24번 있었다고 증언했다.

(밀크셰이크에 독을 탄 적도 있었다고!)

CIA는 쿠바에서 실패했음에도 아랑곳하지 않고 칠레로 관심을 돌렸다. 이는 18종 중 6종에만 언급되어 있다.

《생활과 자유》에서만 이 사건을 직설적으로 서술한다.

"닉슨 대통령은 칠레군을 도와 칠레의 선출 정부를 전복하려 했다. 급진적 사회주의 정책이 마음에 들지 않았기 때문이다."

그나마 이 한 줄 문구도 카터 대통령의 인권 기록에 관한 내용에 묻히고 말았다. 그러나 다른 책에 비하면 이는 그나마 낫다.

12종에서는 아예 언급조차 하지 않았기 때문이다.

교과서에는 정부가 저지른 속임수를 모두 실어야 할까?

물론 아니다.

하지만 미국 정부에 연루된 몇몇 사건은 중요하므로 분석할 필요가 있다.

도덕적 판단을 토대로 이러한 행동을 변호하기는 쉽지 않다.

이 탓에 미국은 대외 정책을 마피아 범죄 수준으로 떨어뜨려버렸고,

합법적 행동이었다고 주장하는 미국의 민낯이 드러났으며,

전 세계에서 미국의 위신은 땅에 떨어지고 말았다.

반대로, 현실 정치를 근거로 폭력을 옹호할 수도 있다. 정치적 목적을 달성하기 위해 특정 정부를 뒤흔들 수밖에 없었다고 반박하는 것이다.

하지만 앞서 기술한 여섯 건의 시도는 이 논리를 뒷받침하지 않는다.

비밀공작은 언제나 반격의 위험이 있다. 이러한 조치는 미국 국민에게 동의나 지지를 받지 않았기 때문에, 해외에서 보복해오더라도 제대로 대응할 수 없다.

모사데크나 카스트로를 어떻게 처리할지 공개적으로 토론을 했다면, 호메이니 또는 피그스만에서 겪었던 실패를 피할 수 있었을 것이다.

그러나 역사 시간에 그러한 토론을 한 적이 없다. 교과서 대부분에서 위의 시도를 모두 빼버렸으니까!

그 대신 교과서 저자들은 미국이 다른 국가의 위기에 관대하게 대응하며 이상적인 행동에 나섰다고 옹호한다.

아이젠하워 대통령은 뻔한 거짓말이 들통 났을 때 국가 안보를 핑계로 삼곤 했다.

그는 미국이 소련 영공을 비행했다는 것을 부정했지만, 소련에 잡힌 U-2 조종사 게리 파워스가 텔레비전에서 생방송으로 진실을 밝히고 말았다.

그후, 미국 국민은 게리 파워스가 빙산의 일각이라는 것을 알게 되었다.

1950년대에 170명 이상이 최소 31번 이상 소련에 상륙했다.

몇십 년 동안 미국은 군인의 가족에게까지 거짓말을 했다. 그리고 소련에서 송환할 노력조차 하지 않았다. 비행이 불법인 데다 비밀리에 부쳤기 때문이다.

같은 맥락에서 미국 헌법에는 오직 의회만 전쟁을 선언할 수 있다고 명시되어 있다.

하지만 또다시, 대통령들은 군사 작전을 비밀로 부쳤다. 대중적 지지를 잃을 위험을 감수하고 싶지 않아서였다.

1918년 우드로 윌슨은 의회와 국민에 러시아 침공을 숨기려 했다. 그러나 헬렌 켈러가 진실을 밝혔다.

우리 정부는 정직하지 못합니다. 이들은 러시아에 공개적으로 전쟁을 선포하지 않았고 그 이유도 분명히 밝히지 않았어요.

러시아인들을 상대로 은밀히 싸우면서 입으로는 거짓 민주주의를 외치고 있지요.

윌슨은 침공을 숨기는 데 실패했다. 그러나 미국 역사책 뒤로는 용케 숨었다.

그것이 문제다.

교과서에서는 미국 정부가 덮으려 했던 위 여섯 건의 사례를 언급하지 않으면 역사적 사건을 제대로 그려낼 수 없다.

교과서 대부분에서 유일하게 다루는 미 정부의 범죄 행위는 워터게이트라 불리는 사건이다.

1970년대 초반, 미국 국민은 닉슨 대통령이 여러 건의 범죄를 저질렀음을 알게 되었다. 이중에는 민주당 전국 위원회 본부와 정신과 의사 루이스 필딩의 사무실에 침입한 사건도 있었다. 그리고 그는 이 사건을 덮어 1972년 선거에서 유리한 고지를 점하려 했다.

교과서에서 워터게이트 사건을 설명하려면 닉슨을 비난해야 했다. 하지만 여전히 정부의 장밋빛 전망을 드러내며 거기서 멈춰버렸다.

가장 중요한 점은, 닉슨을 제거했지만 행정부에 지나치게 치우친 권력 문제를 해결하지 못했다는 것이다.

"법을 집행해야 할 정부가 불법을 저지르자, 사법부와 입법부가 나서 이들을 저지했다."

기다려 봐요.

로저 스톤*

어떤 면에서 레이건 정권과 아버지 부시 정권이 연루된 이란-콘트라 사건은 행정부가 이전보다 더 통제하기 어려워졌다는 사실을 보여주었다.

* 워터게이트 사건 연루자. 이후 보수정치 컨설턴트로 활동하며 트럼프의 핵심 참모가 된다.

행정부의 권력 남용은 해가 갈수록 뻔뻔해졌다. 학생들은 이러한 비극과 더불어 민주주의에 미치는 충격과 계속 마주하게 될 것이다.

교과서에서 이러한 사건을 정확하게 다루지 않는 한, 학생들은 끊임없이 미국의 역사에 충격을 받을 것이다.

그러면서도 이 문제를 비판적으로 생각할 대비 또한 할 수 없게 된다.

요점은 미국의 교과서에서 미국의 정치적 행위를 옳고 그름의 기준이나 현실 정치면에서 평가하지 않는다는 것이다.

그저 정부가 어련히 옳은 일을 했겠지 짐작해버린다.

교과서의 관점을 그대로 받아들인 국민은 국가가 (무장이든 아니든) 어떻게 간섭을 해도, 어떤 정책을 시행해도 그저 지지만 할 가능성이 높다.

국민은 국가의 정책과 행동이 인도주의적 이유에서 비롯되었다고 확신하기 때문이다. 같은 맥락에서 국민은 적들에게도 비슷한 인도주의가 있다는 사실을 결코 믿지 못할 것이다.

학생들에게 미국 정치사를 현실적으로 설명한다면, 민주주의가 위축될 염려를 할 필요가 없겠지요.

이를 통해 고등학교와 대학교 역사 수업이 같은 주제를 놓고 얼마나 다른 방향으로 가르치는지도 알 수 있어요.

고등학교 역사 교과서에서는 미국 정부가 미국의 사회 및 정치적 진보를 위해 최선을 다하고 있다고 장담한다.

이러한 설명은 인권 운동을 다루는 부분에서 특히 유감스럽다. 1960년대 수천 명이 용감히 나섰던 인권 운동 덕분에 정부가 마지못해 법률을 만들었기 때문이다.

1960년과 1968년 사이 인권 운동가들은 정부에 인권 보호와 법 집행을 거듭 요구했다. 수정 헌법 14조 등 재건기의 법을 완전히 이행하라는 요구도 포함되었다.

정부의 반응은 한심할 정도였다. 그중에서도 케네디 정부가 특히 심했다.

FBI가 인권 운동에 보인 반응은 흑인에게 적대감을 오랫동안 보여왔다는 맥락에서 매우 중요하다.

J. 에드거 후버의 FBI 국장 재임기는 우드로 윌슨이 재임하던 1910년대와 1920년대, 공산주의에 연루된 자들을 조사하는 것으로 출발했다.

윌슨 재임기 마지막 4년 동안은 미국사 그 어떤 시기보다도 반(反)흑인 폭동이 극심했지만, 윌슨은 백인우월주의자들이 저지른 폭력·테러·억압은 눈감아주고 흑인의 정보를 모으는 데에만 몰두했다.

후버는 1919년 워싱턴 D.C.에서 일어난 반흑인 폭동을 이렇게 비난했다.

> 수많은 검둥이들이 백인 여성을 공격하는 만행을 저질렀습니다.

그해 후버의 수사국은 KKK단과 같은 백인우월주의 단체가 아닌 흑인 조직을 감시하기 시작했다. 1930년대에는 흑인 요원도 단 두 명만 남기고 싹 없애버렸다.

1960년대에 이르자 FBI에는 흑인 요원이 한 명도 남지 않았다.

후버는 자신의 운전기사가 흑인이었다고 주장했지만 말이다.

남부에는 FBI 사무국과 요원이 거의 없었다. 그리고 남부 요원들은 대부분 백인우월주의에 젖어 있었다.

미시시피에서는 FBI 요원이 아예 없어서 법률 집행을 현지 경찰에 의존했다.

하지만 인권 운동가들도 똑같이 보호가 필요한 사람들이었다.

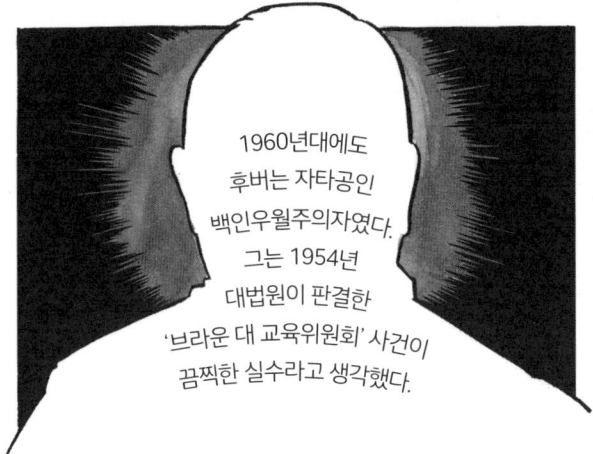

1960년대에도 후버는 자타공인 백인우월주의자였다. 그는 1954년 대법원이 판결한 '브라운 대 교육위원회' 사건이 끔찍한 실수라고 생각했다.

후버는 법무장관 로버트 F. 케네디의 승인을 받아, 인권 운동의 상징이었던 마틴 루서 킹 주니어의 인권 운동을 망가뜨리기 시작했다.

그는 전화를 도청하고 호텔에서 킹이 여성과 나누는 대화를 몰래 녹음했다.

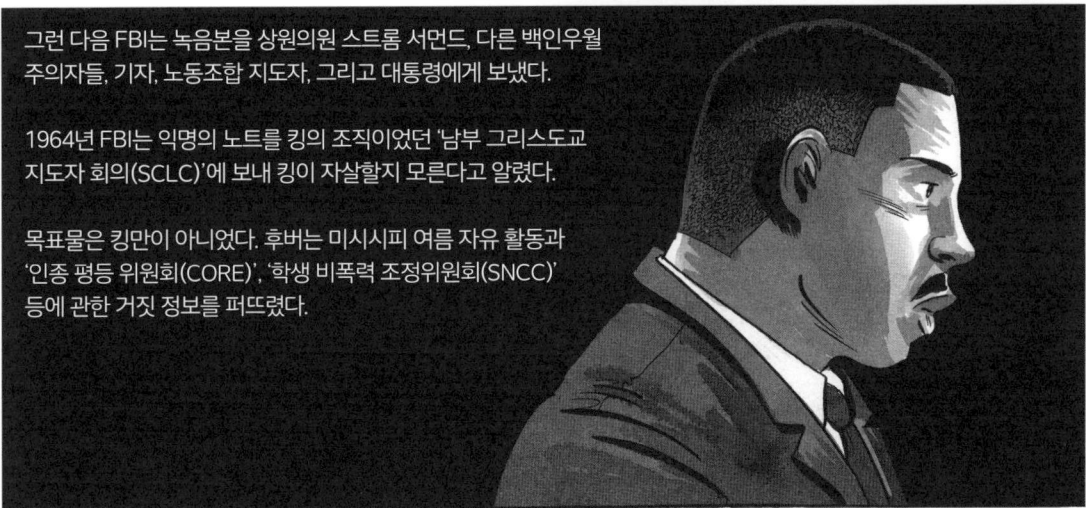

그런 다음 FBI는 녹음본을 상원의원 스트롬 서먼드, 다른 백인우월주의자들, 기자, 노동조합 지도자, 그리고 대통령에게 보냈다.

1964년 FBI는 익명의 노트를 킹의 조직이었던 '남부 그리스도교 지도자 회의(SCLC)'에 보내 킹이 자살할지 모른다고 알렸다.

목표물은 킹만이 아니었다. 후버는 미시시피 여름 자유 활동과 '인종 평등 위원회(CORE)', '학생 비폭력 조정위원회(SNCC)' 등에 관한 거짓 정보를 퍼뜨렸다.

FBI는 킹이 생명 위협을 받고 있다는 정보도 보내지 않았다.

위협이 심각하다는 것을 알았는데도 말이다.

미시시피에서만 1000명이 넘는 인권 운동가가 현지 경찰에게 체포되었고 35명이 총을 맞았으며, 6명이 살해되었다.

FBI는 인권 운동가들을 폭력에서 보호하는 일은 자기들 소관이 아니라고 거듭 주장했다.

1962년, 학생 비폭력 조정위원회는 로버트 F. 케네디와 J. 에드거 후버를 고소해 인권 운동가들을 강제로 보호하도록 했다.

폭력에서 보호를 받기가 점점 어려워지자, 미시시피 인권 운동가였던 앰지 무어와 로버트 모지스 등은 1964년 '미시시피 자유의 여름' 프로젝트를 시작했다.

프로젝트의 사명은 다음과 같은 캠페인을 병행했다.

① 북부의 대학생(대부분 백인) 1000명을 남부 미시시피로 불러와 흑인이 조직한 다인종 유권자 등록 운동을 진행하는 것.

② 현지 '자유의 학교'를 세워 흑인 미시시피 거주자를 대상으로 선거 진행 과정과 후보뿐만 아니라 유권자로서 권리에 관해 교육하는 것.

이들은 십시일반으로 힘을 모아 어떻게든 결과물을 만들어내려 애썼다. 백인우월주의자들은 1964년 여름에만 주택 30채에 폭탄을 터뜨리고 흑인 교회 37곳을 불태웠다.

인권 운동가 제임스 채니, 마이클 슈워너, 앤드루 굿먼이 살해당하자 전국적으로 비판의 목소리가 높아졌고, FBI는 그제야 미시시피 주도인 잭슨에 사무실을 열었다.

1964년 민주당 전당대회가 열렸을 때 FBI는 미시시피 자유민주당과 킹 박사의 전화를 도청했다.

존슨 대통령의 요청이었다.

나는 미시시피에 살고 그곳을 조사했기 때문에, 그곳에서 일어난 사건에 집중했다. 하지만 FBI가 흑인과 다인종 조직에 가한 공격은 전국적이었다.

시카고와 캘리포니아, 그리고 북부 어디에서나 FBI는 블랙팬서(1960년대에 결성된 흑인 인권 단체)의 주요 활동을 강제로 막고 학생을 위한 무료 아침식사 프로그램도 막으려 했다.

그리고 헛소문을 퍼뜨려 블랙팬서 조직원과 결혼을 못하게 막았고, 다른 흑인 활동가 단체와 갈등을 조장했다.

또한 1969년, 시카고 경찰을 도와 블랙팬서의 지도자 프레드 햄프턴의 아파트를 습격해 그가 자고 있는 사이 살해했다.

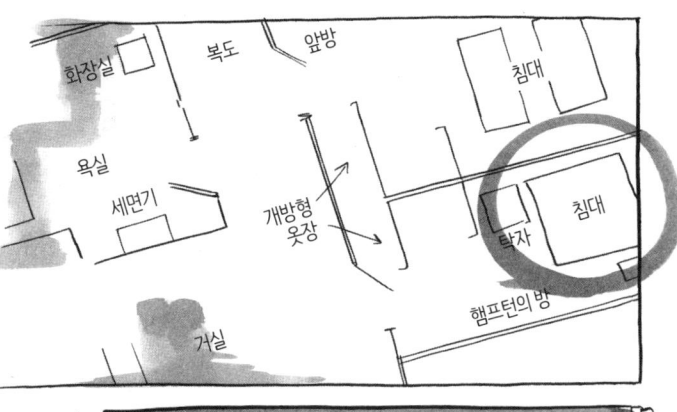

FBI는 흑인 지도자 스토클리 카마이클의 어머니에게 블랙팬서가 그를 죽이려 한다며 거짓 정보를 흘렸다. 카마이클은 이 말을 듣고 곧장 미국 밖으로 달아나버렸다.

1968년 마틴 루서 킹이 암살당하고 얼마 지나지 않아, FBI는 학생 비폭력 조정위원회의 사무실을 두 번이나 침입했다.

1980년대에는 킹의 생일을 국경일로 지정하지 못하도록 막으려 했다(결과는 실패).

FBI는 전국 대학교의 흑인 교수진을 조사했다. 1970년대에 후버는 "흑인 학생들의 요구를 위해 결성된 모든 흑인 학생 조합과 여타 유사 조직"의 일제 조사를 승인했다.

내가 가르친 투갈루 대학은 이 작전의 특별 대상이었다.

FBI 요원들은 이 대학 전체의 '중립화'를 제안했다. 학생들이 조직을 후원한다는 이유였다.

다른 주에서 온 공격적인 흑인 연사들, 유권자 등록 운동, 아프리카 문화 세미나와 강연 등은 … 미시시피 흑인의 인권을 공개적으로 위협합니다.

FBI가 행동에 나서고 윗선에서 지원한 일은 1964년 민권법과 1965년 투표권법과 함께 1960년대가 남긴 유산이다.

그러면 교과서에서는 이 유산을 어떻게 다룰까?

교과서에서는 정부가 인권 운동과 척을 졌다고 비난하지 않을뿐더러,

인권 운동의 진전이 거의 온전히 정부 덕이라고 공을 돌린다.

정부가 이 시기에 했던 나쁜 행동은 모두 빼버린다.

내가 조사한 교과서 16종에는 킹의 유명한 연설 "내게는 꿈이 있습니다"가 수록되었지만,

그중 15종에서는 앨라배마와 미시시피 주정부에 대해 부정적으로 언급한 말을 삭제해버렸다.

좋아요, 좋아요.

권리를 드리지요.

우리는 이를 두고 인권에 '할리우드식 접근'을 했다고 말한다.

이런 '할리우드식 접근'으로 연방정부는 자신들이 민권법과 투표권법에 이정표를 세웠다고 '설명'한다.

존 F. 케네디가 법을 제안했고, 린든 B. 존슨이 의회에 통과시킨 덕분이라는 것이다.

그러니 정부 덕이 맞지!

주된 문제는 이 대통령들의 장밋빛 초상화를 그리는 데 그치지 않는다. 이런 식의 접근은 흑인의 역사적 영향력과 단체 활동을 지워버린다.

《미국의 역사》에서는 이 경우를 수동태로 모호하게 표현한다.

우리는 신경쓰지 마세요.

안 써.

"또다른 인권 조치였던 투표권법이 통과되었다."

어떤 책에서는 민권법과 투표권법이 통과된 순서를 뒤바꾸기도 했다.

《자유의 도전》에서는 지도자와 지지자의 역할을 바꿔버렸다.

"1963년 6월, 케네디 대통령은 의회에 평등권법을 광범위하게 적용할 수 있는 조치를 해달라고 요청했다. 대통령을 본보기삼아 수천만 미국인들도 평등한 인권을 위해 행동에 나섰다. 1963년 8월, 20만 명이 넘는 사람들이 워싱턴 D.C.까지 행진했다."

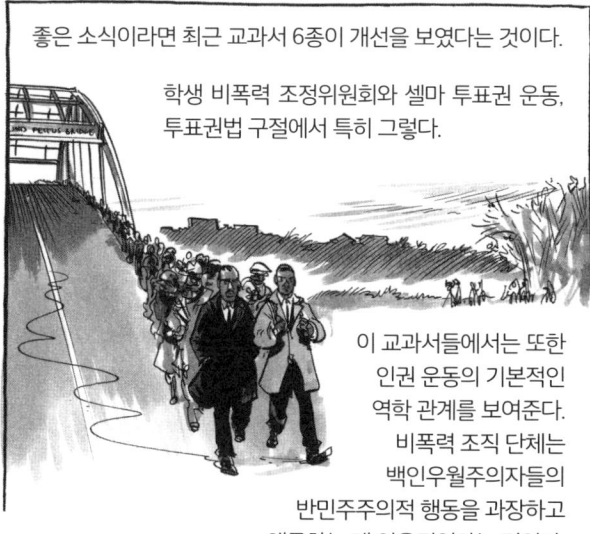

교과서에서는 환경 운동에도 비슷한 태도를 취한다. 미국 정부가 스스로 환경보호국(EPA)을 만들었다고 언급한다. 대중의 압박으로 인해 의회가 나섰다는 말은 없다.

이러면 학생들은 또 정부가 알아서 좋은 일을 했다고 생각할 수밖에 없다.

교사들은 이 사이의 여백을 메우는 데 그다지 도움이 되지 않는다. 12학년의 미국 정부 관련 수업에서, 교사들은 투표가 미국 정부에 영향을 끼친다는 말만 전할 뿐이다.

여러분은 4년에 한 번씩 변화를 이끌어낼 기회를 얻을 거예요.

교과서 저자들은 미국인들이 우리 정부가 나쁜 일을 결단코 하지 않는 한 충성할 수 있다고 보는 것 같다.

우익 교과서 비평가 제임스 F. 들롱은 《미국의 모험》을 받아들일 수 없다며 이렇게 말했다.

우리는 세계에서 가장 위대한 나라에 살고 있다.

이 나라의 이야기를 썼다고 홍보하는 책들에서는 당연히 우리의 유산과 자긍심을 널리 알려야 한다.

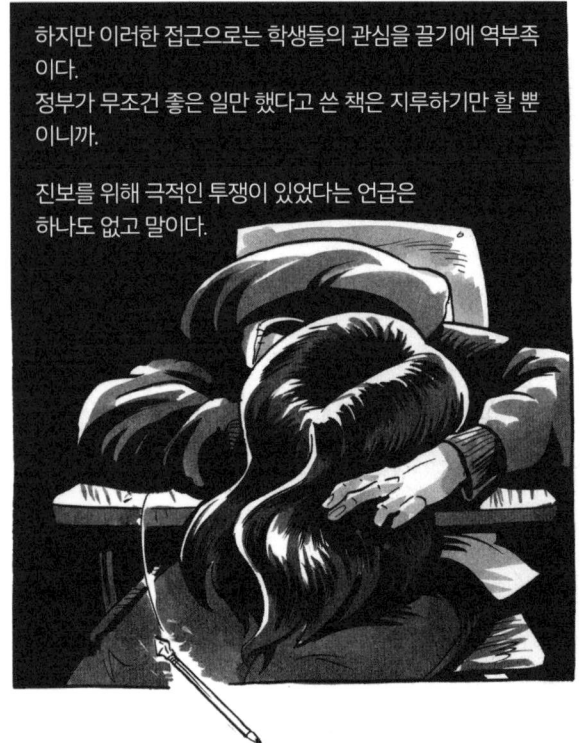

하지만 이러한 접근으로는 학생들의 관심을 끌기에 역부족이다.
정부가 무조건 좋은 일만 했다고 쓴 책은 지루하기만 할 뿐이니까.

진보를 위해 극적인 투쟁이 있었다는 언급은 하나도 없고 말이다.

헤 헤

게다가 1950년대 이후로 정부를 향한 대중의 신뢰는 땅에 떨어졌다. 그리고 이 현상은 어디에서나 명백하게 드러난다.

미국 정부에 비판적이거나 정확한 태도를 보일 생각이 없는 교과서 저자들은 미국에서 최후의 결백한 자라는 인상을 남긴다.

나치 독일부터 중앙아프리카 제국, 북한에 이르기까지 반민주주의 국가들에서는 국민이 정부에 지나치게 충성했다.

반대로 미국은 반대자가 넘쳐났다.

캐나다는 1776년 이후, 다시 말해 독립 혁명부터 '드레드 스콧 판결'을 받고 자유를 찾아 떠난 흑인, 베트남 전쟁에 나가기를 거부한 사람 등 미국에 반대해 떠난 사람들을 난민으로 받았다.

그러나 교과서에서는 그 사실을 언급하지 않는다. 국민이 정부를 향해 원칙적으로 마음껏 반대할 수 있다는 인상을 줄 수 있기 때문이다.

수많은 사회과학자들과 역사가들은 정부의 행동이 시민의 불충보다 민주주의에 더 위협이 될 수 있다고 말한다.

행정부의 비대한 권력이 미국 헌법에 명시된 견제와 균형의 원리를 침해할 수 있다며 우려한다.

지난 60년 동안 CIA, 국가안전보장회의, 그리고 여러 비밀 기관은 정부의 네 번째 부서가 될 만큼 무시무시하게 성장했다. 여기에 더해 국토안보부, 미 관세보호청, 이민 관세사무소 등도 모두 정부의 손아귀에 있다.

195

9장

나쁜 것은 보지 말 것
베트남 전쟁 외면하기

우리가 말하지 않는다면
다른 이들이 반드시 글로 쓸 것이다.
시신이 담긴 자루와 그 수많은 무덤이 다시 열리며 주문을 외우고
고결한 대의를 일으킬 것이다.
— 조지 스와이어스(미군 베트남 참전용사)

우리는 그들에게 가장 소중한 두 가지를 망가뜨렸습니다.
가족과 마을이지요.
우리는 그들의 땅과 작물을 파괴했습니다. …
그들의 여자와 아이들을 학대하고 남자들을 죽였습니다.
— 마틴 루서 킹 주니어

검열이 없다면 여론은 끔찍한 혼란에 빠질 수 있다.
— 윌리엄 웨스트모얼랜드(베트남 전쟁 미군 총사령관)

시민으로서의 기억이 열 살 무렵부터
시작된다고 가정한다면,

1973년에 미군이 철수한 베트남 전쟁을 기억하는 마지막 학생은
1983년 봄에 고등학교를 졸업했을 것이다.

베트남 전쟁은 현재 학부모에게 미지의 영역이다.
여성 인권 운동, 워터게이트 사건, 이란 인질 사건도
마찬가지다.

따라서 학생들은 미국사 수업을 통해 베트남 전쟁을 배워야 한다.

교과서에서 다음 두 사건을 어떻게 다루었는지 잠시 살펴보자.
1812년 전쟁은(83쪽 참조) 200년 전에 일어났으며, 미국인
2000명이 목숨을 잃었다. 그런데 1812년 전쟁과 베트남 전쟁
은 교과서에서 평균 9쪽 가량의 같은 분량으로 다룬다.

여러분은
1812년 전쟁
이 더 중요하다고
주장할 수 있다.
그러나 그런 주장을
펼친 교과서는 없다.
(솔직히 말해서 대부분의
저자는 1812년 전쟁을
어떻게 생각해야
하는지도 몰랐다.)

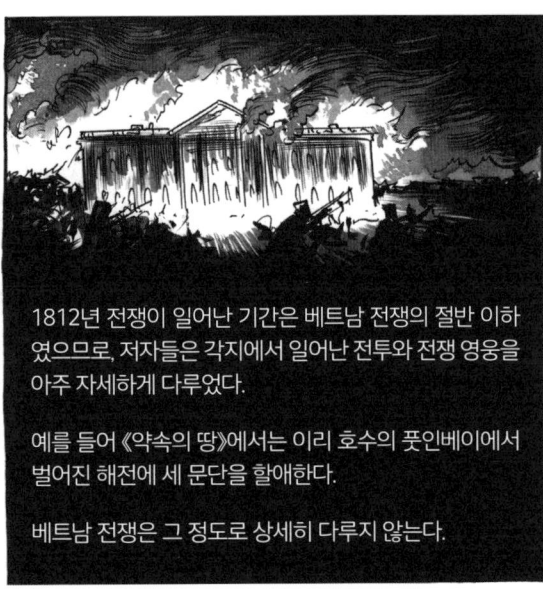

1812년 전쟁이 일어난 기간은 베트남 전쟁의 절반 이하
였으므로, 저자들은 각지에서 일어난 전투와 전쟁 영웅을
아주 자세하게 다루었다.

예를 들어 《약속의 땅》에서는 이리 호수의 풋인베이에서
벌어진 해전에 세 문단을 할애한다.

베트남 전쟁은 그 정도로 상세히 다루지 않는다.

베트남 전쟁을 흥미진진하게
분석하는 데 9쪽 정도면
충분하다고 볼 수도 있겠지요.

그렇다면 교과서에서
어떤 내용을 알려주는지
한번 알아봅시다.

1995년 《약속의 땅》 초판본에서 나는 베트남 전쟁에 관한 주관적인 선입견을 피하고자, 교과서 각각에 수록된 사진에 초점을 맞추기로 했다.

베트남 전쟁은 일련의 이미지로 일정 부분 대중의 기억 속에 남아 있다. 나는 그중 사진 일곱 장을 골랐다.

유명한 사진(네이팜 폭탄 공격을 피해 도망가는 여자아이, 미라이 도랑에서 발견된 시신 등) 다섯 장과,

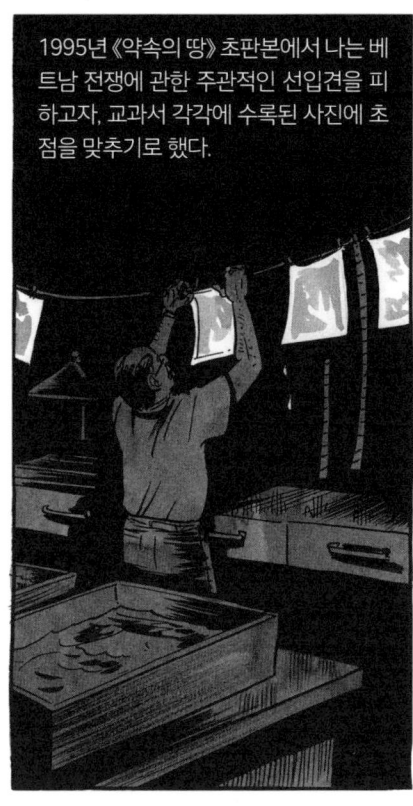

전쟁의 참상을 알리는 포괄적인 사진 두 장이었다.

전쟁 사진은 매슈 브래디가 남북전쟁을 사진으로 남긴 이래, 미국 전쟁 기록의 일부분이 되었다.

미국인들은 텔레비전으로 방영된 장면과 공개 사진을 보고 베트남 전쟁을 바라보는 시각과 생각을 갖게 되었다.

오늘날에도 베트남 전쟁은 미국에서 사진과 텔레비전으로 가장 많이 알려진 전쟁이다.

매체에서 베트남 전쟁을 다루자 대중이 전국적으로 반전 운동을 일으켰다. 결국 차후에 일어난 전쟁과 군사 작전은 매체 보도에 제한을 받았다.

1970년대부터 대중들은 매체와 사진에 더 쉽게 접근하게 되었지만, 21세기의 미국인들은 최전방 전투와 참상을 담은 사진에 접근하기가 오히려 더 어려워졌다.

무엇보다도 이러한 사진들은 역사 그 자체가 되어 뉴스를 만들고 전 세계 사람들이 갈등을 이해하는 관점을 바꾸게 만든다.

이 사진을 싣지 않으면 오늘날의 독자는 소외되고 만다. 내가 가르치는 학생 하나는 이렇게 쓴 적이 있다.

"네이팜 폭격을 맞고 벌거벗은 채 울면서 달려가는 여자아이의 사진을 본 고등학생에게는 전쟁의 의미가 완전히 달라졌습니다."

미국은 베트남에 어마어마하게 많은 폭탄을 쏟아부었다.

히로시마와 나가사키에 핵폭탄을 터뜨렸던 제2차 세계대전보다 세 배 더 많은 수치였다.

미국이 피해를 입힌 사진은 얼마든지 있었다. 그러나 교과서에는 아무 사진도 실리지 않았다.

베트남 전쟁이 미국인 대부분에게 보다 먼 과거라서 그런 것은 아니다. 최근에 출간된 교과서 3종에서는 오히려 더 상세하게 다룬다.

하지만 어조는 다소 맥 빠진다.

《미국인》에서는 베트남 전쟁 사진을 스물한 장이나 실었으나, 내가 위에서 언급한 사진 중에는 승려가 분신한 장면만 들어갔다.

미국이 베트남에 가한 피해를 보여주는 사진은 없다.

교과서에서는 최소한 미군이 베트남 국민을 상대로 저지른 잔혹 행위를 제대로 알려야 한다.

당시 현장에서 미군은 누가 아군이고 적인지 제대로 구분하지 못했기에,

베트남 전쟁은 명확하게 '최전방'이 없는 전쟁이었다.

실제로 전쟁 당시 총사령관이었던 윌리엄 C. 웨스트모얼랜드가 베트남의 민간인 피해자에 대해 언급했듯이, 일반인 공격은 미국의 정책이었다.

그렇게 하면 적의 수를 줄일 수 있지 않겠소?

미국은 일정 부분 사망자 수를 바탕으로 군사적 성과를 평가했다.

그래서 민간인 전체를 '적'으로 간주하고 무차별 포격 지대를 그렸다.

이러한 작전을 펼친 군인들은 필연적으로 '전범'이 되고 만다.

미군이 베트남 민간인의 집에 불을 놓는 사진(당시 전쟁에서는 흔한 장면이었다)을 보면 당시 상황을 제대로 파악할 수 있다.

하지만 교과서에는 이러한 사진을 싣지 않는다.

교과서에서는 웨스트모얼랜드 장군이 이번 장의 첫머리의 인용글에서 원했던 대로, 정확한 검열을 보여주는 것 같다. 검열은 전쟁을 제대로 알지 못하게 만드는 원인이지, 치료법이 아니다.

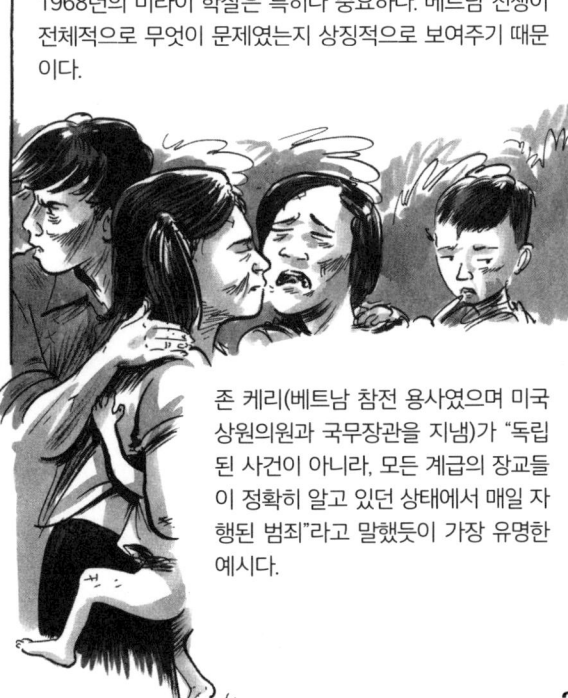

1968년의 미라이 학살은 특히나 중요하다. 베트남 전쟁이 전체적으로 무엇이 문제였는지 상징적으로 보여주기 때문이다.

존 케리(베트남 참전 용사였으며 미국 상원의원과 국무장관을 지냄)가 "독립된 사건이 아니라, 모든 계급의 장교들이 정확히 알고 있던 상태에서 매일 자행된 범죄"라고 말했듯이 가장 유명한 예시다.

케리는 1971년 상원 외교위원회에 출석해 다음과 같이 말했다.

"명예 제대한 150명의 병사와 최고의 훈장을 받은 참전 용사들은 동남아시아에서 전쟁 범죄가 자행되었다고 증언했습니다."

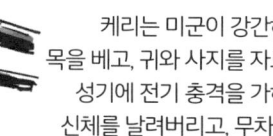

케리는 미군이 강간하고, 목을 베고, 귀와 사지를 자르고, 성기에 전기 충격을 가하고, 신체를 날려버리고, 무차별로 민간인을 쐈으며, 마을을 완전히 파괴하고, 음식에 독을 탔으며, 베트남의 전원 지대를 황폐하게 만들었다고 말했다.

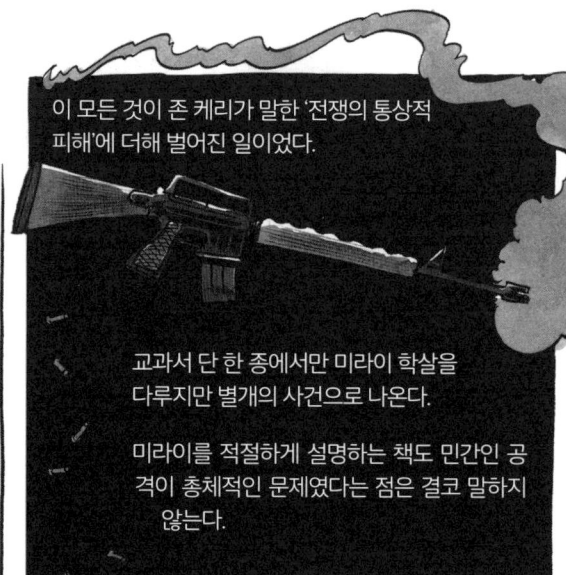

이 모든 것이 존 케리가 말한 '전쟁의 통상적 피해'에 더해 벌어진 일이었다.

교과서 단 한 종에서만 미라이 학살을 다루지만 별개의 사건으로 나온다.

미라이를 적절하게 설명하는 책도 민간인 공격이 총체적인 문제였다는 점은 결코 말하지 않는다.

교과서에서 전쟁 범죄와 폭력에 침묵하면 반전 운동을 이해하기 더욱 어려워진다.

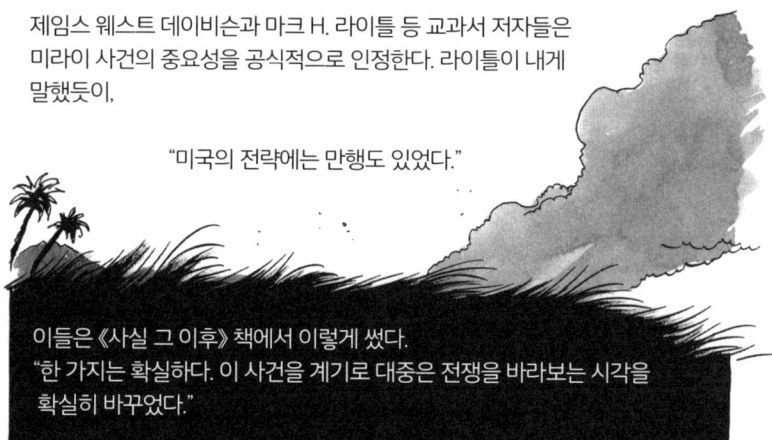

제임스 웨스트 데이비슨과 마크 H. 라이틀 등 교과서 저자들은 미라이 사건의 중요성을 공식적으로 인정한다. 라이틀이 내게 말했듯이,

"미국의 전략에는 만행도 있었다."

이들은 《사실 그 이후》 책에서 이렇게 썼다.
"한 가지는 확실하다. 이 사건을 계기로 대중은 전쟁을 바라보는 시각을 확실히 바꾸었다."

하지만 이들은 고등학생들이 이 사실을 꼭 알아야 한다고 생각하지 않는다.

《미국: 공화국의 역사》에서는 내가 검토한 다른 교과서 10종과 마찬가지로 미라이에 대해 한마디도 언급하지 않는다!

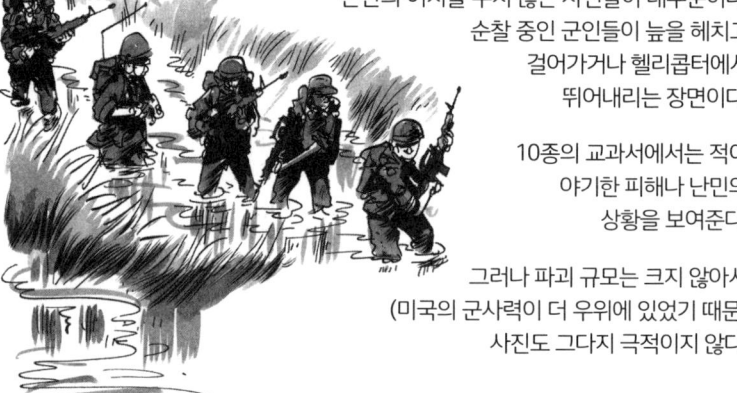

그러면 교과서에는 어떤 사진을 실었을까?

논란의 여지를 주지 않는 사진들이 대부분이다. 순찰 중인 군인들이 늪을 헤치고 걸어가거나 헬리콥터에서 뛰어내리는 장면이다.

10종의 교과서에서는 적이 야기한 피해나 난민의 상황을 보여준다.

그러나 파괴 규모는 크지 않아서 (미국의 군사력이 더 우위에 있었기 때문) 사진도 그다지 극적이지 않다.

일부 저자는 그나마 낫다. 5학년용으로 《우리의 역사》를 쓴 조이 해킴이 그렇다.

그녀는 경찰서장이 베트콩에게 총을 쏘는 장면, 미국 경비병이 칼로 베트남 포로를 위협하는 장면, '우리 편'이 마을에 입힌 피해, 미라이의 도랑, 그리고 네이팜탄을 피해 도망가는 소녀(이 사진은 놀랍다. 교과서에서는 일반적으로 '나체 금지' 규칙을 따르기 때문이다) 등의 사진을 실었다.

그렇다면 어떤 설명이 들어갈까? 저자들 대부분은 앞서 나온 마틴 루서 킹 주니어의 어록을 포함해 그 시대의 기억할 만한 인용문 역시 모두 빼버렸다.

그 어떤 베트콩도 나를 '검둥이'라 부르지 않았다.

무하마드 알리, 1967년 입영을 거부하며

1968년 구정 대공세 후 벤째 탈환을 언급한 미국 장교

마을을 구하려면 모두 파괴할 수밖에 없었습니다.

어떻게 잘못된 판단을 위해 죽으라고 합니까?

존 케리, 1971년 베트남에서 즉각 철수할 것을 요청하며

교과서 대부분에서는 반전 노래와 구호도 뺐다.

절대 가지 않을 거야!

이봐, 이봐, LBJ(린든 B. 존슨 대통령), 오늘은 애들을 몇 명이나 죽였나?

그리고 무엇보다도 반전 정서가 전혀 보이지 않는다.

교과서에서는 반전 운동을 당연한 것으로 받아들이지 않고 이해할 수 없는 영역으로 밀어붙인다.

최근 교과서 3종은 상태가 좀더 낫다. 아마도 시간이 어느 정도 흐른 지금, 베트남 전쟁에 더이상 논란이 없다고 여긴 모양이다.

저자들은 이제 베트남 전쟁을 보다 객관적으로 다룬다. 미국의 노예제를 다루는 태도가 바뀐 것처럼 말이다.

하지만 논조는 일정하지 않다. 다른 시기에 여러 저자가 썼기 때문일 수도 있다.

알다시피 교과서에 나열된 저자는 집필에 관여하지 않을 때가 종종 있다. 특히 개정판이 그렇다.

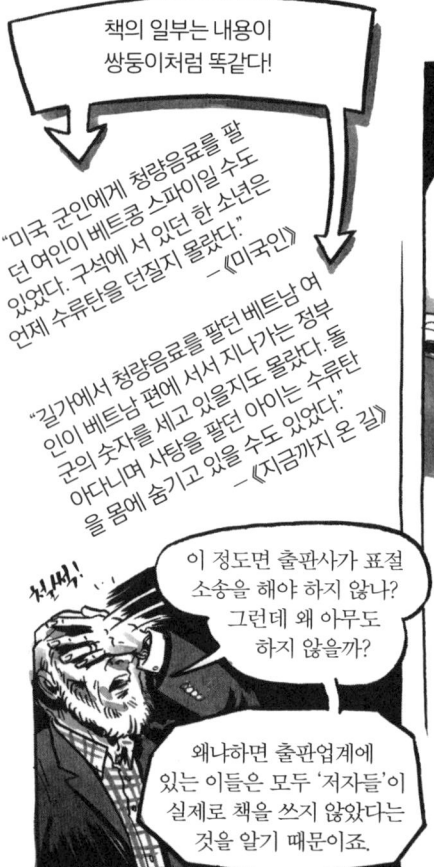

책의 일부는 내용이 쌍둥이처럼 똑같다!

"미국 군인에게 청량음료를 팔던 여인이 베트콩 스파이일 수도 있었다. 구석에 서 있던 한 소년은 언제 수류탄을 던질지 몰랐다."
— 《미국인》

"길가에서 청량음료를 팔던 베트남 여인이 베트남 편에 서서 지나가는 정부 군의 숫자를 세고 있을지도 몰랐다. 돌아다니며 사탕을 팔던 아이는 수류탄을 몸에 숨기고 있을 수도 있었다."
— 《지금까지 온 길》

이 정도면 출판사가 표절 소송을 해야 하지 않나? 그런데 왜 아무도 하지 않을까?

왜냐하면 출판업계에 있는 이들은 모두 '저자들'이 실제로 책을 쓰지 않았다는 것을 알기 때문이죠.

무명의 저자를 쓰면 오해의 소지를 만들뿐만 아니라(학교에서 책을 고를 때 믿을 만한 역사가가 썼을 거라 여긴다고 생각해보라),

책을 더욱 이해하기 어렵게 만든다.

여러 구절이 서로 반대로 나오기도 한다.

각기 다른 관점을 보여준다면 괜찮다. 하지만 여기서는 그런 일이 일어나지 않는다.

대신 베트남 전쟁을 다루는 대목은 어떤 일이 일어나고 다음 일이 일어났다는 식으로 두서가 없다.

내용에 두서가 없는 이유는 한 번도 만난 적이 없는 여러 저자와 편집자가 아무런 조율 없이 쓰기 때문이다.

언론인 프랜시스 피츠제럴드는 교과서의 서술 방식을 비판하며, "전쟁에 대해 토론하며 주요 문제를 모두 피해가기는 어렵다. 그런 면에서 베트남 부분은 읽을수록 매우 놀랍다"라고 말했다.

이제 베트남 전쟁을 규정하는 일은 해석의 문제가 되었다.

그래도 괜찮다.

베트남 전쟁에 다음과 같은 기본 질문을 적용해 토론합시다. 이만하면 합리적으로 다루었다고 볼 수 있지요.

① 왜 미국은 베트남 전쟁에 뛰어들었는가?

② 미국이 참전하기 전 베트남 전쟁은 어떻게 진행되었는가, 그리고 미국의 참전 후 어떻게 바뀌었는가?

③ 전쟁은 미국을 어떻게 바꾸었는가?

④ 미국에서 반전 운동이 늘어난 까닭은? (무엇 때문에 베트남 전쟁을 비판했을까? 그 비판은 옳았는가?)

⑤ 미국은 왜 베트남 전쟁에서 패했는가?

⑥ 우리는 전쟁을 통해 어떤 경험을 얻었는가?

위에 나열된 질문만 보아도 베트남 전쟁에 여전히 논란이 많다는 것을 알 수 있다.

우선, 미국은 왜 베트남 전쟁에 뛰어들었을까?

아주 쉬운 문제로군요. 고무, 석유, 석탄, 구리, 금, 은 등 베트남의 천연 자원을 확보하기 위해서죠.

아니에요.

케네디와 존슨은 베트남에 '졌다'고 비춰지기가 싫었어요. 트루먼이 중국에 '패배'했듯이 말이에요!

베트남에 민주주의를 뿌리내리기 위해서였다고요!

('국제적으로 좋은 친구'라는 논리)

도미노 이론이오!

미국은 베트남이 공산화되면 동남아시아 전체로 퍼질 거라 생각했지!

('현실 정치적' 접근법)

다른 의견도 있다.

"세계적으로 '팍스 아메리카나' 관념이 위협을 받고 있기 때문!"

"다국적 기업이 우리 경제를 도와달라고 부추긴 거요!"

"인디언 전쟁부터 명백한 사명설*까지 오랫동안 반복된 인종주의와 식민주의의 일종일 뿐이야!"

"안타깝게도 진짜 이유는 하나도 없어요. 우리는 전쟁에 참여하는 실수를 저질렀어요. 그리고 1946년 베트남 독립 운동을 반대했던 실수를 취하할 용기가 없었지요."

* 미국이 북미 전체를 지배할 운명이라는 설

미국이 베트남에 개입하게 된 씨앗은 1918년 베르사유 조약에서 이미 뿌려졌을지도 모른다.

당시 우드로 윌슨은 베트남의 독립을 인정해달라는 호찌민의 간청을 외면했다.

프랭클린 D. 루스벨트 대통령은 프랑스가 동남아시아를 다시 식민지로 삼으려 할 때 도와주지 않았다. 하지만 1945년 그가 세상을 떠남과 동시에 제2차 세계대전이 끝나면서 비극이 시작되었을 수도 있다.

교과서에서는 어떤 시기에 일어난 사건이 후에 일어난 사건의 원인이 될 수 있다는 말을 잘 하지 않는다.

내가 조사한 교과서 중 1950년대 이전의 일로 베트남 전쟁을 설명한 책은 없었다.

위의 해석 중 몇 가지를 내놓고 학생들이 각자 나름대로 결론을 내게 하는 대신,

저자들은 《미국의 모험》에서처럼 문제를 기피한다.
"1950년대 후반, 남베트남에서 전쟁이 발발했다. 이번에 미국은 남베트남 정부에 지원을 결정했다."

"전쟁이 발발했다."

이보다 더 간단할 수 있을까?

교육학자 린다 맥닐에 따르면 교사들은 유독 베트남 전쟁에 대해 가르치기를 꺼린다.

"베트남 전쟁을 기억하는 교사들은, 학생들이 교사의 관점에 동의하지 않을 가능성이 높은 주제라면 되도록 피하려 합니다. 학생들이 미국 정부에 냉소적인 태도를 보일 수 있으니까요."

그래서 1980년 교사들은 베트남 전쟁을 다룰 때 시간을 평균보다 5분 더 적게 할애했다.

일부 교과서에서는 비판적이고 윤리적인 문제를 제기하기도 했지만, 금세 방향을 틀고 만다.

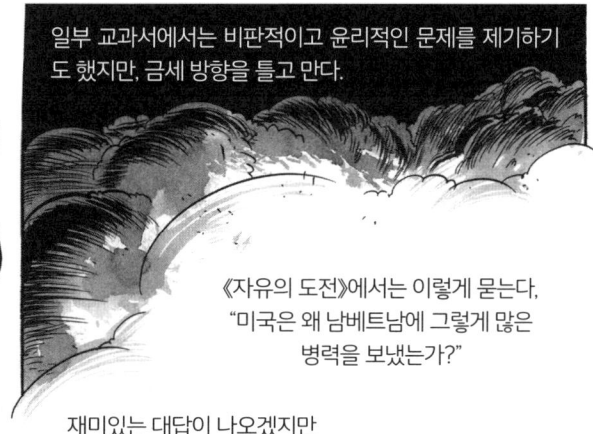

《자유의 도전》에서는 이렇게 묻는다. "미국은 왜 남베트남에 그렇게 많은 병력을 보냈는가?"

재미있는 대답이 나오겠지만

《자유의 도전》에서 제시한 대답을 보면, 독자들이 정말로 그 이유 또는 도덕적 문제를 생각하고 싶어하지 않는다는 것을 알 수 있다.

그보다 저자들은 린든 존슨 대통령이 그토록 많은 폭격을 한 당위성을 반복할 뿐이다. (이미 앞서 그 이유를 제시했다!)

"베트콩과 이들의 아군 북베트남이 전쟁에서 승산이 없다는 것을 깨닫게 하기 위해."

베트남에서 승리를 요구한다

상당히 혼란스러운 답변이다. 전쟁에서 이긴 쪽은 베트콩과 북베트남이기 때문이다!

하지만 여기에 그치지 않고,

저자들은 존슨의 동기를 뒷받침할 만한 어떤 증거도 내놓지 않는다.

게다가 교과서에서 이러한 분위기를 조성하면,

도덕적 의문을 야기하는 교사는 수업의 규범을 위반하는 것으로 보이게 된다.

209

역설적인 말이지만, 학생들이 이 문제를 비판적으로 생각해도 사람들은 불편하게 생각하지 않을 것이다.

이제는 미국인의 70퍼센트 이상이 베트남 전쟁을 윤리적으로 잘못되었으며 전략적으로도 적절치 않았다고 생각한다.

그런데도 2004년 대통령 선거에서 조지 W. 부시와 존 케리가 군사 기록을 놓고 벌인 논쟁은 베트남 전쟁에 관한 논쟁이 여전히 진행 중이라는 사실을 보여준다.

그리고 이를 통해 교과서에서 왜 여전히 당시의 사진과 문제의 사진을 누락하는지 알 수 있다. 학생과 학부모를 골치 아프게 만들 수 있기 때문이다.

모든 분파의 정치가들은 '베트남의 교훈'을 들어 앙골라, 레바논, 쿠웨이트, 소말리아, 보스니아, 그리고 가장 최근 이라크에까지 개입해야 하는지를 두고 논쟁한다.

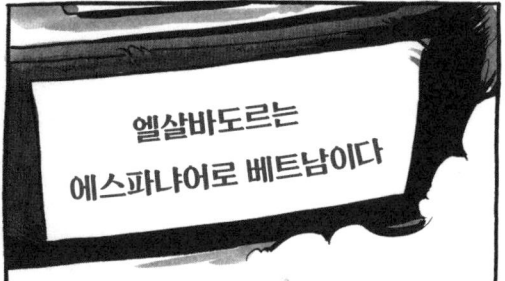

엘살바도르는 에스파냐어로 베트남이다

엘살바도르는 위처럼 자동차 범퍼에 붙인 스티커와 슬로건 캠페인 덕분에 1980년대 미군의 엘살바도르 파병을 막을 수 있었다(하지만 미국이 배후에 있는 용병 암살단을 막을 수는 없었다).

2006년, 전 국무장관 헨리 키신저는 베트남에서 겪은 대실패를 일부러 왜곡 해석한다.

그는 병력 철수의 책임을 의회로 돌렸다.

그는 조지 W. 부시에게 이라크에서 "끝까지 버티라"고 조언했다.

하지만 15년이 지난 지금, 미군의 개입은 그 어디에도 보이지 않는다.

'베트남의 교훈'은 또한 비밀 유지, 언론의 자유, 연방정부의 운영 방식, 심지어 동성애 군인을 현역으로 받아들이는 일에 대해서까지 영향을 끼치거나 오해를 불러일으키는 데 이용되었다.

고등학생과 대학생이 이 문제를 놓고 제대로 토론하려면 베트남 전쟁에 대해 알아야 한다. 무엇보다도 이들은 전쟁이 일어나면 싸우러 가야 할 당사자들이기 때문이다. (그리고 현재 파병나간 이들도 마찬가지다.)

그 전쟁이 베트남 전쟁과 비슷하든 비슷하지 않든 말이다.

10장

기억의 구멍 속으로
사라진 최신 현대사

물론 사람들은 전쟁을 원하지 않는다. …
그러나 정책을 정하는 사람은 어디까지나 국가의 지도자다.
또한 민주주의든, 파시스트 독재주의든, 의회주의든, 공산주의든
사람들을 끌고 가는 일은 언제나 단순하다.
말로 하든 하지 않든, 국민은 언제나 지도자의 부름에 나가야 한다.
방법은 간단하다.
그들에게 공격을 받을 수 있다고 말하거나 애국심이 부족한 제국주의자라고 비난하면 된다.
― 헤르만 괴링(독일 제국원수), 뉘른베르크 재판, 1946년

대중이 마땅히 알아야 할 정보가 권력에 의해 조직적으로 은폐될 때,
국민은 자신과 관련된 일에 점점 무지해지고, 정보를 조작하는 사람을 불신하게 되며,
결국 자신의 운명을 스스로 결정지을 수 없게 된다.
― 리처드 M. 닉슨

요점과 질문, 덧붙일 내용

(틀려도 괜찮아)

교과서 저자들은 사사를 잘 알고 있는 듯하다.

교사, 학부모, 교과서 채택 위원회는 가까운 역사를 직접 겪었던 세대다 보니,

이들은 이 역사를 다소 불편하다 여기는 것 같다.

독자들은 각자 나름대로 역사를 이해하고 알고 있으며,
역사책에 쓰인 내용에 동의하지 않을 수 있다. 따라서 가까운 역사에 대해서는 말을 아끼는 편이 더 낫다.

구판과 신판을 골라보니, 최근에 편찬된 책들이 1960년대에 더 많은 분량을 할당했다. 이때는 더이상 가까운 역사가 아니기 때문이다.

구판 전편 — 1995년까지
35쪽

신판 전편 — 1995-2007년
55쪽

동시에, 최근에 출간된 교과서에서는 1980-1990년대의 분량이 확 줄었다.

통틀어 20쪽도 되지 않는다.

그렇지만 이 시대는 매우 중요하다. 이라크에서 전쟁이 여러 번 터졌고, 대통령 탄핵 소추가 발의되었으며, 2000년 대통령 선거는 많은 논란을 낳았고, 2001년 9월 11일에는 테러가 발생했기 때문이다.

이 사건들은 지금도 논쟁이 끊이지 않는다.

어떤 학부모는 민주당을 지지하고 또 어떤 학부모는 공화당을 지지하므로
예를 들어 저자들이 클린턴 탄핵 소추에 관해 쓴 내용을 보고 학부모의 절반은 기분이 나쁠 가능성이 높다.

역사책은 1970년대에 일어난 사건도 조심조심 다룬다.

동성애 및 트랜스젠더(LGBTQ)의 권리, 차별금지 정책, 그리고 두 번째 전성기를 맞이한 페미니즘까지

극도로 조심하며 주요 쟁점과 "왜"라는 중요한 문제를 슬그머니 비껴간다.

마샤 P. 존스 (트랜스젠더 인권운동가)

이 책임을 교과서 저자들에게만 돌릴 수는 없다.

수많은 교사들도 역풍이 두렵다거나 시간이 부족하다는 이유로 은근슬쩍 넘어간다.

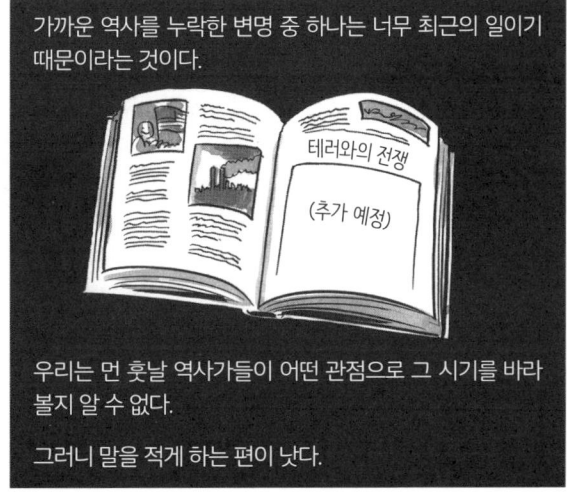

가까운 역사를 누락한 변명 중 하나는 너무 최근의 일이기 때문이라는 것이다.

우리는 먼 훗날 역사가들이 어떤 관점으로 그 시기를 바라볼지 알 수 없다.

그러니 말을 적게 하는 편이 낫다.

그러나 단순히 시간이 흐른 뒤에야 역사를 판단할 수 있는 것은 아니다.

정보는 시간이 지나면서 없어질 수도, 생길 수도 있다.

책의 초반에 일어난 사건을 두고 역사적 관점이 어떻게 바뀌었는지 이야기해보자.

예를 들어 우드로 윌슨은 그가 재임하던 1920년대보다 지금이 평가가 더 긍정적이다. 새로운 정보가 나와서가 아니라, 1940년대와 1950년대 이념적으로 필요한 일이 생겼기 때문이다.

그 시대에 백인 역사가들은 윌슨이 인종 분리 정책을 펼쳤다고 비난하지 않았다. 인종 분리가 나쁘다는 백인의 합의가 없었기 때문이다.

대중이 우려했던 상황은 백인우월주의가 아니라 공산주의로 오염되는 것이었다.

음, 역시 더 맛있군!

백인

유색인

1920년대에 인기가 없었던 윌슨의 정책은 1950년대에는 당연한 것으로 받아들여졌다.

시간이 바뀌면 더 먼 과거를 보는 관점도 바뀔 수 있다.

19세기에 미국이 생각했을 때 콜럼버스는 아메리카 원주민을 상대로 일어난 300년 전쟁과 대학살을 설명하기에 알맞은 인물이었다.

하지만 1세기 후 콜럼버스 데이 축제는 아메리카 원주민 사이에서 서서히 역풍을 맞았다.

착취자였던 콜럼버스는 마침내 그에 상응하는 대가를 받았다.

'새롭게' 규명된 콜럼버스는 사실 '사사'에 가깝다 (16세기에 바르톨로메 데 라스카사스가 쓴 대로).

그리고 그의 행동을 바라보는 새로운 관점은 식민지 이후 수십 개의 독립국과 함께 가야 하는 나라에 알맞았다.

1892년과 1992년의 대비는 과거를 보고 듣는 시점이 달라졌다는 점을 보여준다.

소설가 아나이스 닌은 이렇게 말했다.

"우리는 사물을 있는 그대로 바라본다.

그리고 '우리'는 시간에 따라 달라졌다."

남부의 재건 신화는 인종 관계 최악의 시절(1890-1940) 처음으로 역사 서술에 영향력을 행사했다. (그리고 이때 출간된 역사책은 1960년대까지 남아 있었다.) 재건 정부는 '검둥이가 지배하는' 부적절하고 부패한 예시로 잘못 그려졌다.

감사하게도 역사가들은 재건 이전의 관점으로 돌아갔다. 가까운 역사의 변화는 에릭 포너가 인정한 대로 "객관적인 학문과 현대적 경험" 덕분이다.

가까운 과거를 기술하는 데에는 몇 가지 이점이 있다.

① 저자들이 실제로 당시 사건을 겪었고,

② 다양한 관점이 가능하며 증거를 뒷받침할 수 있고(또는 없고),

③ 저자들은 자신이 원하는 대로 연구를 할 수 있다.

이러한 정보를 바탕으로 교과서 저자들은 재미있고 유익한 방향으로 가까운 과거의 이야기를 구성할 수 있다.

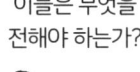

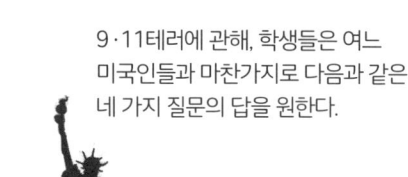

9·11테러에 관해, 학생들은 여느 미국인들과 마찬가지로 다음과 같은 네 가지 질문의 답을 원한다.

① 무슨 일이 일어났는가?
② 미국이 왜 공격을 받았는가?
③ 어떻게 그런 일이 일어나게 만들었는가?

질문 ②와 ③은 자연스럽게 네 번째 질문으로 이어진다.

④ 이런 일이 또 일어날까?

당시 상황을 떠올리기는 매우 쉬우므로, 교과서에서는 2001년 9월 11일에 무슨 일이 일어났는지 아주 길고 상세하게 설명한다.

예를 들어 《홀트 미국》과 《미국인》에서는 공격받았던 일에 5쪽이나 할애한다.

그리고 여기서 실수를 저지른다.

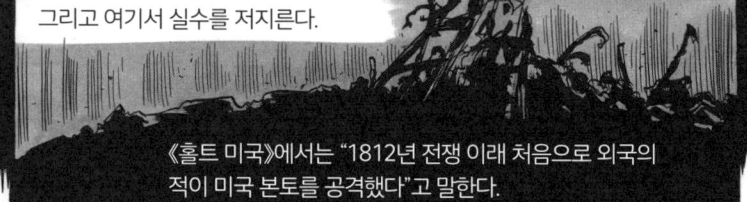

《홀트 미국》에서는 "1812년 전쟁 이래 처음으로 외국의 적이 미국 본토를 공격했다"고 말한다.

(이러한 서술은 뉴멕시코의 콜럼버스에 살던 사람들에게 금시초문이었을 것이다.

판초 비야 주립공원에는 1916년 멕시코의 공격을 받아 미국인 20여 명이 사망하고 마을이 폐허가 된 기억이 남아 있기 때문이다.)

'왜'라는 질문은 어떨까? 오늘날 학생들이 눈여겨봐야 할 질문이다.

《홀트 미국》의 교사용 교재에서는 굳이 '왜'를 제시할 필요가 없다고 분명히 밝힌다.

"이 절에서는 학생들이 2001년 9월 11일에 일어났던 공격과 뒤이어 초래된 경제적·사회적 충격, 미국과 정부의 대응 등에 관해 배울 것이다."

《미국의 행진》에서만 미국이 왜 공격을 받았는지 설명한다.

"빈 라덴은 미국이 이라크를 상대로 경제 제재를 가하고, 중동에 미군 주둔을 늘리고 … 팔레스타인 민족주의를 적대시하는 이스라엘을 지지하자 극심한 원한을 품었다.

빈 라덴은 또한 전 세계가 막강한 경제적·군사적·문화적 힘을 누리는 미국을 적대시하자, 그 점을 이용했다."

불행히도 저 두 문장을 제외하면, 오늘날의 교과서에서는 9·11테러를 교묘하게 호도해도 학생들이 아무 대응을 하지 못하게 만든다.

공격 9일 후, 조지 W. 부시는 자신이 생각하는 '왜'의 답변을 의회에 전달했다.

"그들은 우리의 자유를 싫어하기 때문입니다.

종교의 자유,

표현의 자유,

그리고 투표하고, 집회하고, 서로에게 동의하지 않을 자유를 말이지요."

얼마나 마음 편한 생각인가. 미국이 선하기 때문에 싫어한다니!

사람들에게 위안을 줘서인지, 부시의 해석은 널리 받아들여졌다.

테러에 관해 젊은이들 사이에 가장 많이 읽힌 책은 《타임》지의 기자 미치 프랭크가 쓴 《9·11 이해하기》인데, 여기에서도 비슷한 주장이 나온다.

"쌍둥이 빌딩은 평화의 상징이었다. 1973년 완공되고 얼마 지나지 않아 [건축가] 미노루 야마사키는 이렇게 말했다. '세계의 무역은 세계의 평화를 의미한다. 세계무역센터는 인간이 세계 평화를 위해 헌신한다는 것을 보여주는 살아 있는 상징이다.'

테러리스트들은 이 모든 것을 산산이 부숴버렸다."

물론 어처구니없는 말이다.

《아메리칸 헤리티지》의 편집자는 2005년 세계무역센터 자리 복원에 관한 글을 쓰면서 이렇게 밝혔다.

쌍둥이 빌딩은 "전 세계가 인정하는 '미국 경제권력의 상징'이었다."

9·11테러가 '우리의 자유를 싫어해서' 일어났다는 신화는 자기중심적이고 얄팍한 생각이며 부정확하다.

그러한 생각은 자민족 중심적일뿐, 애국심과는 거리가 멀다.

자민족 중심주의는 자기 나라를 비판적으로 생각하거나 더 나은 방향으로 나가도록 하는 데 도움이 되지 않는다. 그저 단기적으로만 도움이 될 뿐이다.

CIA의 빈 라덴 담당 부서 초대 국장 마이클 슈어는 이렇게 말했다.

빈 라덴은 미국에 자신이 전쟁을 기다리는 이유를 분명히 말했습니다.

그 이유는 우리의 자유 및 민주주의와 아무런 관련이 없고, 미국이 무슬림에 가하는 정책과 행위에 있지요.

2004년 11월, 국방부 보고서에서도 이러한 관점을 확인할 수 있다.

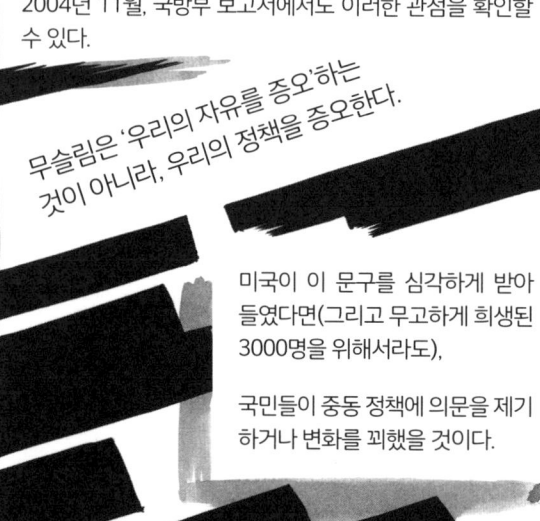

무슬림은 '우리의 자유를 증오'하는 것이 아니라, 우리의 정책을 증오한다.

미국이 이 문구를 심각하게 받아들였다면(그리고 무고하게 희생된 3000명을 위해서라도),

국민들이 중동 정책에 의문을 제기하거나 변화를 꾀했을 것이다.

하지만 부시의 분석(그리고 교과서 대부분이 분석을 충분히 하지 못했다)은 질문이나 사고를 억눌러버린다.

교과서에서는 미국의 대외 정책을 향해 제대로 질문하지 못한다. 미국은 '국제적으로 좋은 친구'라는 전형적인 형태로 일관되게 묘사되어 있기 때문이다.

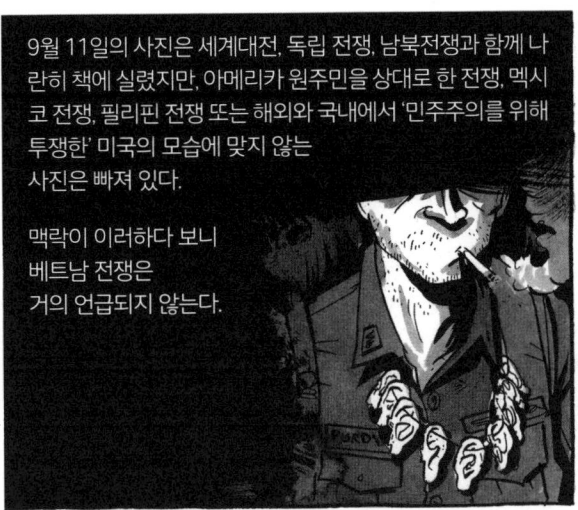

9월 11일의 사진은 세계대전, 독립 전쟁, 남북전쟁과 함께 나란히 책에 실렸지만, 아메리카 원주민을 상대로 한 전쟁, 멕시코 전쟁, 필리핀 전쟁 또는 해외와 국내에서 '민주주의를 위해 투쟁한' 미국의 모습에 맞지 않는 사진은 빠져 있다.

맥락이 이러하다 보니 베트남 전쟁은 거의 언급되지 않는다.

저자들이 미국의 군사적 역사를 '자유와 민주주의를 위해 싸웠다'라는 식으로 밋밋하게 설명하면,

역사를 진지하게 분석할 마음이 없다는 뜻이나 다름없다.

《미국의 여정》의 마지막 문구를 보면 이러한 의도를 한눈에 알 수 있다.

"미국은 20세기 마지막 10년을 전 세계의 평화와 번영을 이끌어내는 데 썼다. … 클린턴 대통령이 1997년 의회 국정보고에서 말했듯이, "미국은 평화를 위해 중동부터 아이티까지 계속해서 아낌없이 힘을 써야 한다.""

아니 그건 좀.

솔직히 말하자면,

미국에 "전 세계의 평화와 번영을 이끌어내기 위한" 의제가 있었는지도 분명하지 않습니다.

여느 나라들과 마찬가지로 미국도 자국의 번영과 세계에 미치는 영향력을 증진시키는 것이 첫 번째니까요.

《미국의 여정》은 2000년에 출간되었으므로 미국이 2003년 이라크를 선제공격했을 때 저자들이 뭐라고 말했을지 알 수 없다.

하지만 물론 충격받지는 않았을 것이다.

미국은 책이 출간되기 전 60년 동안 전 세계 어디에서나 전쟁에 참여했으니 말이다.

교과서를 저런 문장으로 끝마친다면 분석이 아닌 이념만 내세우게 되어

진실의 타당한 이유를 혼동하게 된다.

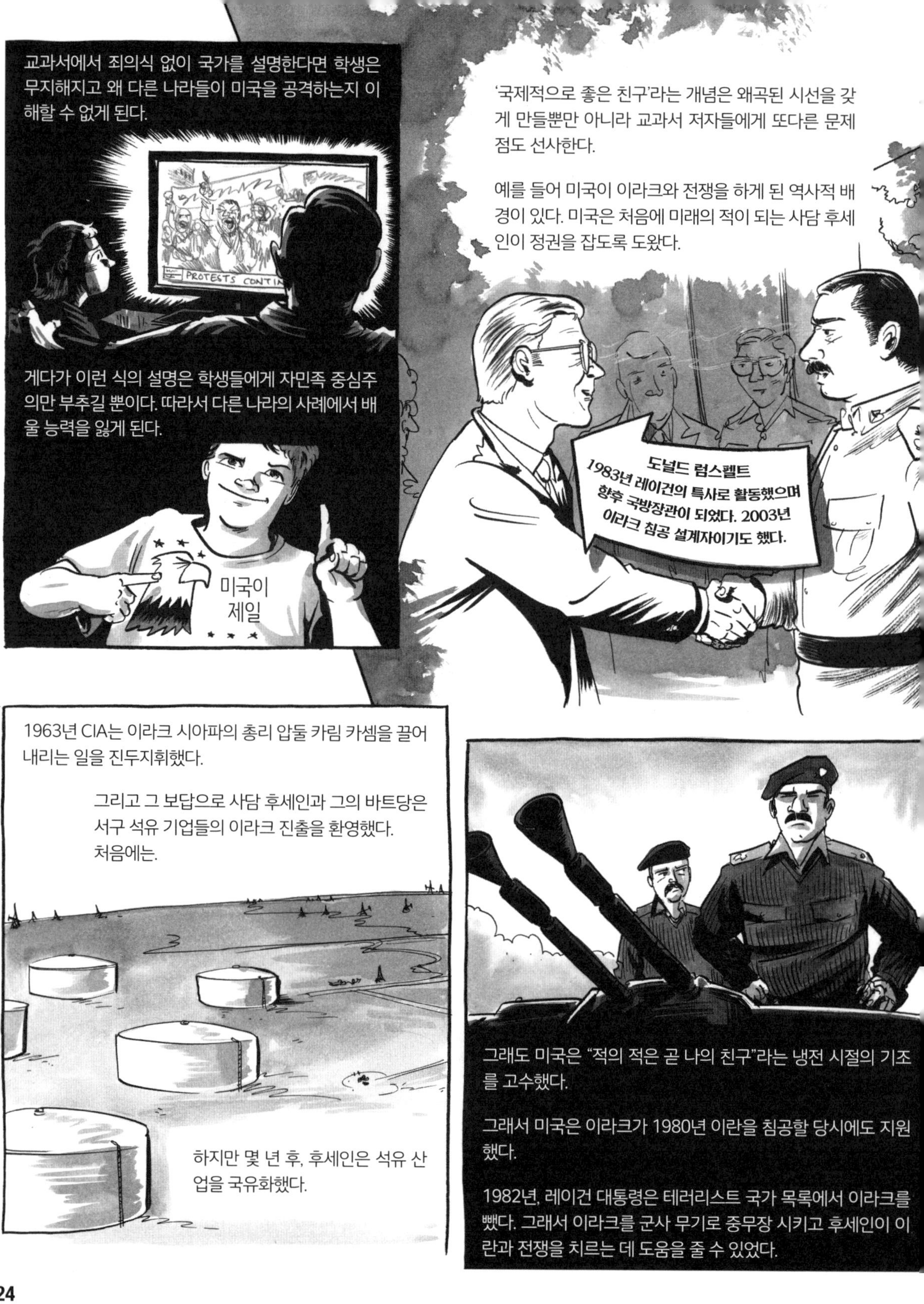

교과서에서 죄의식 없이 국가를 설명한다면 학생은 무지해지고 왜 다른 나라들이 미국을 공격하는지 이해할 수 없게 된다.

게다가 이런 식의 설명은 학생들에게 자민족 중심주의만 부추길 뿐이다. 따라서 다른 나라의 사례에서 배울 능력을 잃게 된다.

'국제적으로 좋은 친구'라는 개념은 왜곡된 시선을 갖게 만들뿐만 아니라 교과서 저자들에게 또다른 문제점도 선사한다.

예를 들어 미국이 이라크와 전쟁을 하게 된 역사적 배경이 있다. 미국은 처음에 미래의 적이 되는 사담 후세인이 정권을 잡도록 도왔다.

도널드 럼스펠트
1983년 레이건의 특사로 활동했으며 향후 국방장관이 되었다. 2003년 이라크 침공 설계자이기도 했다.

1963년 CIA는 이라크 시아파의 총리 압둘 카림 카셈을 끌어내리는 일을 진두지휘했다.

그리고 그 보답으로 사담 후세인과 그의 바트당은 서구 석유 기업들의 이라크 진출을 환영했다. 처음에는.

하지만 몇 년 후, 후세인은 석유 산업을 국유화했다.

그래도 미국은 "적의 적은 곧 나의 친구"라는 냉전 시절의 기조를 고수했다.

그래서 미국은 이라크가 1980년 이란을 침공할 당시에도 지원했다.

1982년, 레이건 대통령은 테러리스트 국가 목록에서 이라크를 뺐다. 그래서 이라크를 군사 무기로 중무장 시키고 후세인이 이란과 전쟁을 치르는 데 도움을 줄 수 있었다.

CIA와 국방 정보국은 이라크에 이란 군대를 상대로 쓸 화학 무기 정보를 제공했다. 이는 전쟁 범죄였다.

화학 무기는 오랫동안 위법으로 간주되었지만, 미국은 이라크의 화학 무기 사용을 비난하는 유엔 안보리의 입장을 막아주었다.

미국은 후세인이 자국민에게도 화학 무기를 쓰리라는 것을 알고 있었다.

그러나 탄저균과 시안화물 등 여러 무기급 화학 물질을 이라크에 계속 보냈다.

어떤 교과서에서도 미국이 사담 후세인과 이렇게 연결고리가 있었다는 사실을 알리지 않는다.

9·11테러를 이해하려면 미국이 이란에 저지른 행동을 알아야 한다. 미국은 1970년대에 이란의 샤를 지원했듯이, 최근에는 사우디아라비아, 쿠웨이트, 이집트, 우즈베키스탄, 그리고 여타 압제 정권을 지원하고 있다.

민주주의를 전파하면서 독재를 지지하는 꼴이다.

테러리즘과 중동을 이해하려면 이스라엘만 편애하는 미국의 태도도 반드시 알고 있어야 한다.

미국은 이스라엘에게 언제나 경제적·군사적 지원을 아끼지 않았다. 이스라엘이 핵무기를 보유하고, 팔레스타인 주민들을 탄압하고 대규모 이동을 강요하는 행태는 거들떠보지도 않았다.

교과서 대부분은 "미국이 왜 공격을 받았는가?"라는 질문을 그냥 넘겨버린 후에도 "왜 9·11테러가 일어나도록 내버려뒀는가?"라는 질문도 무시한다.

책임은 양쪽 당 모두에게 있다.

클린턴과 부시는 모두 위협과 공격이 끊이지 않았는데도 테러에 맞설 국가 안보를 개선하지 못했다.

저자들은 9·11테러가 일어나기 직전 부시가 아무 경고 조치를 취하지 않았음에도 이에 대해 언급하지 않는다.

언론인 라페와 마셜에 따르면 공격이 일어나기 전 최소 세 달 전에도 독일 요원들이 이렇게 경고했다고 한다. "중동 테러리스트들이 민간 항공기를 납치해 미국 문화의 중요 상징을 공격할 무기로 사용하려 한다."

CIA는 항공기 회사에 이 경고를 전달조차 하지 않았다.

FBI 요원들은 수상한 사람들이 미국 비행학교에서 제트기 조종 훈련을 받고 있다는 쪽지를 보냈지만 소용이 없었다.

2001년 8월 6일, 조지 W. 부시 대통령은 "빈 라덴이 미국을 공격하기로 결심했다"는 보고를 받았지만,

아무 대응도 하지 않았다.

의회는 9·11테러 희생자 가족의 촉구를 받고 위원회를 소집해 공격을 막지 못한 원인을 분석하고 향후 공격에 대비할 법 집행을 준비했다.

《미국인》에서는 부시 대통령이 적극적으로 9·11위원회를 조직했다고 말한다. 하지만 사실 그 반대였다. 마지못해서 협조했을 뿐이었다.

다른 교과서에서는 모두 9·11위원회와 조사 항목을 완전히 빼버렸다.

미국은 9·11테러의 첫 대응으로 2001년 10월 아프가니스탄의 탈레반 정부를 공격했다. 후세인과 더불어 탈레반 역시 1980년대까지 CIA에서 무기와 훈련을 지원받았다. 냉전 시대 아프가니스탄이 소련 공산주의 정권의 꼭두각시가 되는 데 반대했기 때문이었다.

탈레반 정부는 오사마 빈 라덴에게 은신처를 제공해주었고, 그의 훈련 캠프에서 9·11 테러리스트가 배출되었다.

탈레반은 미국의 군사 공격을 받은 후, 빈 라덴을 제3국가로 넘기겠다고 제안했다.

그러나 미국은 그 제안을 거부했다.

대신 한 달 후, 탈레반의 적이었던 북부 동맹을 대신해 탈레반 병력에 폭탄을 쏟아붓기 시작했다. 하지만 이내 이라크 전쟁을 준비하느라 집중력이 흐트러졌다. 그래서 빈 라덴을 체포하고 아프가니스탄을 구하는 데 실패하고 말았다.

2003년 3월 미국이 이라크를 상대로 공격을 개시한 원인으로 부시 행정부는 9·11 테러리스트와 사담 후세인 사이에 연결고리가 있었기 때문이라고 주장했다.

그때로 돌아간다 해도 말도 안 되는 논리였다.

이라크는 9·11테러와 아무런 상관이 없었을 뿐만 아니라,

오사마 빈 라덴은 후세인의 세속적이고 잔혹한 독재와는 아무런 관계가 없었다.

후세인은 자신이 지배하는 경찰국가에서 다른 테러리스트 집단이 조직되도록 내버려두지 않았다.

부시 행정부는 '대량살상무기'가 이라크에서 제조되고 있다고 주장하지만 (이 주장은 자연스레 선제공격을 정당화하는 데 쓰였다) 역시 허황된 말에 불과했다.

유엔 무기 사찰단은 2002년 11월 그런 무기가 존재한다는 증거를 찾지 못했다. 또한 후세인 정부는 1990년대에 대량살상무기를 해체했다고 확인해주었다.

유엔 사찰단은 부시 대통령에게 조사를 완수하게 해달라고 강력히 요청했지만, 부시는 유엔을 이라크에서 나오라고 명하고 침공을 이어나갔다.

미국이 공격을 개시한 후, 철저한 조사를 통해 이라크에 대량살상무기 따위는 없다는 사실이 확인되었다.

부시 정부는 공격에 들어가기 전 이미 이 사실을 알고 있었다.

그럼에도 대통령과 부통령은 이라크를 9·11테러와 대량살상무기에 엮는 잘못을 저질렀다.

정치학자 에이미 거슈코프와 섀너 쿠슈너는 이 상상의 연결고리가 토대가 되어 대중이 전쟁을 지지하게 되었다고 분석했다.

《미국인》에서 채택한 관점을 들여다보면 전쟁을 얼마나 단순하게 보는지 알 수 있다.

"2003년, 부시는 테러와의 전쟁을 이라크로 확대했다."

교과서에서 이렇게 엉터리 소설을 반복하면, 잘못된 정보가 그대로 박제되어 젊은이들이 전쟁의 원인을 잘못 이해할 수밖에 없다.

그 누구도 미래를 예측할 수 없다.

교과서에서는 9·11테러에 관한 네 번째 질문에 답하지 못한다.

"이러한 일이 또 일어날까?"

그러나 이들의 어조는 낙관적이고 고무적이다.

어떤 교과서에 나온 대로 "대통령은 고국에서 재빨리 테러리즘에 맞서 싸웠다. 9·11이 일어나고 한 달도 되지 않아 부시 행정부는 국토안보부를 만들었다."

이 교과서가 인쇄되고 있을 때, 국토안보부 산하 정부 조직의 개편으로 비극적인 결과가 일어났다.
2005년 허리케인 카트리나가 휩쓸고 갔을 때의 일이다.

허리케인 카트리나는 뉴올리언스와 루이지애나를 강타하며 어마어마한 수해를 입혔고, 주요 공공 안전장치를 파괴했다.

정부의 카트리나 대응은 느렸고 적절하지도 못했다. 연방정부 개편으로 미연방 재해관리청은 국토안보부 아래로 들어가 크기가 줄어들었고, 권위와 자원도 축소되었다.

교과서 저자들은 카트리나가 국토안보부의 패착을 어떻게 드러냈는지 제대로 보여주지 못했지만, 다른 정보는 얼마든지 있었다.

전문가들은 국내에 들어올지 모르는 테러리스트와 무기에 미국이 적절히 대비하고 있는지 광범위하게 의문을 제기했다.

그리고 9·11테러 당시 19명의 납치범 중 15명이 사우디아라비아 출신이었기 때문에, 사우디아라비아 사람들이 미국 비자를 왜 그리 쉽게 취득하고 항공 훈련을 받을 수 있었는지도 의문이 제기됐다.

(납치범들이 정확히 이렇게 했다.)

모든 국토 안보 문제(그리고 그 이상!)가 뉴스에 보도되었으므로 교과서에도 실릴 수 있었다.

하지만 학생들은 어떤 질문이나 불확실함도 없이 긍정적인 언어로만 배운다. 다음 공격이나 재앙이 들이닥치기 전까지 그저 안심하라고 말한다.

학생들은 일이 닥치고 나서야 속았다고 느낄 것이다.

역사 교과서의 마지막 장에서는 그저 하나의 사건에서 다음 사건으로 목록만 나열할 때가 많다. 원인과 결과 또는 어떤 특정 관점은 거의 제시하지 않는다.

나는 이 부분을 쓰는 사람이 아무도 없기 때문이 아닌가 싶다. 최소한 어떤 관점을 가진 이가 고용되지 않는 것이다.

교과서의 많은 부분은 역사학과 별 관련이 없는 하급 직원이나 프리랜서가 쓴다. 따라서 어떤 관점을 갖기에 자격 미달일 수밖에 없다.

이들은 그저 과거에 일어난 일을 요약하는 사람들일 뿐이다. 그게 그들이 하는 일이니까.
(교사들이 마지막 장을 그냥 넘어가는 일도 예사다!)

역사 교과서에서 '사사'를 평가절하하거나 아예 싹 무시해버리면 학생들이 역사를 이해하고 비판적으로 이해할 수 없어진다.

교과서 저자들은 나이가 대체로 많은 편이므로 이들의 사사는 학생들에게 자머니가 된다.

역사책이 가까운 과거인 사사를 과소평가한다면, 학생들이 과거를 자신들의 현재와 미래에 연결짓기 어려워진다.

이러한 실패는 학생들이 모든 역사가 서로 관련이 없다고 생각하게 만들 것이다.

작가 윌리엄 포크너가 말한 대로,

"과거는 결코 죽지 않는다.
심지어 지나간 일도 아니다."

사사에 관해서라면 이 말은 두말할 것도 없이 사실이다.
그리고 죽지 않고 '살아 있는 죽은 자'이기 때문에 우리에게
가장 중요한 과거라 할 수 있다.

가까운 과거를 무시하면, 고등학생들이 자신에게 직접 영향을 줄 만한 문제를 제대로 바라볼 기회를 빼앗는 것과 마찬가지다.

그리고 수업에서 가까운 과거를 빼버리면 학생들은 세상과
그 안에서 자신들이 맡을 역할을 배울 수 없을 것이다.

11장

역사와 미래

미국인은 역사를 직선으로 바라보며
스스로가 인류를 대표하는 선봉에 있다고 생각한다.
— 프랜시스 피츠제럴드(미국 언론인)

요점과 질문, 덧붙일 내용

(그래, 정말로)

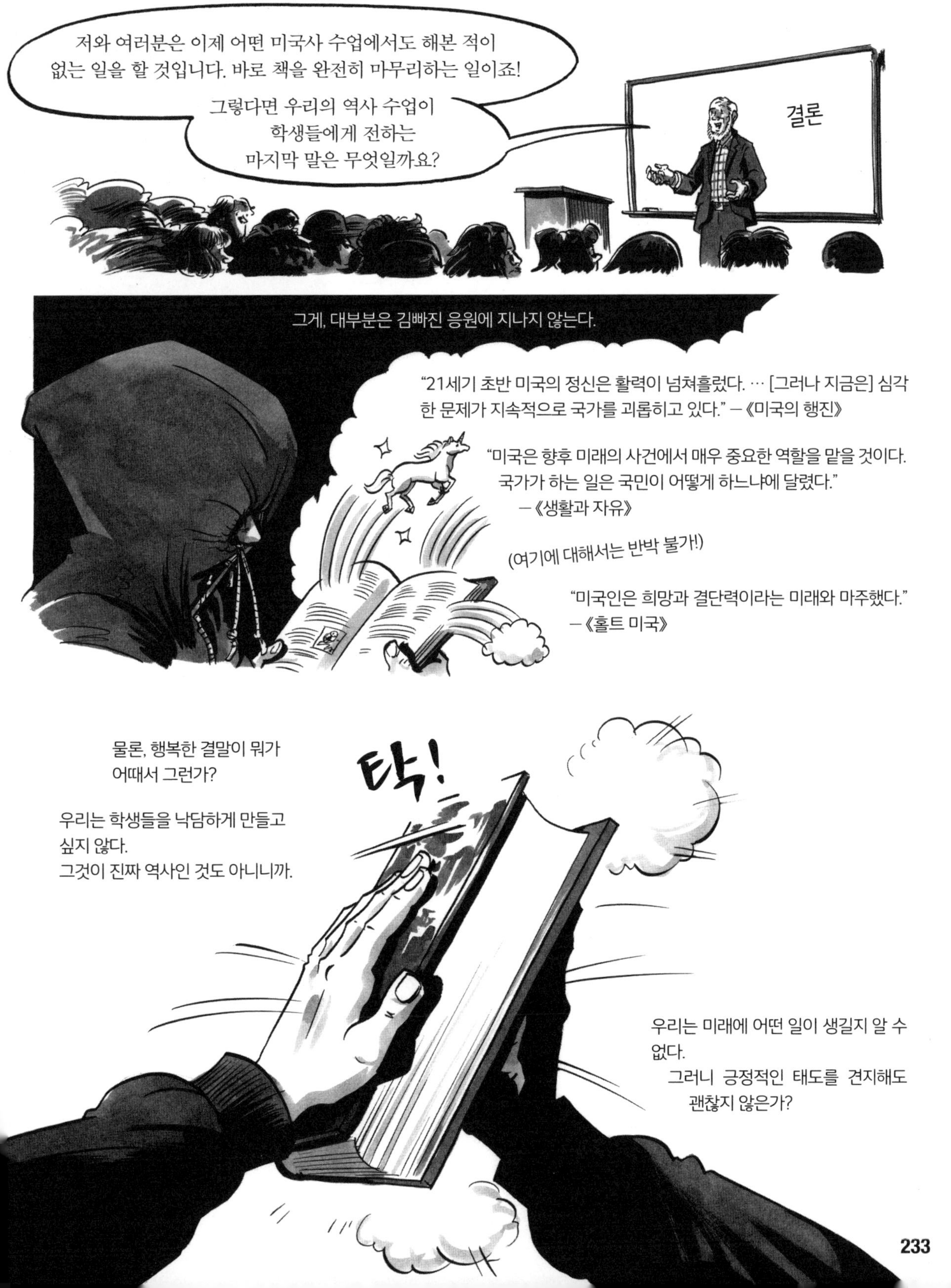

물론, 행복한 결말이 뭐가 어때서 그런가?

우리는 학생들을 낙담하게 만들고 싶지 않다.
그것이 진짜 역사인 것도 아니니까.

우리는 미래에 어떤 일이 생길지 알 수 없다.
그러니 긍정적인 태도를 견지해도 괜찮지 않은가?

과거 사건의 원인을 제대로 짚어낸다면, 다음에 어떤 일이 일어날지 예측 가능하다. 게다가 쌓아온 지식을 바탕으로 정책을 채택할 수 있다.

역사를 가르치는 첫 번째 이유는 모름지기 학생들에게 이러한 예측 기술을 연마하도록 돕기 위해서다!

그런데…
안타깝게도 여기에 나온 역사책들에서 가장 맥 빠진 부분은 대체로 결말이다.

수 세기 동안 미국인들은 자신의 역사를 진보의 전형으로 보았다.
또 진보의 개념은 19세기 전반에 걸쳐 미국 문화를 지배했다.

1950년대에 들어서도 많은 사람은 세상이 더 좋아질 거라 생각했다.
성장은 곧 진보였으며,
진보는 기본적이면서도 무비판적으로 의미를 부여했다.

미래는 훨씬 더 밝아보였다.

대개 미국인은 자녀들이 더 좋은 세상을 물려받고 풍족한 삶을 즐기리라 믿었다.

교과서 저자 대부분은 이러한 분위기의 미국 사회에서 성장했으며, 오늘날 학생들에게 여전히 그런 관념을 주입하고자 한다.

진보의 개념은 또한 미래에 희망을 준다.

미국인 대부분은 이들이 속한 사회가 인류와 지구에 서로 저주가 아닌, 이익을 가져다주었다고 믿고 싶어한다.

역사 교과서에서는 여기에서 한 발 더 나아간다. 미국인들은 단순히 사회에 참가하기만 해도 전 세계의 진보에 기여하고 희망을 안겨준다고 시사한다.

따라서 교과서에서 건국부터 줄곧 이야기한 미국 예외주의는 미래까지 이어진다.

끝없는 진보를 향한 굳센 믿음에는 목적이 있다. 현상을 유지하는 것.

문자 그대로, 우리는 같은 상태를 지속적으로 유지해야 한다는 말이다.

이 믿음은 상류층에게 특히 유용하다. 미국인들은 상황이 누구에게나 더 좋아진다면 불공정이나 불공평을 무시해도 괜찮다고 믿기 때문이다.

불가피한 진보는 사회진화론에도 딱 들어맞는다. 가난한 이들은 스스로의 잘못 때문에 더 어려워진다고 본다.

이러한 진보 관념은 태생이 반혁명주의다. 상황은 앞으로 더 좋아질 예정이므로, 너나없이 제도를 신뢰해야 한다.

전 세계 빈곤국을 '개발도상국'이라고 부른다면, (미국을 포함한) 경제적으로 가장 우위에 있는 국가들은 전 세계 불평등 문제를 마주할 필요가 없게 된다.

현실은 '개발'이 개발도상국을 '일류' 국가에 비해 통상적으로 더 가난하게 만들었다.

19세기에 '진보'는 제국주의를 정당화하는 수단으로 더할 나위 없었다.

"저들에게 손을 내밀기만 하면 돼."

하지만 이러한 '진보'의 전형은 점점 열의를 잃어갔다. 그리고 이 관념은 결국 완전히 버려지고 말았다.

여론조사를 보면 미국인들은 미래가 저절로 좋아질 거라는 믿음을 버렸음을 알 수 있다.

유럽인과 미국인은 자신들이 먼 나라의 원주민을 돕고 틀을 만들어준다고 생각했다. 그러면서 원주민들은 스스로 국가의 일을 처리할 수 없다는 잘못된 생각 아래, 이들의 천연 자원과 노동력을 착취했다.

교과서 저자들 스스로도 모두가 항상 진보의 길로 가거나 클수록 좋다고 생각하지 않을 것이다.

이제 그 누구도 높은 인구 밀도를 선호하지 않는다.

그리고 현대인 중에는 미국이 전 세계의 천연 자원을 필요 이상으로 많이 쓴다며 유감을 표하는 경우가 많다.

하지만 어떤 면에서 더 큰 것은 여전히 더 좋다.

우리는 아직도 스스로를 우리 주변인들과 양적으로 비교하고, 더 많이 가지면 더 행복하다고 여긴다.

소유한 양이 우리의 가치를 평가하는 기준이다.

미국인들은 1970년이 1957년보다 덜 행복하다고 생각했고, 여기에 더 나아가 1998년은 1970년보다 덜 행복하다고 생각했다.

그러나 미국인들은 그때 당시의 사람들보다 훨씬 더 많은 에너지와 자원을 썼다.

1973년에 일어난 석유 파동은 진보와 소비에 관해 새로운 의견이 나타나리라 예고했다.

통제할 수 없거나 힘이 미치지 않는 곳에서 미국의 약점이 드러난 것이다.

이러한 변화는 어느 한 순간에 일어나지 않았다.

지식인들은 한참 전부터 영원한 진보라는 관념에 반기를 들었다. 제1차 세계대전 기간에 발간된 오스발트 슈펭글러의 《서구의 몰락》을 봐도 그렇다.

제1차 세계대전, 경제 대공황, 파시즘, 스탈린주의, 홀로코스트, 제2차 세계대전은 진보를 향한 우리의 믿음을 뿌리부터 뒤흔들었다.

시간이 흘러 사회진화론은 더이상 쓸모가 없어졌다. 현대 인류학자들은 이제 미국 사회가 '앞서 나갔다'거나 이른바 '원시' 사회보다 더 '건강하다'고 생각하지 않는다.

다시 말해 이러한 변화는 종교 또는 기술이 인간의 요구에 장기적으로 부응할지 모른다는 (또는 아니라는) 생각에 영향을 미친다.

생물학 이론에서도 진화적 진보 개념이 점점 바뀌었다. 1973년에 이르러 유기체 발달에 관해 훨씬 복잡한 견해가 장악하게 되었다. 생물학자 스티븐 제이 굴드에 따르면,

생명은 진보를 이야기하지 않습니다.

복잡하게 가지를 뻗고 여러 곳으로 떨어져 나가는 이야기지요. 그 순간 살아남은 생명은 변화하는 환경에 적응한 것이지,

장대하거나 공학적인 완벽함에 다가선 것이 아닙니다.

교과서에서는 사상을 논의하지 않기 때문에, 20세기를 지배한 강력한 사상을 통해 미국의 관념이 어떻게 변했는지 설명하지 못한다.

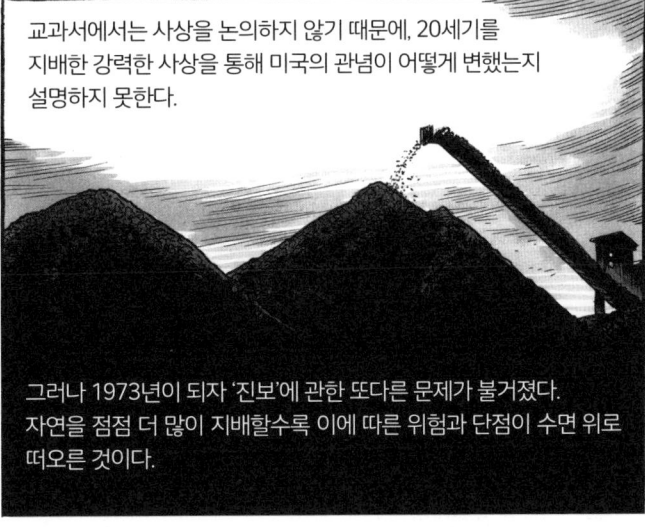

그러나 1973년이 되자 '진보'에 관한 또다른 문제가 불거졌다. 자연을 점점 더 많이 지배할수록 이에 따른 위험과 단점이 수면 위로 떠오른 것이다.

1980년대와 1990년대의 교과서 대부분에서는 1973년에 일어난 석유 파동과 1980년 이란-이라크 전쟁이 일으킨 에너지 위기를 최소한 언급하기는 했다.

하지만 큰 기대는 금물이다.
교과서 저자들은 이 위기들이 즉시 해결되었다고 썼으니까!

《미국의 승리》에서는 이렇게 말한다.

"닉슨은 외국에 의존할 필요가 없는 에너지 프로그램을 1980년대 초까지 만들겠다고 발표했다."

휴!

그리고 몇 장 뒤, 1970년에서 1979년까지 다룬 부분에서는 이렇게 말한다.

"카터는 또다른 에너지 계획에 착수했다. 합성 연료를 개발하는 대규모 프로그램이었다. 계획의 장기적 목표는 석유 수입을 절반으로 줄이는 것이었다."

문제 해결!

닉슨의 계획이 얼마나 비참하게 실패했는지는 언급하지 않는다. 해외 석유 의존도는 떨어지기는커녕 치솟았다.

그리고 카터의 1979년 계획 역시 적절하지 않았던 만큼 의회가 한 번도 통과시킨 적 없다는 사실을 언급하지 않는다.

대신 교과서에서는 문제를 누그러뜨리고 위기를 사라지게 만든다. 《약속의 땅》에서 서술했듯이 말이다.
"카터 행정부 말기에 에너지 위기는 점점 사라졌다. 미국인들은 소형 자동차를 생산하고 구입했다."

이렇게 단순했다면 얼마나 좋았을까!

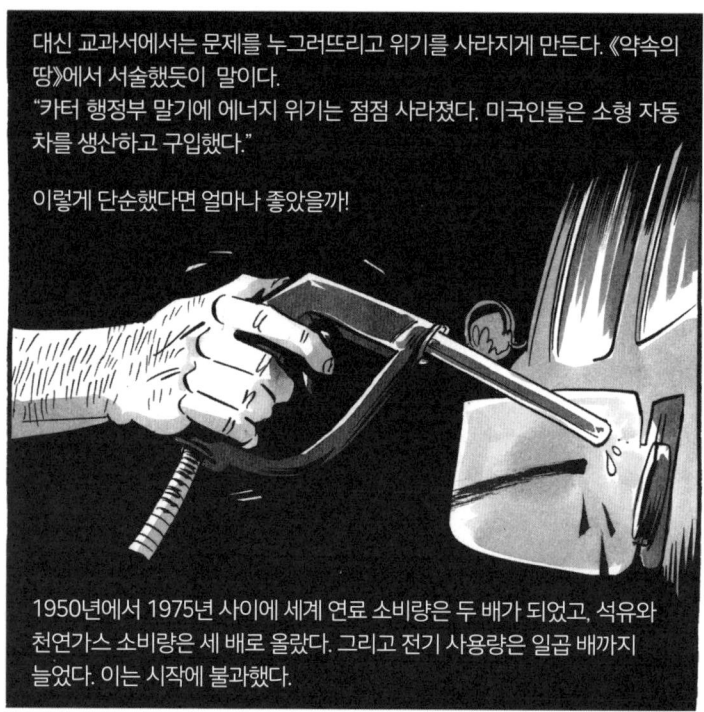

1970년에 일어난 두 번의 위기는 자본주의가 환경 파괴 없이 지속가능할 수 없다는 심각한 약점을 드러냈다.

자본주의는 생산을 놀라울 정도로 용이하게 만드는 체제지만, 부족함에는 결코 대응할 수 없도록 고안되었다. 그리고 석유는 엄밀히 말해 '생산'되는 것이 아니라 땅속에서 추출하는 것이다.

1950년에서 1975년 사이에 세계 연료 소비량은 두 배가 되었고, 석유와 천연가스 소비량은 세 배로 올랐다. 그리고 전기 사용량은 일곱 배까지 늘었다. 이는 시작에 불과했다.

'진보'의 단점을 생각해볼 수 있는 한 가지 방법이 있다.
세상과 자원이 공동 소유라고 가정해보자. 땅과 강, 기타 천연 자원이 한 공동체의 소유여서 모두가 쓸 수 있다.

이제 모든 가구가 젖소와 버터를 소유한 마을을 가정해보자.
아침마다 소들은 공유 목장에서 먹이를 먹는다.

부유한 가족은 두 번째 소를 사고, 이들은 남은 우유와 버터를 상인과 소가 없는 가족에게 판다.

이 가족은 이렇게 남긴 이익으로 세 번째 젖소를 구매한다.

다른 몇몇 가족도 두 번째 젖소를 산다.

이런 식으로 더 많은 소들이 목장을 사용하지만, 여러 젖소를 소유한 가족은 젖소가 한 마리만 있는 가족과 거의 공짜나 다름없는 같은 비용을 지불한다.

결국, 한때 풀로 무성했던 목장은 소가 지나치게 많아지면서 황폐해진다.

젖소가 20마리 있었을 때에는 균형이 잡혔지만, 40마리나 50마리가 땅을 차지하기 시작하자 이들은 풀이 자라는 속도보다 더 빨리 풀을 먹어 치운다.

공유 자원은 이제 공동체의 수요를 더 이상 감당할 수 없다.

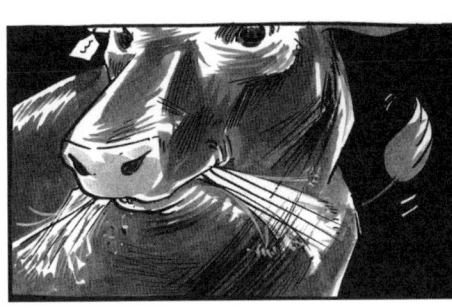

사회학자들은 이를 공유지의 비극이라 부른다.

자원은 공공의 소유이지만, 이익은 개인 또는 기업 등 각자의 것이다. 누구나 공유 자원에서 가장 많이 이익을 얻고 싶지만, 부유한 소유주들은 적게 가진 사람 이상으로 비용을 지불하지 않는다.

개인(또는 기업)은 한정된 자원을 제한해야 하는 이유를 알지 못한다.

또다른 예시도 있다.
1892년, 체서피크만의 어부들은 게와 굴을 2000만 부셸이나 채취했다.

하지만 1982년에는 350만 부셸만 가져갔다.

그리고 10년 후인 1992년에는 같은 곳에서 어획량이 겨우 16만 6000부셸에 지나지 않았다.

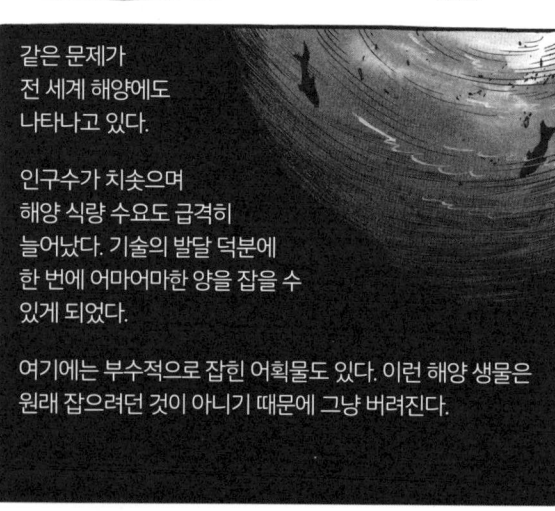

어부들은 생활수준이 위협받을 때 할 수 있는 일을 했다. 자원을 최대한 많이 얻으려 열심히 채취했다. 이렇게 하면 가족들에게는 도움이 될지 모른다. 하지만 공유 자원을 더욱 해치는 결과를 낳았다.

같은 문제가 전 세계 해양에도 나타나고 있다.

인구수가 치솟으며 해양 식량 수요도 급격히 늘어났다. 기술의 발달 덕분에 한 번에 어마어마한 양을 잡을 수 있게 되었다.

여기에는 부수적으로 잡힌 어획물도 있다. 이런 해양 생물은 원래 잡으려던 것이 아니기 때문에 그냥 버려진다.

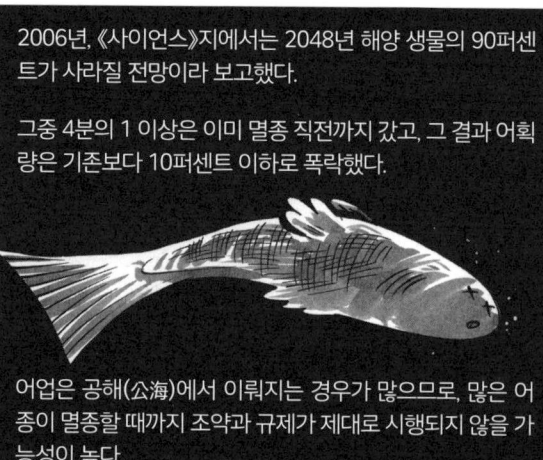

2006년, 《사이언스》지에서는 2048년 해양 생물의 90퍼센트가 사라질 전망이라 보고했다.

그중 4분의 1 이상은 이미 멸종 직전까지 갔고, 그 결과 어획량은 기존보다 10퍼센트 이하로 폭락했다.

어업은 공해(公海)에서 이뤄지는 경우가 많으므로, 많은 어종이 멸종할 때까지 조약과 규제가 제대로 시행되지 않을 가능성이 높다.

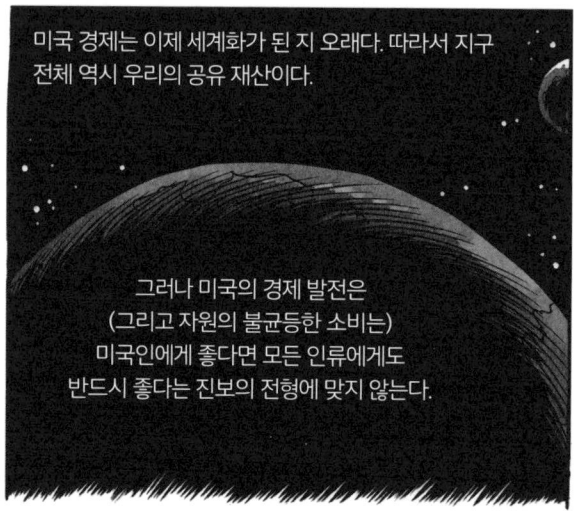

미국 경제는 이제 세계화가 된 지 오래다. 따라서 지구 전체 역시 우리의 공유 재산이다.

그러나 미국의 경제 발전은 (그리고 자원의 불균등한 소비는) 미국인에게 좋다면 모든 인류에게도 반드시 좋다는 진보의 전형에 맞지 않는다.

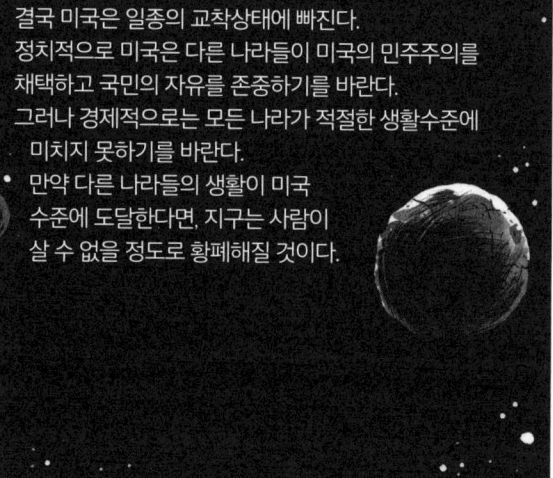

결국 미국은 일종의 교착상태에 빠진다.
정치적으로 미국은 다른 나라들이 미국의 민주주의를 채택하고 국민의 자유를 존중하기를 바란다.
그러나 경제적으로는 모든 나라가 적절한 생활수준에 미치지 못하기를 바란다.
만약 다른 나라들의 생활이 미국 수준에 도달한다면, 지구는 사람이 살 수 없을 정도로 황폐해질 것이다.

우리는 인류의 문명이 지구에 미치는 영향을 제대로 측정할 수 없다.

하지만 이미 우연히, 몇 번이나, 지구를 살 수 없는 곳으로 만든 적이 있다!

예를 들어 1980년대 중반, 과학자들은 생활용품에 광범위하게 사용된 프레온 가스가 지구의 대기를 급격하게 해친다는 사실을 보여주었다.

프레온 가스는 오존층을 파괴한다. 오존층이 파괴되면 태양에서 오는 해로운 자외선을 막을 수 없다.

1990년대 초반 전 세계 국가들은 프레온 가스 생산을 중단하는 데 동의했다.

2006년에 《워싱턴포스트》에서 밝혔듯,

과학자들은 프레온 가스가 조금만 더 위험한 화학성분으로 생산되었다면, 지구의 오존층은 이미 대부분 파괴되었을 거라며 깊이 우려했다.

우리는 단지 운이 좋았을 뿐이다.

언젠가 가까운 미래에 미국과 다른 선진국들은 생존을 위해 대대적으로 변화를 꾀해야 할 것이다.

여기에는 생산 방식과 소비 습관도 포함된다.

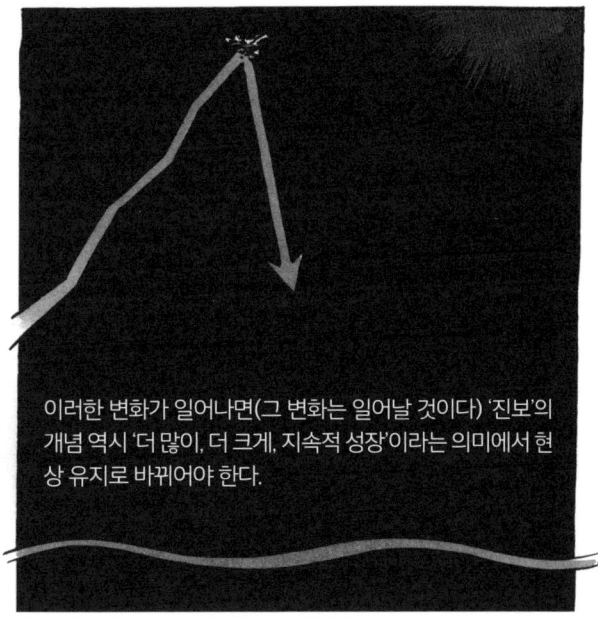

이러한 변화가 일어나면(그 변화는 일어날 것이다) '진보'의 개념 역시 '더 많이, 더 크게, 지속적 성장'이라는 의미에서 현상 유지로 바뀌어야 한다.

앞서 보았듯이 젖소 한 마리에 그치려는 가족이 단 하나도 없는 것과 같이,

어떤 나라도 제로성장 경제에 가장 먼저 도달하려 하지 않는다.

교과서에서 '진보'의 개념에 생각 없이 전념해 학생들이 다르게 행동할 가능성을 막아버린다면, 변화하기가 점점 더 어려워질 수 있다.

미국의 환경 위기가 곧 교육의 문제인 이유가 여기에 있다.

생물학자 에드워드 O. 윌슨에 따르면 환경 문제를 다루는 두 진영이 있다고 한다.

환경주의자(대부분의 과학자와 과학 기고가)와 예외주의자(정치학자, 경제학자, 다양한 산업을 대변하는 사람, 일부 과학자)다.

앞서 몇십 년 동안 예외주의자들은 환경주의자들의 비관적인 견해를 반박하는 데 보냈다.

그렇다, 현대 사회는 지구를 파괴할 만큼 강력한 힘을 지녔지만, 그 피해를 복구할 힘 역시 갖고 있다.

수많은 야생동물을 복원하는 데 성공했고, 재생 사업을 통해 숲과 서식지를 다시 예전 모습으로 돌려놓았다.

(그리고 2020년 코로나19로 전 세계가 폐쇄 조치를 했을 때, 잠시이기는 하지만, 처음 몇 달 동안 대기의 질이 얼마나 빨리 좋아졌는지 떠올려보라.)

1990년대에 저는 교과서에서 학생들에게 이 중요한 논쟁의 양측 입장을 모두 다루지 않았다고 비판했어요. 우리는 모든 의견을 다뤄야 한다고 생각합니다.

그리고 학생들이 이 문제에 대해 생각하고 어떻게 적응할 것인지

고민해야 해요.

예외주의

환경주의

그러나 저는 이렇게 좋은 게 좋은 것이라는 방식이 더이상 옳다고 말할 수 없습니다.

현재 위기는 문제를 만든 사람들이 해결할 수 없는 지경에 이르렀어요.

무엇이 바뀌었을까요?

기후 위기는 적어도 다음과 같은 두 가지 면에서 예고되지 않았고,

자본주의만으로는 기후 위기를 해결할 수 없다.

첫째, 에너지의 대부분을 담당했던 화석 연료의 영구 고갈에 직면해 있다.

이제 정해진 시간 내에 화석 연료가 만들어질 일은 없을 것이다. 단순히 말하면 그렇다.

두 번째 위기는 첫 번째와 관련이 있다.
인류가 화석 연료를 과하게 쓰면 장기간 기후 변화를 초래한다.

연료가 부족해지면 기업은 연료를 최대한 비축하려 한다.

그러면 인류에게 필요한 연료의 양과 가격을 통제해 독점 자본주의로 이어진다.

모두들 알고 있듯이(일부 교과서 저자들과 가짜 뉴스를 믿는 경우는 예외), 가스가 대기에 머물면 지구의 이불 같은 역할을 하고, 극지방의 얼음을 빠르게 녹여 해수면 온도를 올리고 기상 이변을 일으키게 된다.

(이 대목을 읽은 이라면 누구나 기후 변화의 실제 영향을 보고 이해할 수 있다.)

조지 W. 부시 행정부 시절, 과학자들은 2100년까지 전 세계 해수면 높이가 90센티미터 이상 높아질 것이라 예측했다. 따라서 주민 수백만 명이 다른 곳으로 반드시 이주해야 하고,

인간의 역사가 기록된 이래 최악의 인류 위기가 불어닥칠 것이라고 경고했다.

최근 교과서 단 두 종에서만 기후 변화를 언급했다. 하지만 미래에 기후 변화가 어떤 영향을 미칠지는 말하지 않는다.

아무튼 기후 변화는 그 어떤 주제보다도 최악의 대접을 받고 있다. 교과서에서는 '영원한 진보'라는 기조를 고수하고 있기 때문이다.

(무엇보다도 미국이 모든 측면에서 더 좋아지고 있다면, 현실을 어떻게 설명하겠는가?)

나중에 말하지 뭐.

교과서에서 오늘날 학생들이 태어나기 전부터 이미 기후 변화와 화석 연료의 과다 사용 문제를 기술했다고 (그리고 아마 해결했다고!) 생각한다면 잘못 본 것이다.

마찬가지로 영원한 진보를 찬양하는 태도는, 학생들에게 인종 불평등이 미국 역사를 뒷걸음치게 만든 것이 아니라 지속적으로 발전시켰다고 오해하게 만든다.

이러한 '진보'의 전형은 수많은 백인들이 흑인에게는 제도적 인종주의에 정당하게 반격할 권리가 없다고 결론내리게 만든다. 무엇보다 인종주의는 인권 운동으로 이미 해결되었다고 보이게 한다.

우리는 지금이 과거보다 더 관대하고 진보적이라고 생각하는 경향이 있는데, 앞으로도 우리는 보다 더 관대해질 거라고만 생각할지 모른다.

이 순간 '진보'의 이념은 시간이 흐를수록 자민족 중심주의에 스며들어,

학생들이 자신들과 다른 현대 사회의 가치를 제대로 보지 못하게 할 수 있다.

서구의 맹목적 애국심

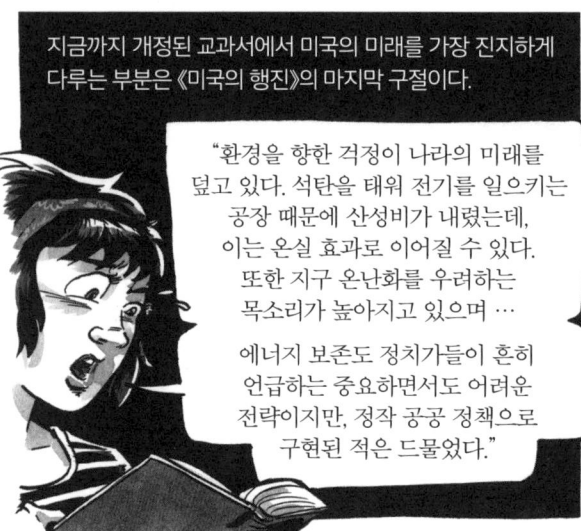

지금까지 개정된 교과서에서 미국의 미래를 가장 진지하게 다루는 부분은 《미국의 행진》의 마지막 구절이다.

"환경을 향한 걱정이 나라의 미래를 덮고 있다. 석탄을 태워 전기를 일으키는 공장 때문에 산성비가 내렸는데, 이는 온실 효과로 이어질 수 있다. 또한 지구 온난화를 우려하는 목소리가 높아지고 있으며 …

에너지 보존도 정치가들이 흔히 언급하는 중요하면서도 어려운 전략이지만, 정작 공공 정책으로 구현된 적은 드물었다."

안타깝게도 《미국의 행진》의 마지막은 밋밋하게 안심시키는 말로 끝난다.

"이 문제에 직면한 세계에서 가장 오래된 공화국은, 회복력과 문제 해결력이라는 특별한 전통을 가졌다."

이게 뭔 소리야

젊은 독자 대부분은 이 말을 듣고도 좀체 안심할 수 없다.

1999년 고등학교 3학년 학생들을 대상으로 한 설문 조사에서, 거의 절반이 "미국의 좋은 시절은 이미 지나갔다"고 믿는 것으로 나타났다.

2014년에는 일반인 절반이 이 의견에 동의했다.

이 학생들은 모두 미국 역사 수업을 들었지만, 교과서의 긍정적인 생각은 이들이 세상에서 겪은 경험을 압도하지 못했다.

젊은이들은 자신들이 속았다는 것을 안다.

경제학자 E. J. 미샨은 이 '진보' 논리가 학생들을 수동적으로 만든다고 주장했다. 미래는 자신이 통제할 수 없는 것이라고 말하기 때문이다.

ㅡ크롤 쓱쓱 쓱쓱

하지만 저는 이 이유 때문에 교과서 저자들이 '진보' 논리를 사용한다고 보지는 않습니다.

더 실망스럽고 재미없는 이유가 있어요.

민족주의적 낙관론을 내세워 책을 채택하게 만들려는 것, 바로 그거죠.

더욱이 교과서 저자들은 주류 공화당원들이 닉슨 행정부 시절에 환경 보호법을 통과시켰던 세력을 이어받았다는 사실을 안다.

이들은 정부의 감시나 보호를 모조리 거절하고, 공공연한 부패와 반(反)과학 정책, 어렵게 얻은 투표권과 보호법에 반대하는 파시스트와 백인우월주의자를 감싸는 도널드 트럼프의 당으로 이어졌다.

오늘날의 정치 상황에서 출판사들은 이러한 외침이 실제로 존재한다고 말하면 '좌익' 선동으로 비춰질까 걱정한다. 그래서 이들의 교과서는 학교 교과서 채택 위원회에 압력을 넣는 우익, 반과학주의자들, 반사실주의 활동가들에 의해 거부당할 것이다.

위기 조치 반대
마스크 반대
도서관 반대

아이들을 불편하게 만드는 '역사'를 반대한다!

아이들을 세뇌하지 말라!

교과서의 낙관적이고 행복한 결말은 역사의 희망사항일 뿐이다.

교과서 저자들이 과거의 사건과 경향을 진지하게 논의하지 않고 미국 역사에 필요한 현실적 사고를 제시하지 않는다면,

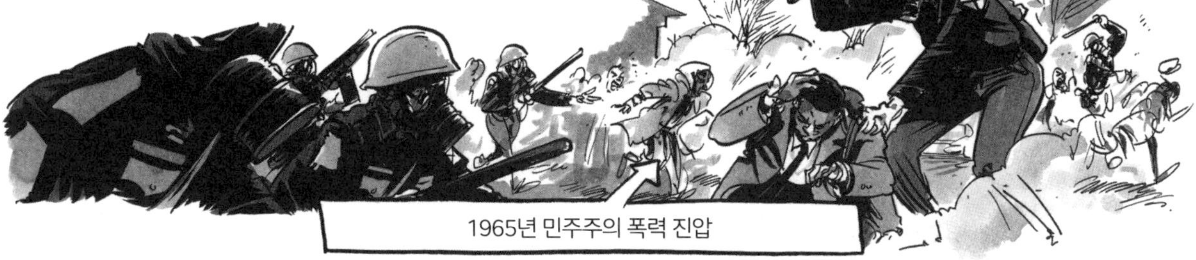

1965년 민주주의 폭력 진압

미국의 과거는 미래에 아무런 영향을 미치지 않는다고 말하는 것과 마찬가지다.

과거와 미래의 연결고리를 그저 묻어버리는 한,

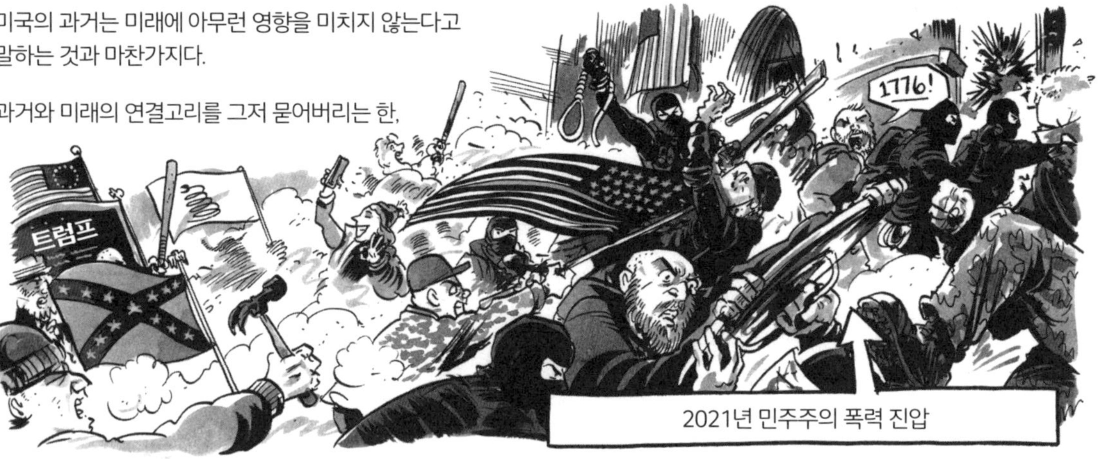

2021년 민주주의 폭력 진압

우리는 학생들이 이렇게 결론내려도 비난할 수 없다.
'역사 공부는 나의 삶, 그리고

나의 미래와 아무 관련이 없다.'

12장

이렇게 역사를 가르쳐도 괜찮을까?

책을 출판할 때 논쟁의 여지가 있는 대목은
빼버리는 편이 낫다.
— 홀트, 라인하트 앤드 윈스턴(미국 교과서 출판사)

요점과 질문, 덧붙일 내용

(이것은 단지 시작일 뿐)

지금까지 여러분은 교과서에서 콜럼버스의 두 번째 항해부터 남북전쟁, 환경 파괴 등 중요한 정보를 누락하고 어떻게 완전히 잘못된 내용을 제공하는지 알아보았다.

또한 교과서가 실제로는 학생들에게 과거를 배우고 현재를 이해할 기회를 주지 않는다는 점도 알게 되었다.

미래를 현명하게 바라보는 방법도 가르쳐주지 않는다는 점도 말이다.

그렇지만 이러한 교과서들은 반드시 누군가를 만족시켜야 한다.

누구를?

출판사는 몇몇 독자를 염두에 둔다.

학생뿐만 아니라 교사, 역사가, 역사학 교수, 정치가, 그리고 일반 대중이다.

대중에는 출판사들이 심기를 건드리고 싶지 않은 학부모도 포함되었다는 점이 중요하다.

"하지만… 깨어 있는 내용이라고?"

"혹시 학생으로서 죄책감을 느끼거나 불편"하니?

일부 대중은 교과서에 바라는 바를 부끄러움 없이 말한다.

1925년 미국 재향 군인회는 이상적인 미국 역사란 무릇 "아이들의 애국심을 고취시켜야" 하며 "성공을 주로 이야기"해야 한다고 주장했다.

이 주장을 사회교육학 전문가 셜리 엥글과 애너 오초아가 1986년 이상적인 교과서로 묘사한 내용과 비교해보자. 이들은 이렇게 말했다.

"학생들이 쉽게 대답할 수 없는 중요한 질문과 문제를 대면하게 해야 한다."

그리고 이렇게도 말했다.

"역사, 사회과학, 문학, 언론 보도, 그리고 학생들이 직접 체험해서 얻은 다양한 자료를 이용해야 한다."

여러분도 쉬이 짐작하겠지만, 미국 교과서는 낡아빠진 재향 군인회의 이념에 훨씬 가깝다. 그리고 이는 역사가들이 일차 사료로 연구해서 일어난 결과가 아니다.

인권 운동과 이에 따른 파급 효과 덕분에 이차 사료는 보다 폭넓어지고 정확해졌다.

그러나 개정된 교과서조차도 내가 이 책을 쓸 때 참고했던, 손쉽게 구할 수 있는 자료를 쓰지 않았다.

역사가 마크 페로는 1981년, 미국이 역사가들의 견해와 나머지 국민들이 배우는 내용 사이의 간극이 그 어떤 나라보다도 넓다고 지적했다.

앞에서 보았듯이 미국 사회는 과거에 관해 스스로를 속일 때가 많다. 교과서는 그저 우리가 원하기 때문에 그러한 거짓말을 반영하는지도 모른다.

또한 교과서에서는 논쟁의 여지가 있는 주제를 피하고 싶어서인지도 모른다.

여론조사에서 미국인의 최소 절반 이상이 '위험한 사상을 다루는 책은 공립학교 도서관에 들여놓으면 안 된다'고 답했다.

어떤 사상이 '위험하다'고 누가 단정 짓는가?

일반적으로 사람들은 속여야 할 대상이 다른 이들이라고 생각하는 경향이 있다.

이러한 질문은 교과서 저자에게로 확대된다. 그러니까 실제 저자 말이다. 교과서에 이름이 수록된 저자 중 역사 교과서를 쓴 사람은 거의 없기 때문이다.

루이스 토드와 멀 커티가 쓴 《미국의 성장》을 예로 들어보자. 이들은 실제로 1941년 초판본을 썼다. 하지만 1991년에 출간된 (내가 조사한) 열 번째 개정판은 《미국의 승리》라는 제목으로 나왔다.

그때 커티는 95세였으며 요양원에 살고 있었다. 토드는 이미 세상을 떠난 뒤였다.

이들은 '그들의' 책이 바뀌고 새로운 자료가 들어간 일에 아무런 관여를 하지 않았다.

그런데도 여전히 공식 저자로 남아 있었다.

토드와 커티가 쓴 교과서는 아주 잘 팔려서 수십 년 동안 계속 출간되었지만, 출판사는 이들이 계속 저자 목록에 올라 있는 상태를 언제까지고 묵인할 수 없었다. 결국 1994년 홀트 출판사는 책의 이름을 바꿔서 저자들의 이름을 붙였다.

토드와 커티의 이름은 1998년에 내려갔다. 그리고 2003년 판에는 제목이 이렇게 간단하게 나왔다.

어떤 역사가는 '저자'로 위촉되었지만, 실제 집필에 얼마나 관여했는지 내게 알려주려 하지 않았다.

마침내 어느 정도 솔직해졌다. 그 이유는 책의 내용을 '저자'가 아닌 출판사가 대부분 썼기 때문이다.

출판사들은 프리랜서를 고용해 일 대부분을 맡긴다.

초등학교 교과서를 쓴 어느 유령 저자는 내게 이렇게 말했다.

"교과서 출판사 산업에서는 프리랜서에게 모든 저술을 맡기는 게 절대적인 관행이에요."

"그러고 나서 표지에 올릴 이름을 빌리죠."

자신의 책에 글을 쓰는 저자들은 주요 내용만 쓴다.

그리고 역사의 '핵심'은 전체 분량에서 점점 적어진다.

저자들은 교과서 속 수없이 많은 상자 글, 수업 보조물, 질문, 각종 상식, 학습 활동 등에는 아무 관여를 하지 않는다.

"역사를 바라보십시오!"

"음, 질문 있는데요."

"질문은 안 돼."

출판사들은 학문이 아닌 민족주의를 이용해 책을 판다.

성조기나 자유의 여신상 같은 국가의 상징물로 표지를 장식하고, 학생들이 미국의 '공통된 믿음'을 '발견'하고 '미국의 유산을 기리는' 도구로 활용할 수 있다고 광고한다.

어떤 출판사에서도 자신들의 책이 경쟁도서보다 더 정확하다고 주장하려 하지 않는다.

문제는 역사가 학생들이 학교에서 배운 다른 과목과는 다르다는 점이다.

수학이나 지질학은 각 분야의 전문적인 지식을 바탕으로 한다. 물론 역사도 그렇다. 그러나 어느 정도까지만 그렇다.

교과서 출판사들은 "교과서에는 사회의 거울이며 사회가 받아들일 수 있다고 여기는 내용이 담긴다"라고 말한다.

사회는 수학 교과서에 담아야 할 내용에 영향을 주지 않는다.
지질학은 유행에 따라 바뀌지 않는다.

그러나 역사는 다른 과목들보다 개인적이다. 심지어 문학보다도 그렇다.
역사는 '우리'에 관한 것이다.

역사는 단지 과거를 이해하기 위한 수단이 아니다.
오늘날 우리가 어디에 있는지, 그리고 왜 그곳에 있는지 알려준다.

그리고 모두 알다시피 그러한 사실이야말로 역사가 아이들에게 사실을 가르치지 않는 이유일지 모르지요.

우리는 아이들이 영감을 받으며 자랐으면 하지요. 그러니 아이들에게 이렇게 희망차고 긍정적인 마음을 끊임없이 심어줘야 하지 않겠어요?

그러다가, 학생들이 자라서 역사의 어두운 진실을 알게 되었을 때, 이들은 자신들이 배웠던 이상에 도달할 수 있도록 제도를 바꾸고 싶어할 겁니다.

여기에는 두 가지 문제가 있습니다.

대부분은 학교를 졸업한 후 미국 역사를 배우지 않아요.

이러한 접근은 또다른 역효과를 낳곤 합니다. 사람들은 자신이 속았다는 사실을 알면 좋아하지 않을 게 뻔해요.

여러분도 그렇지 않나요?

미국인 모두는 어린 조지 워싱턴이 아버지의 벚나무를 잘랐다가 용감하게 이실직고했다는 옛이야기를 알고 있다.

"거짓말을 못 하겠어요. 제가 잘랐어요."

"음, 그래 보이는구나."

내 제자 한 명은 이 일화가 워싱턴이 세상을 떠나고 몇 년 후, 메이슨 윔스가 워싱턴의 전기를 쓰며 꾸며낸 이야기라는 것을 알아냈다.

"내가 그토록 오래 종교처럼 믿고 있던 이야기가 거짓말이었다니."

학생은 자신을 가르쳐준 선생님에게 어떤 감정이 들었을까?

"정말 억울하고 배신감이 들어요."

그 결과는? 학생은 그 일을 계기로 자신이 배운 모든 것에 의문을 품게 되었다.

흑인 학생들이 건국의 아버지에 관해 추한 진실을 배웠을 때 어떤 생각이 들었을지도 상상해보라.

역사가 마크 로이드가 내게 이렇게 말했듯이 말이다.

"워싱턴과 제퍼슨이 노예를 거느렸다는 사실을 알았을 때, 엄청난 충격을 받았어요."

"그들과 관련된 것은 무엇이든 갖고 싶지 않아졌죠."

젊은이들에게 거짓말하는 것은 미끄러운 비탈길을 달리는 것과 같다.

일단 한 번 시작한 거짓말을 언제 멈출 수 있는가? (그리고 어떻게 멈출 것인가?)

언제 거짓말을 할지, 그리고 어떤 거짓말을 어떤 연령대에게 할지 누가 정하는가?

저자와 출판사가 진실을 중요시하지 않는 이상 무엇을 가르칠지를 어떻게 결정해야 할까?

그리고 교과서가 거짓말투성이라면, 젊은이들이 뭐하러 역사를 배워야 할까?

위로가 되지 않겠지만, 그래도 거짓말투성이는 아니다.

학생들은 공부를 이어갈수록 이러한 사실을 배우려 하지 않는다.

고등학생 중 3분의 1만 남북전쟁이 언제 일어났는지 제대로 안다거나,

또는 내가 가르친 학생 중 22퍼센트가 베트남 전쟁이 남한과 북한 사이에 일어난 전쟁이라고 답하더라도,

이를 단순히 무지해서라고 말할 수 없다.

우리가 일반적으로 역사를 배우는 방식은 효과가 없다.

과거에 일어난 주요 사건의 원인이 무엇인지 제대로 배우지 못한 상황에서, 사람들에게 과거의 교훈을 통해 현재와 미래를 대비하라고 할 수 없다.

어떻게 해야 역사를 달리 가르칠 수 있을까?

우선, 역사에 정서를 담을 수 있다. 정서는 역사와 우리를 붙여주는 풀과 같은 역할을 한다.

역사는 가슴이 미어지면서도 열정 가득한 과목이다!

학생들은 실제로 사람들에게 영감을 불러일으킨 과거의 말과 행동을 보고 읽을 때 감동을 받는다.

바르톨로메 데 라스카사스부터 헬렌 켈러까지, 그리고 존 루이스와 나치 산하 죽음의 수용소를 해방시킨 미군까지.

이러한 목소리들은 공정하고 정확하면서도 역사의 극적인 면을 드러낼 수 있다.

역사를 가까이 할 수 있는 또다른 방법은 학생 개개인의 삶에 어떤 영향을 미치는지 보여주는 것이다.

1970년대에 아이오와의 3학년 교사는 인종주의가 미국 흑인에게 어떤 영향을 미쳤는지 보여주기 위해, 모든 백인 학생들을 눈동자 색깔 별로 나눴다.

하루는 파란 눈인 아이들을 갈색 눈인 아이들보다 더 예뻐해주고,

다음날에는 입장을 바꾸어서 갈색 눈인 아이들에게 더 이익을 주는 식이었다.

주목할 점은 이 책을 쓰고 있던 2023년, 이렇게 차별의 영향력을 실제로 느끼게끔 만든 학급 활동이 몇몇 주에서 불법으로 간주되었다는 것이다. 우익 활동가들은 지역과 주 입법 기관에 압력을 넣어 학생들, 그러니까 백인 학생들(또는 이들의 부모)에게 '죄책감'을 안기거나 '불편하게' 만들 수 있는 학급 활동, 서적, 자료 등을 금지시켰다.

영화 〈나뉜 교실〉(A Class Divided)에서는 위의 실험을 한 지 15년 후, 학생들이 실험을 얼마나 생생하게 기억하는지 보여준다. 하지만 교과서에 실린 내용은 15일 후에도 기억할까 말까다.

물론 학생들은 시험을 치러야 하므로 단기적으로 배운 내용을 담아둔다. 그리고 단순히 연대표를 외우기만 해도 무언가를 배웠다는 만족감이 생긴다.

다른 관점이나 해석을 논하는 일에는 에너지가 필요하다. 그리고 학생들의 진급에도 그다지 도움이 되지 않을 것이다.

그래서 학생들은 역사 수업 방식의 변화에 저항감이 들게 마련이다. 특히 그 방법이 더 힘들다면 당연히 싫을 수 있다. 우리도 잘 알고 있다.

몇 년을 외우고 반복하다 보면 학생들은 이 방식에 익숙해진다.

이것이 이들이 배우기 위해 배운 유일한 방법이다.

맺음말

미래가 기다리고 있다
그리고 미래에 대비해 무엇을 해야 하는가

질문하는 방법을 배웠다면…
당신은 배우는 방법을 배운 것이다.
그러면 그 누구의 방해도 받지 않고
알고 싶거나 알아야 하는 것을 배울 수 있다.
— 닐 포스트먼(미국 교육학자) · 찰스 와인가트너(미국 교육학자)

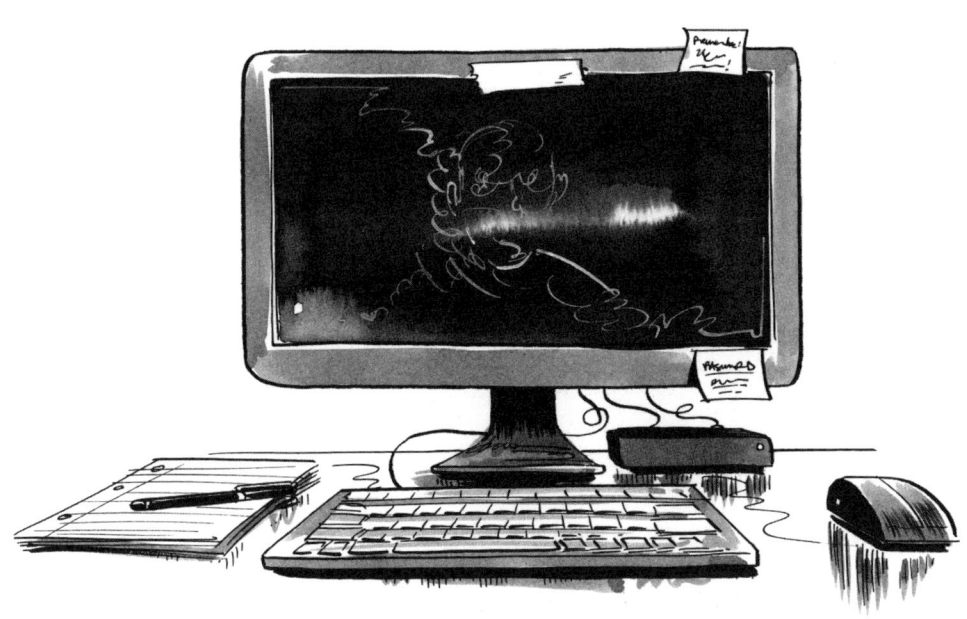

다음 거짓말은 어떻게 나올까?

거짓 정보는 앞으로도 계속 여러분에게 전달될 것이다. 비단 교과서에만 국한된 이야기는 아니다.

역사 표지물이나 박물관 전시물, 또는 과거 미국을 다루는 영화와 소설, 그리고 백악관에서도 거짓 정보가 흘러나올 수 있다.

(삽화가의 말: 이 두 개의 그림은 책 전체를 통틀어 유일하게 정확성을 기한 그림이다.)

바락 오바마의 2009년 대통령 취임식에 모인 군중. 국립공원 관리청 촬영.

도널드 트럼프의 2017년 대통령 취임식에 모인 군중. 같은 위치에서 국립공원 관리청 촬영.

이 같은 미래의 거짓말에 어떻게 대처할 수 있을까?

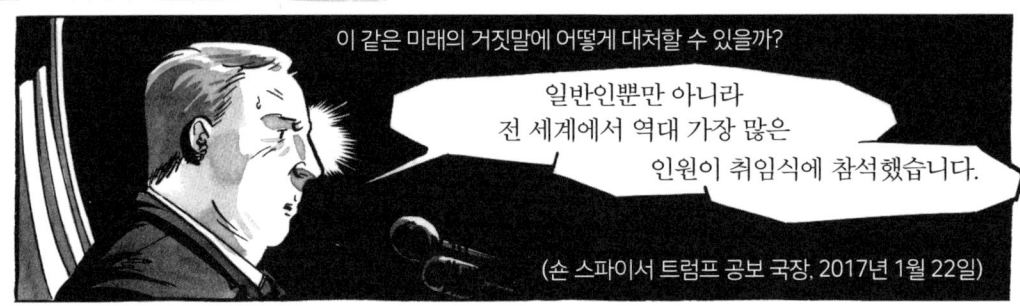

일반인뿐만 아니라 전 세계에서 역대 가장 많은 인원이 취임식에 참석했습니다.

(숀 스파이서 트럼프 공보 국장, 2017년 1월 22일)

우리는 모두 자기주도적으로 배울 수 있다.

누구나 논쟁과 증거를 통해 사실 여부를 면밀히 따져봐야 한다.

또한 사실에 기반을 두고 어떻게 결정할지 신중히 생각해야 한다.

그것이 배우는 법을 배우는 길이다.

한쪽으로 치우친 책이나 논쟁은 우리를 혼란에 빠뜨릴 수 있다.

우리가 찾은 답이 실망스럽고 마음을 불편하게 만들어도 말이다.

내가 들은 말과 다르잖아!

현재 학생들은 탐험가 목록을 외우고 필기해야 한다.

아메리고 베스푸치, 아메리카는 그의 이름을 따서 만들었어요!

폰세 데 레온, '젊음의 샘'을 찾아다녔답니다!

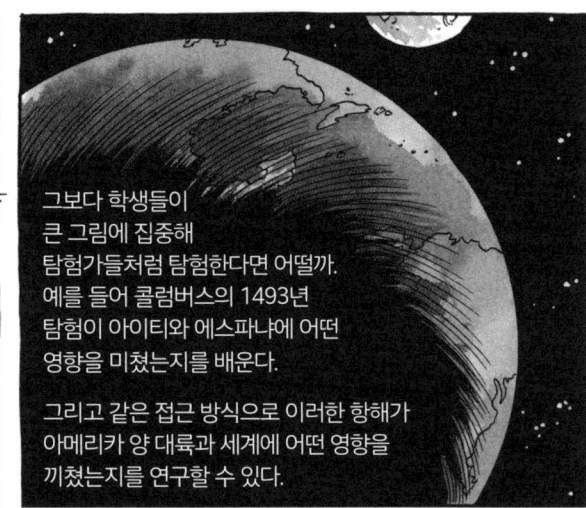

그보다 학생들이 큰 그림에 집중해 탐험가들처럼 탐험한다면 어떨까. 예를 들어 콜럼버스의 1493년 탐험이 아이티와 에스파냐에 어떤 영향을 미쳤는지를 배운다.

그리고 같은 접근 방식으로 이러한 항해가 아메리카 양 대륙과 세계에 어떤 영향을 끼쳤는지를 연구할 수 있다.

중요한 점은 모두가 같은 결론에 도달하지 않을 수 있다는 것이다. 그러니 교사는 사실에 기반을 두고 있는 한, 학생들이 서로의 의견에 동의하지 않아도 괜찮다고 말해줘야 한다.

이 부분에서 교사의 역할이 정말 중요하지 않겠는가?

학생들이 의견과 사실 사이에 차이가 있다는 것을 알게 해준다는 점에서 말이다.

사람은 자신의 의견을 가질 권리가 있다. 다만 '자기에게만 사실'인 경우는 해당되지 않는다.

세상에 그런 사실은 없다.

증거가 뒷받침되지 않은 의견은 인정받기 힘들다.

증거는 반드시 다른 이들이 검증할 수 있는 사실에 기반을 두어야 한다.

그리고 의심스럽다면

이 사실에 관한 자료를 찾아보면 된다.

교사와 교과서가 많이 바뀌지 않는다 해도, 젊은 사람들이 바꿀 수 있다.

덴버 외곽에 사는 고등학생들은 수업 거부 운동을 주도하고, 학교 위원회가 고교 심화과정에서 미국 역사교육을 공격했다고 항의했다.

학교 위원회는 심화교육과정이 지나치게 국수주의적이지 않다고 항변했다.

결국 투표를 통해 학교 위원회 위원이 배제되었다.

미네소타의 아메리카 원주민 학생들은 지명으로 쓰인 '스쿼(squaw, 아메리카 여성 원주민을 모욕하는 용어)'라는 말을 주에서 사용하지 않도록 만들었다.

대중 여론으로 일어난 일부의 변화로 인해 마침내 이 용어를 쓰는 전국의 지명 수백 개가 바뀌게 되었다.

이 책의 초판본을 쓴 이래 수십 년이 지나는 사이, 인터넷이 사회의 전반을 변화시켰다.

인터넷은 많은 사람에게 세상의 정보, 또는 거짓 정보를 제공하는 원천이다.

하지만 사람들이 인터넷, 텔레비전 뉴스, 신문에서 소식과 이념을 받아들이는 일은 반향효과(자신이 원하는 정보만 되풀이해 수용하는 현상)보다 더 강하다.

자신의 세계관과 맞는 뉴스와 사상만 취사선택하는 것이다.

263

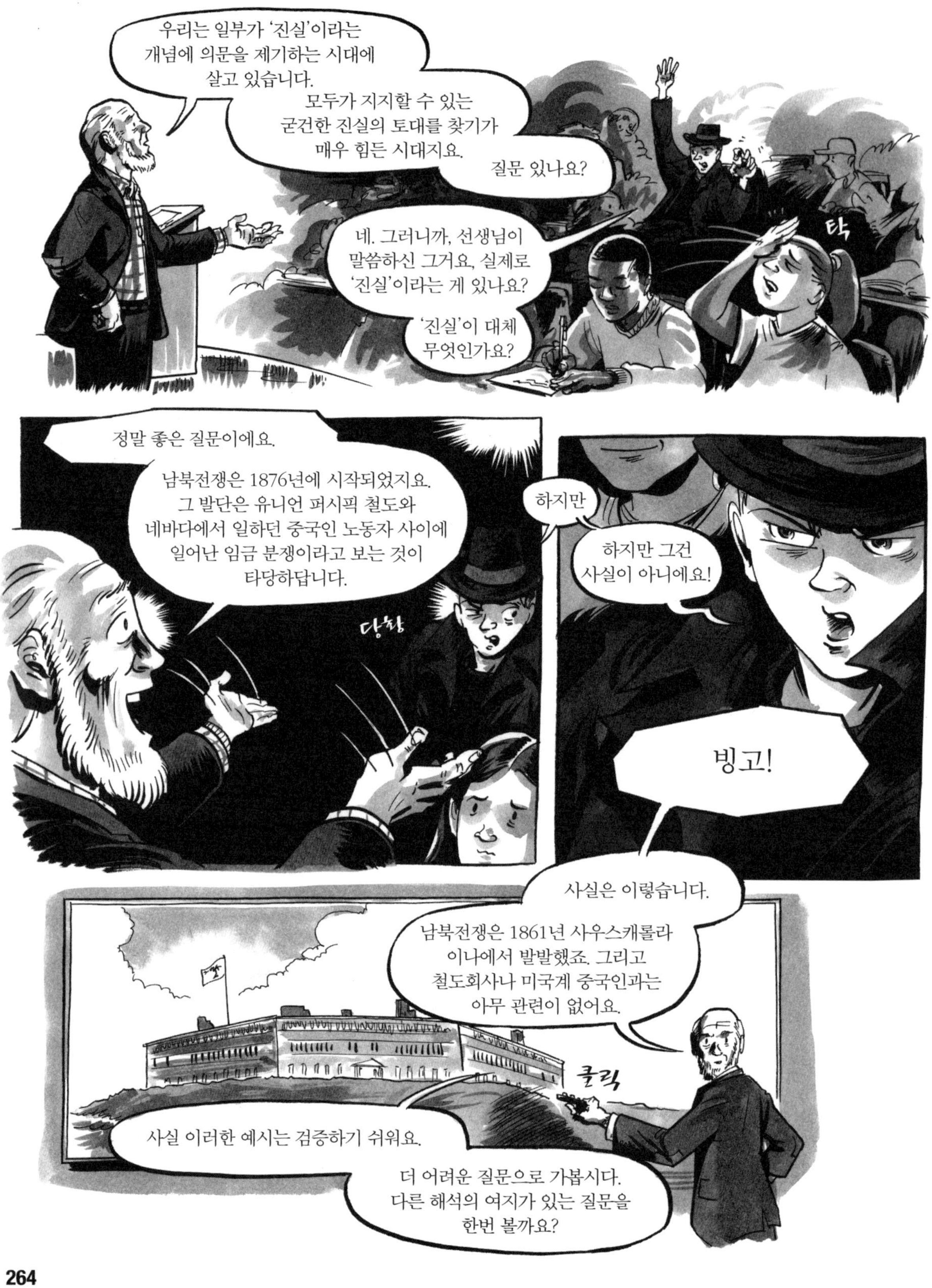

저는 전국에서 온 청중들에게 5장에 나온 질문에 답해보라고 요청했어요.

왜 남부 연합은 1861년에 분리 독립을 하려 했고, 결국 남북전쟁으로 이어졌을까요?

사람들은 대개 다음과 같이 네 가지 답변을 내놓습니다.

노예제를 위해.
'주의 권리'를 위해.
링컨이 대통령으로 당선되었으니까.
관세와 세금 같은 재정적 문제 때문에.

그러면 청중에게 이 중에서 가장 옳다고 생각하는 답을 고르라고 말해요.

2015년까지 전국에서 모인 답변은 다음과 같습니다.

10–18% 재정적 문제
20% 노예제
2% 링컨
60–70% '주의 권리'

역사가 다수결로 결정된다면, '주의 권리'가 가장 유력한 원인으로 꼽히겠지요.

그러나 증거의 세상에서 '주의 권리'는 명백히 잘못된 원인입니다.

5장에서 보았듯이, 남부 연합은 전쟁이 일어난 원인을 자신들의 입장에서 명확히 밝힌다. 이들은 미시시피에서 "우리의 지위는 노예제라는 제도로 완성되었다"라고 선언했다.

그리고 다른 주에서도 똑같이 말했다!

그 증거는 여러 원천 자료에서 나온다. 공신력이 있으며 입증할 수 있는 사실이다.

분리 독립은 어디까지나 인종 노예제 때문에 벌어진 일이었다. 그리고 백인우월주의가 이를 뒷받침한다. 교과서에서는 '주의 권리'를 노예제와 동등시해도 괜찮다고 말한다. 그러나 이러한 '기계적 공정주의'는 나쁜 역사일 뿐만 아니라

역사를 위험하게 왜곡하는 일이다.

좋은 소식이라면 학생, 교사, 학부모, 시민이 보다 진실한 교과서를 요구하기 시작했다는 것이다.
그리고 실제로 변화가 일어나고 있다.

현재에서 공정함을 되찾으면 과거의 진실이 드러난다.

일례로 교과서에서는 제2차 세계대전 당시, 미국사의 부끄러운 단면을 다루며 변화가 시작됐다.

일본이 1941년 진주만 공격을 감행하고 몇 달 후, 루스벨트 대통령은 행정명령 9066호와 100건의 '민간인 배제 명령'을 내려 일본계 미국인의 재산을 동결시키고 기업 활동을 제한했다.

미군이 일본계 미국인의 농장을 점령했고, 어린이와 아기를 포함해 12만 5천 명이 넘는 사람들이 캘리포니아와 아칸소에 있는 수용소에 이송되어 최대 몇 년간 갇혀 살았다.

이 미국 시민들은 인종과 출신지로 인해 잠재적인 적으로 간주되었고, 1945년까지 철망 안에서 무장 군인의 감시를 받으며 살아야 했다.

1960년대 역사 교과서에서는 대부분 이 정책과 이에 따른 여파를 무시했다. 그저 한두 줄만 적고 끝날 뿐이었다. 다행히 2007년에 보다 정확하게 실리게 되었다.

1988년에는 이 강제 수용 정책이 '중대한 인권 침해'라고 법적으로 인정했고, 생존자 개인에게 배상금 2만 달러를 지급했다.

그러나 수많은 가족이 입은 피해와 트라우마는 결코 지울 수 없다.

다른 방법으로도 통할 수 있다.
과거의 진실을 말하면 현재의 정의를 관철할 수 있다.

예를 들어 미국에 인종 차별이 만연하던 시기에 배타적인 '일몰 마을'이 있었고, 이 마을들이 뒤에서 인종주의 정책을 고수하던 수천 개 마을 중 일부라는 사실을 알게 되었을 때, 오늘날에는 반대로 인종주의에 맞서는 조치를 취하기도 한다.

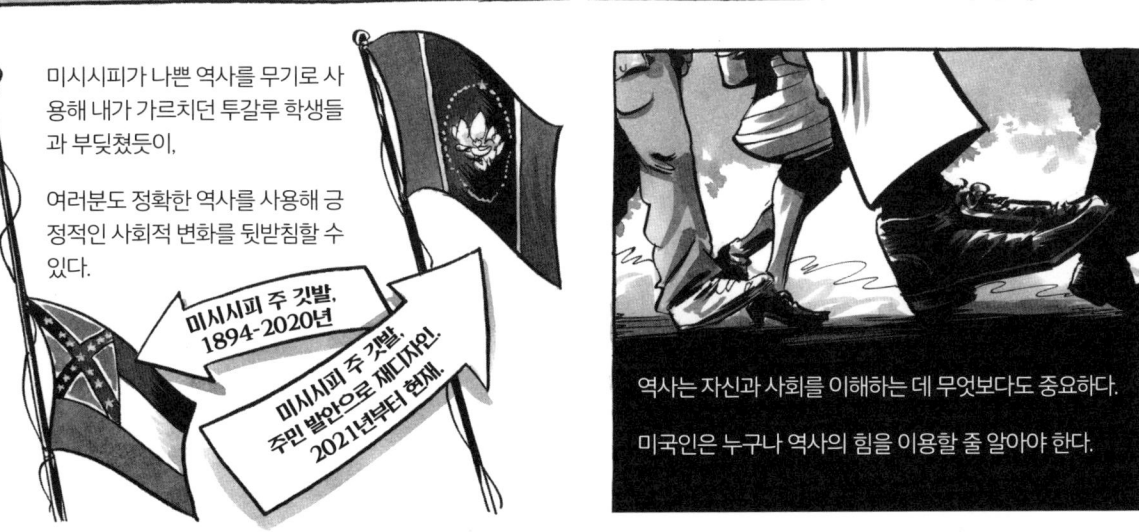

미시시피가 나쁜 역사를 무기로 사용해 내가 가르치던 투갈루 학생들과 부딪혔듯이,

여러분도 정확한 역사를 사용해 긍정적인 사회적 변화를 뒷받침할 수 있다.

미시시피 주 깃발, 1894-2020년

미시시피 주 깃발, 주민 발안으로 재디자인, 2021년부터 현재.

역사는 자신과 사회를 이해하는 데 무엇보다도 중요하다.

미국인은 누구나 역사의 힘을 이용할 줄 알아야 한다.

사람들은 미국에 관한 기초적인 사실을 알아야 해요.

그리고 역사의 맥락과 사건의 원인을 이해해야 하죠.

사람들의 삶에 영향을 미친 사회의 힘과 사상에 대해서도 알아야 합니다.

그렇게 된다면 젊은 미국인들은 시민으로서 자기 목소리를 낼 준비가 된 거예요.

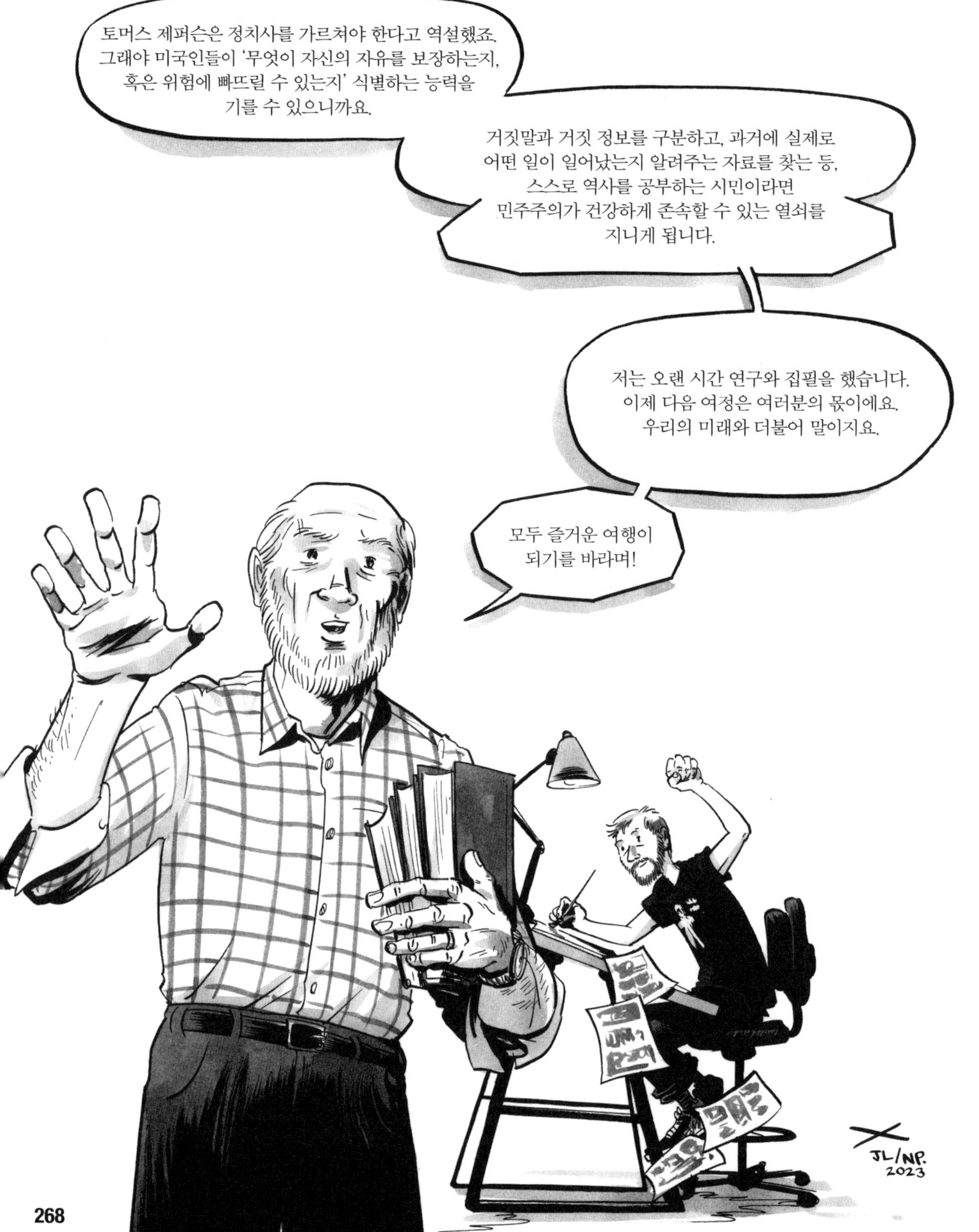

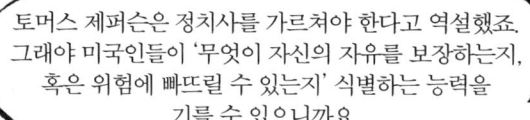

삽화가의 말

우선 고인이 되신 제임스 로웬께 깊은 감사의 인사를 전합니다. 로웬은 2020년 초 제게 갑작스레 이메일을 보내 자신의 책을 만화 형식으로 각색할 수 없는지 문의했습니다. 우리는 그가 2021년 세상을 떠나기 전까지 전화와 이메일로 연락할 수밖에 없었지만, 그는 몇 달 간 함께 협력할 장을 마련해주며 매번 친절한 모습으로 언제든 연락을 받아주었고 솔직담백하게 대해주었지요. 또한 제가 그의 저작물과 견해를 다음 세대 독자 및 시민에게 전달하는 과정에 변함없는 신뢰를 보내주었습니다.

제임스는 책에서 다루었던 역사와 그의 이해 방식에 최신 정보를 반영하고, 반복해서 확인하고, 때로는 다시 생각해보려는 저의 노력에 신뢰를 보여주었고, 저는 이 점에 매우 감사합니다. 우리는 아주 가끔 미묘하게 의견이 맞지 않을 때도 있었어요. 그리고 저는 그의 목소리와 관점을 일관되게 유지하도록 많은 노력을 기울였지요.

제임스는 제가 그 수많은 원고를 다루기 편한 분량으로 줄이고, 고쳐 쓰고 간단하게 만드는 (직접 필기를 하는 것과 키보드로 입력하는 것 모두) 중요하고도 어려운 작업을 수행하는 동안 계속해서 저를 믿어주었어요. 그런 식으로 다섯 번이나 작업을 거치고 나서야 비로소 한 컷이 완성되었답니다. 이 그래픽 노블판은 기존에 출간된 원작[한국어판 제목:《선생님이 가르쳐준 거짓말》]과 반드시 함께 읽기를 바랍니다. 저는 독자들이 각자 나름대로 궁금증이 생길 때, 원작을 참고해 여기에 인용된 말, 자료, 각주, 보다 폭넓은 역사 지식을 이용하기를 바랍니다.

만화는 매체이자 동시에 형식이고, 자기 나름대로의 언어가 있습니다. 그러니 만화의 독특한 장점을 고려해주시기를 바랍니다. 시각적 정보의 조용한 존재감을 열린 마음으로 받아들이며, 여기에 수록된 삽화가 내용의 맥락을 전달한다는 사실을 염두에 두길 바랍니다. 독자는 필요에 따라 삽화의 명암 대비, 그림의 경중, 긴장감을 느끼며 풍부한 독서 경험을 할 것입니다. 이 책은 동시에 독자적인 예술이기도 합니다. 총 260장에 각 삽화만 대략 1500칸이나 되지요. 만화는 복합적인 문해력과 해석을 동시에 사용해 우리의 인지 과정을 확장시키기 때문에 활발한 뇌 활동이 필요합니다.

저는 제임스의 자녀인 닉 로웬과 루시 로웬 맥머러에게도 감사의 뜻을 전합니다. 이들은 제임스의 목소리, 관점, 그리고 평생 일궈온 그의 작품을 남기도록 신뢰를 보내주셨습니다. 또한 엘런 애들러, 모리 보턴, 제이 굽타, 브라이언 율리키, 그리고 아낌없는 격려를 보내주신 뉴프레스 출판사 모두에게도 감사인사를 전합니다. 기술적으로 재능이 부족한 저의 한계를 뛰어넘을 수 있도록, 중요한 순간마다 창의력과 기술적 도움을 준 숨은 재주꾼 에린 토비에게도 감사를 전하고 싶습니다. 출판 에이전트 잉크웰 매니지먼트의 찰리 올슨, 나의 동료 앤드루 에이딘과 존 루이스에게도 감사하고요. 저는 이 책이 《마치》 3부작이 마련한 토대를 자연스럽게 확장했다고 봅니다.

저의 아내 레이철을 비롯해 민주주의의 위기 속에 10년 동안 잘못된 정보를 받으며 자란 제 아이들, 하퍼와 에벌리에게도 이 말을 전하고 싶어요. 이 책이 아이들 세대의 비판적 사고 기술, 공감 능력, 호기심을 키우는 데 도움이 되기를 바랍니다. 부모님과 역사에 대한 세대 간 이해도 그렇습니다. 특히 제 아버지는 우리가 역사를 이해하는 방식의 복잡성과 모순에 대해 일찍부터 관심을 심어주셨습니다.

이 책은 코로나19 팬데믹을 겪으며 탄생했습니다. 그리고 이 시기에는 극우 세력이 조직적으로 움직이며 학교와 도서관, 지역 사회의 목소리와 정보를 모두 억압하고 책을 금지시키며 위협하려는 움직임이 지속되었지요. 이러한 움직임은 현실 혐오로 비롯된 공포와 불안을 추진력 삼아, 사람들이 정보와 이념에 접근하지(그리고 생산하지) 못하도록 제한한다는 사명을 공공연히 띠고 있습니다. 2020년부터 지금까지 저는 이 책을 작업하며 이러한 이해관계를 알고 있었고 실시간으로 대응하고자 분투했습니다.

1995년에 출간된 이 책의 원작은 이러한 조직적인 검열에 맞선 용어와 쟁점을 명확히 하고 구체화하는 데 도움을 주었다고 생각합니다. 지금 이 순간보다 30년 앞서 제임스가 알려주었던 출판사의 은근한 검열, 국가주의 신화라는 이불로 백인 학부모의 불편을 덮어버리는 교과서 채택 위원회와 학교 위원회의 역할, 그리고 불쾌한 진실을 받아들이는 학생들의 수용력 등은 다가올 미래에도 계속해서 유의미할 것입니다. 이 책은 미국의 현재를 이해하고 우리가 이 공포 캠페인에 맞설 방법을 알려주는 중요한 정보입니다.

바라건대, 제임스 역시 그렇겠지만, 이 책이 미국 다인종 민주주의의 약속을 충실히 이행하기 위해 노력하는 대중을 지지하며, 미국의 진실한 역사와 뿌리 깊은 민족주의 신화 모두를 진지하게 생각하는 도구로 적극적으로 활용되기를 바랍니다.

2023년 11월
네이트 파월

미국인은 배우지 않는 불편한 미국사

1판 1쇄 2025년 7월 18일

지은이 제임스 W. 로웬
각색·그림 네이트 파월
옮긴이 김미선

펴낸이 류종필
편집 권준, 이정우, 노민정, 이은진
경영지원 홍정민
표지 디자인 석운디자인
본문 디자인 박애영

펴낸곳   (주)도서출판 책과함께
            주소 (04022) 서울시 마포구 동교로 70 소와소빌딩 2층
            전화 (02) 335-1982
            팩스 (02) 335-1316
            전자우편 prpub@daum.net
            블로그 blog.naver.com/prpub
            등록 2003년 4월 3일 제2003-000392호

ISBN 979-11-94263-47-0 07940